21世纪高等院校通识教育规划教材

文献信息检索与利用

The Literature Information Retrieval and Utilization

罗敏 主编

冯霞 杨文建 欧亮 副主编

人民邮电出版社

北京

图书在版编目（CIP）数据

文献信息检索与利用 / 罗敏主编. -- 北京：人民
邮电出版社，2013.9
　21世纪高等院校通识教育规划教材
　ISBN 978-7-115-32097-1

　Ⅰ. ①文… Ⅱ. ①罗… Ⅲ. ①情报检索－高等学校－
教材 Ⅳ. ①G252.7

中国版本图书馆CIP数据核字（2013）第159321号

内 容 提 要

本书结合现代信息检索的发展情况，以网络信息检索体系为主体，突出信息检索的实用性和通用性，将重点放在介绍数字信息资源和文献信息的检索方法和技巧上，并结合网络化信息环境的特点和检索的实际需要，系统、全面地介绍信息检索的基本理论和基础知识，尤其是网络信息资源检索的特点、检索技术和检索方法，以及多种不同的网络信息资源检索工具、搜索引擎、中外网络数据库、网络信息资源检索系统的功能及其使用方法，学术论文的撰写及相关的学术规范等。

本书可作为本科院校及高职高专院校文献信息检索类课程的教材，也可作为科研人员和信息工作人员进行文献信息检索时的参考用书。

◆ 主　　编　罗　敏
　　副主编　冯　霞　杨文建　欧　亮
　　责任编辑　王亚娜
　　执行编辑　蒋　勇
　　责任印制　张佳莹　杨林杰

◆ 人民邮电出版社出版发行　　北京市崇文区夕照寺街14号
　　邮编　100061　电子邮件　315@ptpress.com.cn
　　网址　http://www.ptpress.com.cn
　　北京中新伟业印刷有限公司印刷

◆ 开本：787×1092　1/16
　　印张：16.25　　　　　　　2013年9月第1版
　　字数：366千字　　　　　2013年9月北京第1次印刷

定价：35.00 元
读者服务热线：**(010)67170985**　印装质量热线：**(010)67129223**
反盗版热线：**(010)67171154**

前言

随着信息社会发展进程的不断加快，信息已经成为我们生活中不可或缺的元素，时时刻刻对我们的行为产生影响。不会合理利用信息将越来越难以适应现代社会的发展。在当今信息环境下，一方面，人们面临信息量呈几何级数增长，信息获取渠道呈多元化发展的趋势；另一方面，如何从浩如烟海的信息中快速、准确地获取有价值的信息，成为信息环境与个体信息需求之间的主要矛盾。

如今，信息能力和信息素质已成为人才的能力结构和素质结构中不可或缺的构成要素。在国内高等教育领域中对开设信息检索课必要性的认识日益深入，有些院校在把信息检索课设为公共选修课的基础上，又进一步将其设为公共必修课。各级高等教育管理部门也把信息检索课的教材建设纳入高等教育教材建设规划项目之内予以支持。

近年来国外数据库的频繁引进和网络免费资源的问世，使得网络信息资源的检索渠道更加丰富；信息检索平台的不断升级和数据库版本的更新，也使许多数据库的检索模板、检索方式有了很大的变化。本书是编者在多年教学实践的基础上，结合检索工具以及网络资源的变化，将图书馆利用和文献检索的内容有机地组合在一起编写而成的。本书在内容上力图紧扣信息时代的脉搏，突出现代网络信息检索与利用的教学内容，具有内容新颖、实用性强等特点。全书共分为 9 章，罗敏编写第一章～第六章，冯霞编写第九章，杨文建编写第七章，欧亮编写第八章。罗敏负责编写大纲和全书的审定统稿工作。本书的出版得到了重庆第二师范学院科研处、教务处的大力支持，在此致以谢意。

本书在编写过程中参考了许多相关教材、文献和网站内容，除在书后所附的参考文献中列出之外，限于篇幅等原因，尚有少数未予著录，在此谨向所有作者表示衷心的感谢。

需要说明的是，信息检索是一个不断变化、发展迅速的领域。尽管我们努力全面、系统地介绍最新的成果，但限于水平，书中内容难免有疏漏、不当之处，恳请专家学者和读者批评指正，以便今后修订和补充。

编者

2013 年 3 月于重庆第二师范学院

目录

第一章

信息获取和利用对大学生成才的意义

第一节　信息社会及信息环境

在人类社会的演变和发展过程中，人类的信息活动从来没有间断过，信息一直在积极地发挥着重要作用。我们随时随地都在自觉不自觉地接受、传递、存储和利用各种信息，毫无疑问，人类已经进入信息时代。21 世纪是信息化社会，信息已经成为促进经济发展的最重要的战略资源之一。信息作为一种特殊的资源，在社会经济发展、日常生活、科学研究中发挥着日趋重要的作用。

信息化社会的发展和需要对高等教育提出了更高的要求。为了提高大学生的全面素质以适应信息时代的要求，许多国家将信息素养（Information Literacy）教育作为培养新世纪人才的重要内容，而信息检索课则是实施信息素养教育的必修课程，其目的是培养学生的信息意识、信息检索能力、信息吸收能力和信息整合能力，最终提高学生的信息利用能力和知识创新能力。

一、信息社会及其特征

信息社会又叫信息化社会，信息化是指充分引进和使用信息技术，注重信息的生成、加工、存储、利用等环节，应用最先进的信息技术于各行各业，以期实现各行各业的现代化，提升人的素质和水平，提高工作效益及生活品质，实现全人类的共同进步和发展。随着全球经济一体化步伐的加快，信息化水平已成为衡量一个国家或地区的国际竞争力、现代化程度、综合能力和经济成长能力的重要标志，是促进社会生产力发展的重要因素。世界各国对信息化的发展给予了前所未有的关注。

信息社会不同于农业社会和工业社会，它是以知识和信息为基础从而促进社会高速发展的一种社会形态。它以现代信息技术的出现和发展为技术特征，以信息经济发展为社会进步的基石。

在信息社会中，人类的主要劳动对象和劳动成果是各种信息。决定人们社会地位和力量的主要因素不再是拥有传统财富的多少，而是信息的拥有量和处理、存储的能力。信息社会的标志是：信息产业高度发达且在产业结构中占据优势；信息技术高度发展且在社会经济发展中广泛应用；信息资源充分开发利用且成为经济增长的基本资源。亦即信息的作用及功能达到了史无前例的程度。对信息重要性的认识及对信息技术的把握、对信息资源的开发利用关乎国家的命运、民族的前途及个人的发展。

总结信息社会的主要特征，我们可以归结为以下三大方面的内容。

第一，经济领域的特征。（1）劳动力结构出现根本性的变化，从事信息职业的人数与其他部门职业的人数相比已占绝对优势；（2）在国民经济总产值中，信息经济所创产值与其他经济部门所创产值相比已占绝对优势；（3）能源消耗少，污染得以控制；（4）知识成为社会发展的巨大资源。

第二，社会、文化、生活方面的特征。（1）社会生活计算机化、自动化；（2）拥有覆盖面极广的远程快速通信网络系统以及各类远程存取快捷、方便的数据中心；（3）生活模式、文化模式多样化、个性化的加强；（4）可供个人自由支配的时间和活动的空间都有较大幅度的增加。

第三，社会观念上的特征。（1）尊重知识的价值观念成为社会风尚；（2）社会生活中人们具有更积极地创造未来的意识倾向。

二、信息环境的改变

1. 当代信息环境特征描述

随着人类社会的不断进步与发展，信息资源无限膨胀，信息技术一日千里，社会的信息化水平也随之不断提高，这一切在给人们的工作、学习、生活提供更多的机会与便利的同时，也使人们明显地感受到社会信息流动总量已经大大超出人们的信息处理能力。另外，信息内容的复杂性也大大超过了以前所有的社会发展阶段的情形。信息环境的复杂性甚至可以用"恶化"来形容。社会信息环境问题显得日益突出，成为全球性问题，主要表现在：信息超载严重，信息失衡明显，信息污染成灾，信息障碍加剧，信息犯罪增多等。

（1）信息超载严重。信息超载又称信息泛滥或信息爆炸。它是指在信息时代，伴随着科学技术的迅速发展，出现的数据爆炸、信息平庸化以及噪声化趋势，人们无法根据自己的需要和当前的信息能力选择并消化自己所需要的信息。

实质上，信息超载表现为一种矛盾。一方面，信息量在迅速增加，信息质量在下降。这具体表现为：信息的过多重复、信息的费解（行话、陌生的符号等使人理解困难）、信息的无关性和不适应性（信息与需要无关或对不适合需要）、信息过于复杂、信道拥挤、伪信息（无用信息、劣质信息与有害信息等）。正如美国著名社会学家理查德·沃尔曼所指出的那样：信息时代不是"信息爆炸"，而是"非信息的爆炸"，或者是"数据爆炸"。另一方面，人们搜寻、获取和消化利用信息的能力虽有一定提高，但它远远跟不上信息增长和复杂化的需要，人们经常处在信息的压力下，并可能会导致种种信息病——信息焦虑症、信息消化不良症、信息紧张症、信息孤独症等的出现。

（2）信息失衡明显。所谓信息失衡，是对由于各国经济水平、科技水平和其他多种相关因素的影响，不同国家、不同地区以及不同阶层的人群在信息占有水平以及利用程度上存在极大差距的描述。当今世界，由于信息资源分布不均，已经出现了信息富国和信息穷国、信息富人与信息穷人的两极分化，而且这种分化还会因"马太效应"的作用而进一步加大。

（3）信息污染成灾。信息污染是指社会信息流中充斥或伴随着许多不利于人们健康而有效地进行工作、学习、生活的不良信息，危害人类信息环境、影响人们对有效信息予以及时而正常地吸收及利用的社会现象，主要包括以下几方面。

① 陈旧信息。又称为过时信息。由于信息未能及时更新，产生老化现象，造成信息内容陈旧、无用的现象。陈旧、过时的信息在网上可谓比比皆是，这增加了人们对有效信息筛选的负担。

② 重复信息。重复信息是指同一内容的信息，被以相同的形式或不同的形式（如改变名称或作者等方式）反复出现于各种媒体（包括传统印刷型媒体与现代化的电子媒体）上，造成大量的信息重复现象，而重复信息会造成对有用信息的淹没。接收过多的重复信息，会导致对有用信息的不敏感，影响对有用信息的吸收和利用。

③ 干扰信息。干扰信息又可称为噪声信息。它是指存在于信息资源及信息流中干扰信息接收者做出正确判断或影响系统正常运行的种种无意义信息、病毒信息等，它会降低信息用户的工作效率、使信息系统工作缓慢甚至瘫痪。

④ 虚假信息。虚假信息实际上就是无中生有、靠捏造和杜撰产生的信息。一般多指企业为了赢得竞争优势、克服不利因素而散布的关于企业产品计划开发方向、财务状况和生产能力等方面的不准确信息，从而诱导竞争对手做出错误判断，导致竞争对手情报分析乃至企业决策发生错误，为自己赢得时间、机遇和市场。

⑤ 错误信息。错误信息是指与事实真相完全相反、信息用户因听信或采用而深受其害导致错误决策，甚至失败结局的信息。错误信息产生的原因主要有两方面：第一是信息在被收集、传递及处理过程中出现失误，如计算错误、分析方法错误等。第二是出于某种目的（如为了获得某种资格或非法利益），某些个人或组织故意制造的与事实相违背的信息。如某些不负责任的广告信息等充斥网络，极易误导信息用户。

⑥ 有害信息。有害信息多指各种淫秽色情信息、暴力信息、低级趣味信息以及各种反动信息（如反政府、民族主义、种族歧视、恐怖主义、破坏民族团结、威胁国家安全、煽动种族冲突等信息）。有害信息将对信息用户乃至国家和民族的利益造成损害，属于一种特殊形式的信息污染。虽然可以采用过滤的办法将一些站点屏蔽掉，禁止某些站点的信息进入到本国领域中，但是基于信息内容的检查方法在技术上还无法很好地实现，导致大量恶意的信息到处散播。

（4）信息障碍加剧。信息障碍是指在信息交流过程中，一方面由于各种原因，阻碍了信息的正常流通；另一方面由于信息用户各自的生活经历、文化背景等存在很大差异，妨碍了其信息利用的有效性而产生信息交流障碍与信息利用障碍。现代社会信息交流中常见的信息障碍主要包括：自然语言障碍、交流体制障碍、文化传统障碍、认知心理障碍和信息能力障碍。

（5）信息犯罪增多。信息犯罪是信息社会中一种新的犯罪类型，它一般是指运用信息技术故意实施的严重危害社会、危害公民合法权益并应负刑事责任的行为。信息犯罪是有意识的、破坏性的，甚至是反社会的活动，其危害极其严重。信息犯罪具有智能性、隐匿性、跨国性、严重性、社会危害性等特点。随着互联网利用的日益普及，信息犯罪活动也在不断增多。

2. 解决信息环境问题的对策及措施

面对信息环境的种种严峻现实，国内外众多有识之士对信息环境问题的治理与社会控制展开了积极的对策研究并提出了各种解决问题的方案和措施。这方面的举措归结起来，主要有以下几点。

（1）对现代信息环境从政策与法规方面予以调节和控制。通过对信息政策与信息法规的制定与不断完善，对信息环境中出现的各种问题进行引导、协调、控制和管理，引导信息环境变动的方向，调控由于信息环境变动而引起的各种矛盾，对信息产业的各个环节进行科学而严格的管理。

（2）宣传并教育人们树立正确的信息伦理及信息道德观念。促使人们在信息开发、信息传播、信息管理和信息利用等方面自觉遵守正确的伦理要求、伦理规则，认识和理解与信息技术相关的文化、伦理和社会等问题，负责任地使用信息技术。

（3）强化技术手段以保障信息安全及净化信息环境。借助高新技术，如各种加密技术、认证技术、防病毒技术、防火墙技术、过滤技术等，有效地预防与治理信息环境问题。

（4）鼓励人们积极创作，丰富人类精神文明资源，大力推进先进文化的传播，净化信息环境，努力消除不文明、不健康、不利于人们接受有益信息或降低人们信息利用效果的任何信息垃圾，消除信息污染。

（5）加强信息教育，提高信息素养，促进人的素质的全面提升。改善信息用户素质，提高人们对信息检索、获取、辨别、利用的意识、技能及相关的道德观念，是应对现代信息环境、防范与治理信息污染的重要内容。

第二节　信息素养教育

在目前这个信息爆炸、知识膨胀的社会，人的一生需要掌握的知识和技能空前增多，面对大量纷繁复杂的信息，如何选择、利用有效信息将是人们在学习中需要解决的首要难题。同时，信息技术广泛应用于教育之中，成为教育依赖的技术基础，怎样适应网络环境是人们在学习中面临的另一个难题。在这种背景下，一种产生于新的经济条件之下，能够有效克服传统教育在这方面不足的教育便应运而生。这就是信息教育。

信息教育的目标是培育大学生的信息素养。在信息产业发展成为一种增值型产业的同时，要求国民具备与信息产业相适应的信息素养，以推进社会信息化的进程和信息产业的进一步发展。西方发达国家在 20 世纪 70 年代初就开始信息素养教育的研究。进入 20 世纪 90 年代以后，随着文献信息量骤然增加，特别是信息资源的电子化、数字化、网络化，信息素养成为一种较为固定的概念，人们对信息素养的认识更是深入到人的整体素养这一层面。可以说，信息教育是服务于知识经济的教育，以使每一位受教育者都具有良好的信息素养，在进入社会、走上工作岗位后能够适应学习型社会的要求。

一、大学生信息素养培养的内容

大学生信息素养的培养既是实施创新教育的重要内容，也是国家实施信息化战略、参与国际市场上人才竞争的一项基础性工程。信息社会需要大学生必须具有良好的信息素养。

（1）熟练掌握信息工具的能力

它是指能熟练使用各种信息工具，特别是网络传播工具应用的能力，以及娴熟使用英语语言工具的能力。之所以提出这种要求，是由于全球信息垄断这一特征。一方面，全球 80%的研究和开发成果来自发达国家。全世界互联网用户有 1.3 亿，而发达国家的用户占 92.2%。另一方面，"英语垄断"。目前，连接 4 000 多万用户的互联网上的图文资料绝大多数都是英语。近年来，英语成为最通用的商务语言和科技用语，国际电子通信中 90%以上都使用英语。英语在"信息高速公路"上的垄断趋势，迫使许多非英语国家不得不重新审视这个问题。

（2）迅速、准确获取信息的能力

它表现为根据工作学习目标或者科学研究方向，能够正确地选择信息源，迅速获取所需信息。除了传统的对于图书、期刊、报纸等纸质文献的检索外，能够利用互联网上的信息检索服务系统。

（3）合理、科学处理信息的能力

当前，信息生产已演变为一种"文化工业"——其生产的目的和手段与工业生产方式相类似。这就使得信息的产量剧增而质量下降。对收集到的信息，只有经过集中遴选、分析综合、归纳分类、抽象概括这样一个"去粗取精，去伪存真"的加工处理过程，才能使其富有个性特色的信息，发挥更大作用。

（4）创造性地利用信息的能力

信息利用是信息收集的终极目的，是信息的升华与转化过程。创造性地利用信息，就是在多重收集信息的基础上，通过人的思考和理解，迸发出创造性思维的火花，升华为自己的知识和智慧，产生出新信息的生长点，进而解决实际问题，发挥信息的最大社会效益和经济效益。

（5）抵御污染的信息免疫能力

现代社会是信息全球化社会，信息在给人们带来机遇和财富的同时，也带来负面效应——信息污染。为了预防、控制和消除那些虚假、失效、冗余、过剩、骚扰及有害信息的污染，就要求信息使用者树立正确的世界观、人生观和价值观，提高甄别、自律和自我调节的能力。

二、师范生信息素养的培养

师范生是未来教育事业的生力军，他们的基本素质如何，将直接影响到人才培养和教育目标的实现。那么，教师究竟应该具备怎样的信息素养呢？

一般来说，信息素养包括对信息时代生产和生活方式的理解，生活和工作中的信息意识和信息情感，有关信息使用和传播的伦理道德修养，以及对一切适应现代社会发展需要的信息科学技术的驾驭能力。综合国内外学者的研究，就中小学而言，教师的信息素养应该包括以下 3 个层面的内涵。

1. 技术层面

技术层面是指较好地掌握信息技术知识，使用各种信息传播工具获取信息，包括以下几点。

（1）基本操作能力：了解信息技术的基础知识、基本工作原理，具备操作系统基本知识，并能排除简单故障。

（2）写作能力：会使用文字处理软件进行写作，具备初步的多媒体写作能力及网页制作能力。

（3）运算能力：能利用电子表格简单处理日常事务，初步理解程序设计概念及基本思路等。

2. 智力层面

智力层面是指掌握信息处理能力和把信息技术融合到教学中的应用能力，包括以下几点。

（1）快速获取信息：为解决问题而确认自己所需要获取的信息是什么，能制定获取信息的几种策略。如会浏览互联网，懂得网上图文资料下载方法，能正确下载和安装应用软件等。

（2）加工处理信息：能有效地整合信息以创造性地解决工作、学习中的各种问题，工作中常有创新。

（3）生成表达信息：能根据自己的目的对信息进行组织、编辑，并通过自己的思考处理信息，用多媒体方式表达出来，利用信息技术进行展示、发布、教学、交流和讨论等。

3. 认识、态度层面

认识、态度层面是指具备良好的信息道德修养和信息意识，包括以下几点。

（1）信息道德修养：应具有辨别有用信息与无用信息、健康信息与污秽信息的能力，了解并遵守与信息文化相关的文化规范、法律法规和道德规范，具有较强的自控能力，抵抗网络不良信息的诱惑和污染；有责任和义务教导学生树立正确的道德观与价值观，利用信息技术对学生进行心理疏导、课外辅导、思想教育等。

（2）信息意识：具有强烈的使用信息技术解决实际问题的意识，有为改进教学而积极学习和使用各种信息工具的欲望，并能付诸行动；善于应用信息技术解决问题，在使用信息技术解决问题时能创造性地完成任务；有利用信息传递与获取为个人教育教学以及更大范围的教育或社会发展服务的愿望；能积极正确地引导学生使用信息工具，注重对学生信息素养的培养。

在信息时代，整个社会是一个不停地运作着的巨大的信息交流与传播系统，人在这个系统中起着灵魂和核心作用。因此，信息素养必然是现代人文化素养的一个重要组成部分。

第三节 培养大学生信息获取和利用能力的重要性

一、大学生能力结构与信息能力

大学生在学校或未来社会中学习、生活，需要的知识和能力不计其数，什么才是构成大学生能力结构所必备的能力呢？

1. 社会对大学生能力结构的需求

社会对大学生的能力结构的需求，大体可分为 3 类：实用型、应用开发型、研究开发型。

（1）实用型能力结构。实用型能力结构的基础是有较强的学习、实践能力，辅以一定的观察、分析能力。这种能力结构的大学生主要适合在企业或相关基层部门从事具体的技术工作。

（2）应用开发型能力结构。应用开发型能力结构的基础是有很强的学习、实践能力，具有较强的观察、分析能力，辅以一定的表达、管理能力。这种能力结构的大学生主要适合在各类企业、设计部门从事技术开发、管理、培训等工作。

（3）研究开发型能力结构。研究开发型能力结构的基础是有较强的学习、实践能力，具有较强的观察、分析能力，并以一定的创新能力为补充。这种能力结构的大学生主要适合在高新技术产业、科研机构、高等院校从事新技术开发、新理论应用、新方法研究等高层次的科学创新工作。

2. 大学生能力结构的基本模式

综上所述，大学生的能力结构，其实是以社会需要和高等教育培养人才的目标所要求的各方面能力结合形成的一个总体结构，如图 1-1 所示。

从图 1-1 我们可以看出，学习能力、适应能力是结构的基础；观察能力、分析能力、实践能力、表达能力和管理能力在同一层次上；各种能力相互影响，整体提高，最终有助于提升创新能力。各种能力在独立作用的同时又相互作用、相互制约、相互促进，大学生的能力结构正是在这各种能力的提高和相互作用过程中不断完善的。

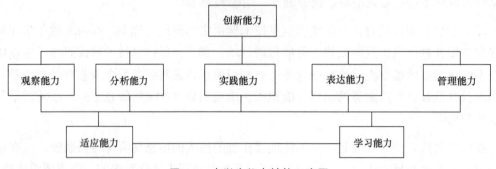

图 1-1　大学生能力结构示意图

3．信息能力在大学生能力结构中的地位

信息能力，即人们获取信息、处理信息、利用信息、创造信息和传播信息的能力。从目前看，大学生信息能力主要体现在两方面：一方面，必须具备自主学习和继续学习的能力，与他人交往合作的能力，富于创造性和社会竞争的能力；另一方面，必须具备良好的信息素养，能够有目的地搜索、分析选择并应用有益信息，能够通过互联网传播信息并进行交流、学习与合作。

所谓自主学习和继续学习的能力，就是能力结构中的学习能力；与他人交往合作的能力是适应能力的一部分；搜索、分析选择并应用有益信息的能力从属于观察能力和分析能力；传播信息的能力可归为表达能力。由此可知，信息能力既是大学生能力结构中的重要成分，又是培养其他能力的阶梯和桥梁。

提高信息能力的目的就是要让学生了解最新科学成果，在工作和学习上知道何时有信息需求并能组织信息，有效地利用检索信息，正确地评估信息的价值。有观点认为，掌握了各种信息的检索方法，也就掌握了获取知识的窍门。在学习检索的过程中，还可以培养情报意识，学习建立有条理、有步骤的科学思维方法。信息能力提高了，综合能力也会相应提高。学会学习并具备良好的信息素养，学生就能成为一个独立的终身学习者，一个具有批判性思维、熟练使用各种技能、能很好与他人合作共事的现代人。

二、大学学习与信息获取和利用能力

1．专业学习与信息获取和利用能力

在新知识、新信息以爆炸般速度猛增的时代，如果大学生所学专业知识只是来自课本和课堂笔记，其知识将不会超越当年课本和教师当时教案的水平。在学习专业知识的过程中如果注意获取并利用相关信息，就不仅可以加深对课本、课堂知识的理解，也可以扩大知识面，了解到一些课内未曾涉及的知识，成为面向未来的人才。

2．毕业设计与信息获取和利用能力

毕业设计和毕业论文的写作，是大学生综合运用所学知识，研究实际问题，进行工程设计，或进行现场调研和文献调研，进行科学探索，得出研究成果，进而写出毕业论文的完整过程。在这个过程中，需要查阅大量的相关文献。

信息获取和利用能力的强弱会直接影响毕业设计（论文写作）成绩的高低。很难想象一个不会获取和利用相关信息的大学生能全面完成毕业设计（论文写作）的总体任务。

3．科技发明（科技竞赛）与信息获取和利用能力

为培养大学生的创造能力、独立解决问题的能力和工程实践能力，各级教育主管部门和各级共青团组织在大学生中开展了各种形式的科技发明（科技竞赛）、"科技节"活动。

参加科技发明（科技竞赛）活动，需要弄清科技课题的立题依据，了解国内外的技术现状，在借鉴已有技术成果的基础上，进一步明确研究目标以及最终将要达到何种技术水平。要做到这一点，必须具备获取和利用科技文献信息的能力。例如，大学生的数学模型"建模"比赛是一种综合运用数学知识和各种课外知识的活动，必须查阅并利用大量科技文献。

4．择业（求职）与信息获取和利用能力

每一个大学生在毕业前夕都要面临择业（求职）的问题。通过查阅科技文献了解用人单位的专业及其发展方向，了解技术成果、技术水平、科研实力等情况，可以方便地了解并选择若干适合自己的用人单位，以便与之联系、洽谈。

在求职应试的时候，如果事先能对用人单位有更多了解，回答问题时就会更加结合该单位的特殊需要。如果平时具备基本的信息获取和利用能力，应试时就会表现出较宽的专业适应范围和新业务拓展能力。目前，不少用人单位已把是否具备应有的信息获取和利用能力作为考核毕业生的重要依据。

三、参加工作及今后事业的发展与信息获取利用能力

大学生具备信息获取和利用能力，不仅可适应专业学习、毕业设计、竞赛活动以及求职（择业）的需要，而且对自身成长以及终身事业发展具有重要意义。

21世纪是一个高度信息化的社会，一方面，人人都渴望及时获得自己需要的信息。另一方面，学科的高度分化和专业分工越来越细；学科间互相渗透、交叉，边缘学科和综合学科日益增多。面对这样的社会现状，指望在大学阶段就获得从事各种工作所需的全部知识是不现实的，关键在于具备获取新知识和新信息的能力。

许多事业有成的人所从事的工作未必与原来所学专业完全对口，但他们能利用所学知识的优势不断获取新知识、新信息，调整自己的知识结构，迅速把知识和能力聚焦在前人未尝试的课题上，从而做出了突出的贡献。这给后人很大的启示。

总之，大学生在学校中查阅科技文献，并在查阅科技文献的实践中培养获取和利用信

息的能力，将会使自己终生受益。

四、信息检索课与信息能力的培养

在我国，一般是通过信息检索课（或称文献检索课）开展信息教育的。在大学里开展信息检索课，也是目前对在校大学生、研究生进行信息教育的一种主要形式。信息检索课是根据我国社会需求实际开设的一门课程。1984年，教育部颁发了《印发<关于在高等学校开设"文献检索与利用"课的意见>的通知》，1992年5月，国家教委又颁发了《文献检索课教学基本要求》，主要的目的就是让大学生提高信息意识并学会使用多种信息检索系统。

信息检索课的宗旨是培养大学生的信息意识和信息能力，着重培养学生寻找信息和解决信息问题的能力。因此，信息检索课的教学内容主要包括以下几个方面：第一，传统图书馆利用教育，使大学生认识信息、学会处理信息，是信息检索教育的重点，这是其他信息素养能力的基础；第二，数字图书馆利用教育，让大学生了解各种媒体资料的形式、特性和使用方法；第三，网络知识教育，使大学生了解全球网络信息资源的分布范围和特点，学会利用网络信息检索工具从网络中获取所需信息来解决在日常生活中碰到的问题。

信息检索课通常是利用多媒体技术来完成一些综合性的作业。例如，可能要求每个大学生利用上课所学的内容，运用信息查询工具，查找与本专业有关的国内外研究机构、研究动态等信息。由于这是一个综合性的作业，所以对大学生收集信息和处理信息的能力是一个很好的检验。

总之，信息检索课就是通过信息检索来获取和利用信息，使大学生深化所学知识，开阔视野，拓宽知识面，为自学前人知识、不断更新知识以及从事科学研究和发明创造奠定基础。大学生在信息检索课中所获得的不仅仅是"黄金"，更重要的是"点金术"，其中之一就是信息检索的能力。

思考题

1. 信息社会的主要特征有哪些？

2. 当代信息环境存在的主要问题有哪些？

3. 什么是信息素养，其内涵包括哪些内容？

4. 信息素养的提高主要包括哪些内容？

5. 高校为什么要开设信息检索课？

6. 通过学习这门课，你希望对哪些方面的知识有所了解？希望自己的能力在哪些方面有所提高？

第二章

文献信息基础知识

第一节　信息概述

随着科学技术的飞速发展，现代社会已进入信息时代。通信技术、计算机技术和声像技术等现代信息技术的发展及相互融合，拓宽了信息的传递和应用范围，使人们可随时随地获取和交换信息。信息无处不在，无时不有，无人不用，今天它已成为使用频率最高的词汇之一。对信息的利用越广泛，对信息的研究越深入，人们对信息的认识和理解也就越多样化、越深刻。

一、信息的基本含义

"信息"是一个既古老又年轻的概念，早在唐朝就有"梦断美人沉信息，目穿长路倚楼台"的诗句，原意指消息。英文 information 一词有情报资料、消息、报道、知识的意思。因此，很多人长期以来就把信息看作是消息的同义语，简单地把信息定义为能够带来新内容、新知识的消息。但信息比消息的含义广泛得多，不仅消息、情报是信息，指令、代码、符号语言、文字等，一切含有内容的信号都可称为信息。

随着现代信息技术的形成和飞速发展，尤其 20 世纪 90 年代以来，人们开始认识到信息的科学价值和作用。当今时代，人们每天都在与信息打交道，信息如同阳光、空气和水，是人类生活必不可少的要素。如今信息的概念广泛地深入到其他学科领域，人们从不同的侧面对信息的概念给予不同的解释，赋予它不同的内涵与外延。

关于信息的科学定义，学术界一直存在许多争论。几十年来，国内外学者关于信息的定义有百余种，它们都从不同的角度反映了信息的某些特征。其中有代表性主要如下。

1. 信息的定义（一）

在经济学家眼中，信息是与物质、能量相并列的客观世界的三大要素之一，是为管理和决策提供依据的有效数据。

对心理学家而言，信息是存在于意识之外的东西，它存在于自然界、印刷品、硬盘以及空气之中。

在新闻界，信息被普遍认为是对事物运动状态的陈述，是物与物、物与人、人与人之间的特征传输。而新闻则是信息的一种，是具有新闻价值的信息。

哲学家们从产生信息的客体来定义信息，认为事物的特征通过一定的媒介或传递形式使其他事物感知。这些能被其他事物感知的、表征该事物特征的信号内容即为该事物向其他事物传递的信息。所以，信息是事物本质、特征、运动规律的反映。不同的事物有不同的本质、特征、运动规律，人们就是通过事物发出的信息来认识该事物，或区别于其他事物。

2．信息的定义（二）

在图书馆学和情报学领域，信息被定义为事物（thing）或记录（record）。美国学者巴克兰德（M. Buckland，1991）认为，许多事物都可以是信息，如文本、图片、录音磁带、博物馆陈列品、自然物体、实验、事件等。但这一定义过于宽泛，未能将信息、信息载体和信息资源区分开来。另一位美国学者萨克利夫（J. Tague-Sutcliff）认为，信息是依赖于人类的概念和理解能力的无形的东西，对于记录而言，它所包含的有形的文字与图片等是绝对的，但它所包含的信息对于读者（或用户）则是相对的。信息是读者通过阅读或其他认知方法处理记录所理解的东西，它不能脱离外在的事物或读者而独立存在，它是与文本和读者以及记录和用户之间的交互行为相关的，是与读者大脑的认知结构相对应的东西。

情报学界引述最多的，是系统工程学家的看法。信息论的创始人香农从通信系统理论的角度把信息定义为用来减少随机不确定性（uncertainty）的东西。也就是说，信宿（信息接受方）未收到消息前不知道信源（信息产生方）发出什么信息，只有在收到信息后才能消除信源的不确定性。如果没有干扰，信宿得到的信息量与信源的不确定性相等。香农的看法，被认为是对信息的认识的重大进展，因为他推导出了信息测度数学公式，标志着信息科学进入了定量研究阶段。

3．信息的定义（三）

控制论专家 N. 维纳的信息概念是从信息发送、传输、接收的过程中，客体和接收（认识）主体之间的相互作用来定义的。他说："信息既不是物质，又不是能量，信息就是信息。"根据维纳的说法，物质、能量和信息是相互有区别的，是人类社会赖以生存、发展的三大基础——世界由物质组成，能量是一切物质运动的动力，信息是人类了解自然及人类社会的凭据。信息对于物质而言具有相对独立性：信息不遵循质量守恒定律，其性质和内容与物质载体的变换无关；同样，信息在传递和转换过程中也不服从能量守恒定律，信息可以共享而能量不能共享，信息效用的大小并不由其消耗来决定。然而，信息与物质、能量又存在着密切的相互依存关系：一方面，物质、能量和信息这三者中，能量和信息皆源于物质，任何信息的产生、表述、存储和传递都要以物质为基础，也离不开能量。另一方面，物质运动的状态和方式需要借助信息来表现和描述，能量的转换与驾驭也同样离不开信息。维纳把信息的定义引入了控制论，他在《人有人的用处——控制论和社会》中说："信息这个名称的内容就是我们对外界进行调节并使我们的调节为外界所了解时而与外界交换来的东西。"

据不完全统计，信息的定义有 100 多种，至今仍无法统一。这种情况主要是由信息本身的因素，以及认识层次上的差别造成的。

信息的定义之所以呈现多样化，主要原因有三：第一，信息本身的复杂性，它是一个多元化、多层次、多功能的综合物；第二，信息科学是一门新兴学科，它的许多分支学科仍在随着社会、经济和科学技术的发展而发展，其内涵和外延不很确切；第三，人们出于不同的研究和使用目的，从不同的角度或层次出发，就会对信息概念做出不同的解释。

综上所述，可以认为信息是以物质介质为载体，传递和反映世界各种事物存在方式、运动规律及特点的表征。它反映了物质客体及其相互作用、相互联系过程中表现出来的种种状态和特征。通俗地讲，信息就是通过信号带来的消息，信息普遍存在于自然界、社会界和思维界，信息与物质、能量共同构成了现代社会的三大资源，成为社会进步的强劲推动力。当今世界对一个国家国力的衡量，不仅要看其材料和能源的拥有量，更重要的还要看其拥有的信息资源量。信息已经成为促进经济发展的最重要的战略资源之一，世界各国在信息资源开发和利用方面的竞争日益激烈。

二、信息的类型

信息广泛存在于自然界、生物界和人类社会中。信息是多种多样、多方面、多层次的，信息的类型亦可根据不同的角度来划分。了解信息的类型不仅有助于我们加深对信息内涵及其特征的认识，也有助于丰富我们信息检索的知识。目前，我们主要按以下标准来划分信息类型。

1. 按信息内容划分

按信息内容划分，有人类信息和非人类信息。人类信息是指人类从事各种社会活动所产生的各种信息。其特点是，内容是对社会生活的反映，具有鲜明的目的性和实用性。非人类信息是指人类以外的宇宙天体、万事万物所产生的信息，主要包括事物信息、自然信息，信息载体形式纯属自然存在的物质，没有人为的痕迹。相对来说，人类较多感知或认识的信息是人类信息，而对非人类信息的感知深度是随着现代科学技术的发展而加深的。

2. 按信息产生的先后和加工深度划分

按信息产生的先后和加工深度划分，有一次信息、二次信息、三次信息。一次信息指未经加工的原始信息。原始信息产生于人类直接的政治、经济、文化活动中。原始信息是零星的、分散的、无规则的，系统性不强，但包含了所有重要的内容，如会议记录、统计报告等。一次信息往往无法进行存储、检索、传递和应用，而需要进行加工处理。二次信息是指对原始信息进行加工处理后的信息。这种信息已经变成有序的、有规则的信息，如文摘、索引、数据卡片等。三次信息是指在一次信息、二次信息的基础上，经过研究、核算产生的新的信息，如研究报告、综述等。这种信息产生的源头不是直接的人类社会活动，而是人类研究的结晶。

3．按信息的存在形式划分

按信息的存在形式划分，有内储信息和外化信息。内储信息是指人脑经过处理并存储在人脑信息库中的信息。外化信息是指借助人类本身以外的物质作为载体的信息，如语言、文字、图形、色彩等。外化信息又可细分为有形信息和无形信息。

4．按信息的流通方式和传递范围划分

按信息的流通方式和传递范围划分，有公开信息、半公开信息和非公开信息。公开信息的使用和传递没有任何界限。半公开信息如内部信息，指在一定界限内公开的信息。这类信息传播的范围介于公开信息和非公开信息之间。非公开信息如机密信息，其传递和使用范围极其有限，一旦公开必然会给信息拥有者造成一定的损失。

5．按信息载体形式划分

按信息载体形式划分，有感官载体信息、语言载体信息、文字载体信息、电磁波载体信息、缩微载体信息、光波载体信息、声像载体信息、计算机载体信息。

6．按信息管理组织划分

按信息管理组织划分，有系统化信息和非系统化信息。系统化信息是指按各项规定的指标、制度、方向、传递间隔或期限、指定形式等产生和传递的信息。非系统化信息是指完全或部分地不按照规定的模式产生或传递的信息。

7．按信息的反映面划分

按信息的反映面划分，有宏观信息、微观信息和中观信息。宏观信息是指从全面的角度来描述整体活动变化和特征的信息。它具有综合性、总体性、战略性特征。微观信息是从个别角度来描述事物变化的信息。它具有个别性、局部性、战术性特征。中观信息是指介于宏观信息和微观信息之间的信息。

8．按信息的时态划分

按信息的时态划分，有过去信息、现在信息和未来信息。过去信息是指反映和描述过去所发生的各种事物变化和特征的信息。现在信息是指反映和描述现在正在发生的各种事物变化和特征的信息。未来信息是指反映和描述未来将发生的各种事物变化和特征的信息，是一种预测信息。

9．按信息的特征划分

按信息的特征划分，有定性信息和定量信息。定性信息是指用非计算形式来描述各种事物变化特征的信息，它着重揭示事物的本质和特性。定量信息是指用计量形式来描述各种事物变化和特征的信息，它着重揭示事物量的规定性。

10．按人对信息的感知方式划分

按人对信息的感知方式划分，有直接信息和间接信息。直接信息是指人直接感知客观事物所获得的信息。这种信息是人的眼、鼻、嘴、手、耳、皮肤等器官直接接触客观事物，进而对客观事物做出反映而生成的信息。间接信息是指查阅历史资料、利用各种信息传播媒介以及对未来事物发展趋势进行预测所获取的信息。

11．按信息运动形态划分

按信息运动形态划分，有静态信息和动态信息。静态信息是指反映事物属于相对静止状态的信息，这类信息相对静止，变化不快。动态信息是指反映事物处于相对运动状态的信息，这类信息相对运动，变化较大。

三、信息的特征

通过对信息含义的阐述与分析，我们不难总结出信息具有以下几个特征。

1．客观性

信息不是虚无缥缈的事物，它的存在可以被人们感知、获取、传递和利用。信息是现实世界中各种事物运动与状态的反映，其存在是不以人的意志为转移的。客观、真实是信息的最重要的本质特征。

2．时效性

由于事物是在不断变化着的，那么表征事物存在方式和运动状态的信息也必然会随之改变。在现代社会中，信息的使用周期越来越短，信息的价值实现取决于对信息的及时把握和运用。如果不能及时地利用最新信息，信息就会贬值甚至毫无价值，这就是信息的时效性，即时间与效能的统一性。它既表明了信息的时间价值，也表明了信息的经济价值。

3．载体性

信息必须依附于一定的载体（如声波、电磁波、纸张、化学材料、磁性材料等）才能流通和传递，否则，信息的价值就不能体现。信息可以存储在不同的载体上，但其内容并不因记录手段或物质载体的改变而发生变化。例如，关于筑路机械的信息，不论是刊登在报刊上、发布在电视节目中，还是存储在光盘数据库中，其信息内容和价值是同样的。

4．传递性

信息依附于一定的物质载体后，其传递和流通便成为可能。信息的传递性是指信息从信源出发，经过信息载体的传递被信宿接收并进行处理和利用的特性。不同载体的信息可以通过计算机、人际交流、文献交流或大众传媒等手段传递给信息用户，这种跨越时空的传递特性是实现信息资源共享的基础，是将信息最大化利用的保证。

5．可塑性

信息在流通和使用过程中，人们借助于先进的技术，可以对其进行综合、分析及加工处理。也就是把信息从一种形式变换成另一种形式，如可以将一本图书加工为题录或文摘等形式，从而方便用户的选择和利用。不过，在信息的加工过程中，信息量会减少或增加，用户可根据检索需要选择不同的信息形式。

6. 共享性

共享性是指同一信息同时或不同时被多个用户使用，而信息的提供者并不因此而失去信息内容和信息量。信息的共享性可以提高信息的利用率，人们可以利用他人的研究成果进一步创造，避免重复研究，从而节约资源。

7. 可开发性

信息作为客观事物的一种反映，由于客观事物的复杂性和事物之间的相互关联性，反映事物本质和非本质的信息往往交织在一起，而在一定的历史阶段，人们认识上存在一定的局限性，因此获取信息是需要开发的。

8. 可增值性

信息具有确定性的价值，但在不同的时间、地点，对不同的人又有不同的意义，并且这种意义还可以引申、推导、繁衍出更多的意义，从而使信息增值。信息的再生性，使其成为人类社会取之不尽、用之不竭的资源。

四、与信息相关的几个概念

1. 知识

知识是人类对客观世界的正确认识，是对社会生产实践和科学研究的概括和总结。知识来源于信息，人类在认识世界和改造世界的过程中，将接收的信息进行思维加工，形成感性认识和经验总结，便成为知识。后人利用前人积累的知识来指导生产实践和科学研究，获得新成果，创造新知识，推动社会科学技术发展。随着社会的发展，知识对促进生产力提高和经济发展的贡献也越发引起人们的重视。

（1）知识的分类。根据国际经济合作与发展组织（OCED）出版的《以知识为基础的经济》报告，可将知识分为 4 类。

第一类"知道是什么（Know-what）"，关于事实方面的知识；

第二类"知道为什么（Know-why）"，关于自然原理和规律方面的知识；

第三类"知道怎样做（Know-how）"，关于技能和能力方面的知识，被称为技术情报和商业秘密，其典型是企业开发和保存于其内部的技术诀窍或专有技术；

第四类"知道谁有知识（Know-who）"关于到哪里寻求知识，其侧重于对思想、方法、手段、过程以及特点等的了解。

（2）知识的来源。

第一类是直接源于产生信息的客观事物；

第二类是通过信息载体或媒介（文献、电视、广播、他人等）的传递、交流而间接获得。

2．情报

关于情报的定义至今尚无定论，比较常见的说法有："情报就是为了解决一个特定问题所需要的知识，是激活了的知识"；"情报是知识经传递并起作用的部分"；"情报是关于某种情况的消息和报告"等。综上可见，情报具有知识性、传递性、效用性，是知识的一部分，属于信息范畴。情报是对收集到的信息进行整理、分析和深化认识，得出解决特定问题的知识，是人们对于所收集到的信息进行研究从而获得的最大价值。

随着社会的进步和发展，人们在生产实践、科学研究及各种社会活动中对情报的需要迅速增加，情报的内容越来越广泛，交流的方式也日趋多样化。情报已经渗透到社会的各个领域和行业，按应用范围来分，可分为政治情报、经济情报、军事情报、文化情报、科技情报等。

3．文献

国家标准《文献著录总则》将文献定义为文献是"记录有知识的一切载体"，即凡是用文字、图形、符号、音频、视频等载体记录的知识均可以称为文献。由此得出，知识、载体、记录是构成文献的 3 个要素。

如，科技文献记录人们在长期的生产实践、科学研究活动中的信息和知识，是人类宝贵的财富。人们从科技文献中获取有关的科学信息和经验，同时也通过文献发布自己的成果。医学文献属于科技文献范畴，又在科技文献中占据重要地位。利用好医学文献有利于我国医学科学的发展和人民健康水平的提高。

4．文献、知识、情报和信息之间的关系

文献、知识、情报和信息之间存在着一种内在的必然联系，是同一系统的不同层次。信息、知识、情报是抽象而又十分复杂的概念，它必须通过一定的文字、符号、图像、音频等加以物化，形成一定的物质形态才能表现出来。信息是物质的属性，是物质的一种存在形式，它以物质的属性或运动状态为内容，并且总是借助于一定的物质载体传输或存储。信息可分为来自自然界的信息与来自人类社会的信息两大类。因此可以说，信息与一切客观事物一样，无处不在，无时不在，广泛存在于自然界和人类社会中。人类在接受了来自人类社会及自然界的大量信息后，通过实践活动和大脑的思维活动，去粗取精、去伪存真，经过加工、孕育后就形成了各种不同的知识。或者说，知识是同类信息的深化、积累，是优化了的信息的总汇和结晶。知识的产生离不开信息和信息的传递，从外延上看，知识包含在信息之中。

随着知识的丰富和增加，为了便于记忆、交流和流传，产生了文献。随着文献的增多，需要采用各种方法和手段将其记录在一定的载体中，即构成了文献情报源。情报是特殊的信息，是在一定时间内为达到一定目的传递给一定对象的有用的新知识或新信息。

综上所述，信息是起源，是基础，它包含了知识和情报，是它们的本质成为联系它们的纽带。文献则是信息、知识、情报的存储载体和重要的传播工具，是重要的知识源、情报信息源，它也是信息知识、情报存储的重要方式。信息经过选择、综合、研究、分析等加工过程，即去粗取精、去伪存真、由此及彼、由表及里的提炼过程，可以成为情报；信息是知识的重要组成部分，但不是全部，只有经过整理、深化变成系统的信息才能称作知识；在信息或知识的海洋里，变化、流动、最活跃、被激活了的那一部分就是情报。信息、知识、情报的主要部分被包含在文献之中。文献上所记录的信息、知识不全是情报；信息、知识、情报也不全是以文献形式记录的。可见，它们之间虽有十分密切的联系，但也有明显的区别。

第二节　文献信息资源的构成

在人类文明的发展、知识的积累与传承过程中，存在文献型与非文献型两种信息源。文献信息源的记录性和传承性在社会演化与人类进步的历程中起着不可估量的作用，本书重点讲解文献信息源的类型与使用。文献信息源是将文献型信息作为我们使用的信息源头，对文献信息源的理解是建立在构成文献的三个要素——知识内容、载体材料、记录方式基础之上的。

根据不同的划分标准，文献信息资源可以分成多种类型。下面按照载体形式、加工层次、出版形式三种方式介绍不同的文献信息资源。

一、按载体形式划分

为了有效地存储、传播知识，人类先后发明了各种各样的物质材料来记录信息。古代人类的知识主要是记录在甲骨、泥板、兽皮、竹简等上面。从纸张和印刷术发明以来，人类的知识主要以纸张为载体加以保存和传递。随着信息记录与存取技术的发展，文献信息资源载体形式呈现多样化，如音像磁带、缩微胶卷、光盘等，这些非纸型文献信息资源的出现使文献信息资源的范围进一步扩大；文献信息资源的生产和传递更加迅速；知识、信息的存储和利用更加便捷。目前文献信息资源主要有印刷型文献、缩微型文献、声像型文献、电子文献等四种。

1. 印刷型文献

印刷型文献（Paper Document）是指以纸张为存储介质，以印刷（包括铅印、油印、胶印、木版印刷）为记录手段的一种文献形式。印刷型文献是一种有着悠久历史传统的文献载体，它具有易于携带、方便阅读、经济实用等其他文献载体所无法比拟的特点，其最突出的优点在于符合人类长期以来形成的阅读习惯。因此，它一直以来都是人们用以传播文献信息的主要载体。其缺点是收藏需占用较大空间，且不易于保存、管理，不便于快速传递信息、高效查阅和高密度存储文献信息。

2. 缩微型文献

缩微型文献（Microform Document）是指以感光材料为载体（银盐片、重氮片、微泡片），以缩微照相技术为记录手段而产生的一种文献形式。查阅这类载体的文献，需要借助于专门的仪器设备。缩微型文献的主要优点是：其一，信息储存量大。其二，体积小、重量轻，在存储相同资料的情况下，普通缩微型文献比纸质文献节省空间 98%。其三，成本低、价格便宜。其四，保存期长。在通常工作环境中可保存 50 年，适当环境湿度下可保存100 年以上，此外还有不易散失弄乱，易于检索复制、放大、转换成其他形式文献的优点。缩微型载体文献的主要缺点为非直观性，不符合人们的阅读习惯。

3．声像型文献

声像型文献（Audio-Visual Document）是以磁性材料、光学材料为记录载体，利用专门的机械电子装置记录与显示声音和图像的文献，又称声像资料、视听资料、音像制品，如我们常见的磁带、录像带等。与印刷型文献相比，声像型文献能如实记录声音和图像信息加以存储，并超越时空限制反复播放。此外，声像型文献可以使人们在接受信息时多通道地摄入，更有助于理解知识、加深印象并获得长久记忆。声像型文献还可以使信息按人们需要来表现，如放慢瞬时动作供分析，放大肉眼看不见的微观现象等，提高研究和教学的效果，使人感觉非常生动形象。

4．电子文献

电子文献（Electronic Document）是指以数字代码方式将图、文、声、像等信息存储到磁、光、电介质上，通过计算机或类似设备阅读使用的文献，也称机读型文献。目前电子文献种类多、数量大、内容丰富，如各种电子图书、电子期刊、联机数据库、网络数据库、网络新闻、光盘数据库等。特点是信息存储量大，出版周期短、易更新，传递信息迅速，存取速度快，可以融文本、图像、声音等多媒体信息于一体，信息共享性好、易复制，但必须利用计算机才能阅读。

随着计算机技术与通信技术的发展与融合，又产生了一种新型载体的文献信息源，这就是多媒体型（Multi-media）信息。多媒体即多种信息媒体，它采用计算机、通信、数字、超文本（Hypertext）或超媒体（Hypermedia）技术，不仅实现了文字、图像、动画、声音等的多位一体及人机交互对话，而且使全球信息共享成为可能。多媒体型的文献信息源实际上是以上数种载体形式的混合，是一种立体式的信息源。

二、按加工层次划分

人们在利用文献传递信息的过程中，为了便于信息交流，对文献进行了不同程度的加工，随之形成了不同层次的文献信息资源。

1．一次文献信息资源

一次文献信息资源（Primary Document）是作者以生产与科研工作成果为依据而创作、撰写形成的文献。无论它以何种手段记录，以何种载体存储，是否参考、引用了他人资料，都为一次文献信息资源。如期刊论文、科技报告、会议论文、专利说明书等。一次文献信息资源的内容比较新颖、详细、具体，是最主要的文献信息源和检索对象。

一次文献有如下特点。

（1）创造性。一次文献是人们根据自己在生产和科学研究中的成果撰写的，是创造性劳动的结晶。它报道新成果、新技术、新发明、新创造。例如专利，它具有新颖性和创造性，反映了发明创造、技术革新与改进的创造性劳动成果。正是由于这一特点，一次文献受到了人们的重视。

（2）原始性。一次文献是一种原始的创作，也必然是初次发表的，一般是作者根据自己所积累的原始素材、原始数据创作而成，故其既有真实可靠的一面，又有特定性和不成熟的一面。

（3）多样性。一次文献是不同作者的不同成果，故在内容上呈现多样化；另外，在表现形式上也呈现出多样性，有文学读物、期刊论文，也有研究报告、学位论文等。

2．二次文献信息资源

二次文献信息资源（Secondary Document）是指对一次文献信息资源信息进行加工、提炼、浓缩而形成的工具性文献信息资源。它反映一次文献信息资源的外部特征和内容特征及其查找线索，将分散、无序的文献信息有序化、系统化，是文献信息资源检索的工具，也称检索工具，如目录、题录、文摘、索引、各种书目数据库等。二次文献信息资源对文献信息进行报道和检索，其目的是使文献信息流有序化，更易被检索和利用。

二次文献具有以下特点。

（1）集中性。二次文献集中了某个特定领域范围的文献。它可以是某个信息部门的所有书刊资料、某个学科领域的文献、某个作者的所有文献等。二次文献是在所集中的某个特定范围的文献基础上，用科学的方法加工整理、组织编排而成，它比较完整地反映了某信息部门、某学科、某作者等的文献情况。

（2）工具性。二次文献可称为工具性文献，它以特定的方法、简练的语言揭示文献的外部特征和内容特征，并加以科学的编排，是累积、报告和查找文献线索的一种工具。一般所说的信息检索，即对于此类文献的有效利用，从中查检到一定的知识信息或某项课题的文献线索。

（3）系统性。二次文献本身具有自己的系统结构，为了方便利用，一般提供多个检索途径。所以一种好的二次文献往往由几个部分组成，具有比较固定的体系结构。另外，二次文献在总体上也有自己的系统性，特别是检索刊物体系。各学科的文献都有自己的检索工具，做到不重复且没有重大遗漏，就必须统筹规划，分工协作，建立科学的检索刊物体系，且各个检索刊物必须保持自己的连续性和系统性。

3．三次文献信息资源

三次文献信息资源（Tertiary Document）是指对一次文献信息资源和二次文献信息资源

的内容进行综合分析、系统整理、高度浓缩、评述等深加工而形成的文献信息资源。如综述、述评、词典、百科全书、年鉴、指南数据库、书目之书目等。三次文献信息资源的内容综合性强、信息量大，它既是检索的对象，也是检索的工具。

三次文献具有以下特点。

（1）综合性。三次文献是在大量有关文献的基础上，经过综合、分析而成。综合性就是将大量分散的有关特定课题的文献、事实和数据进行综合、评价、筛选，以简练的文字扼要叙述出来，内容十分概括。它可以是纵向的综合，如对某学科的过去、现状和将来的综述；也可是横向的综合，如对各产业部门同类产品的比较综述等。

（2）针对性。三次文献是为了特定的目的，搜集大量相关的文献进行分析、综合而编写出来的，并且在很多情况下，它是信息部门接受用户的委托后，进行信息研究后产生的成果，因此，具有很强的针对性，即针对特定用户的信息需求，为特定的目的服务。

（3）科学性。三次文献是在已有的知识成果的基础上，对特定专业课题的总结和综述，因此，其观点比较成熟，内容比较可靠，有材料、有事实、有数据、有建议、有结论，具有较高的科学性，一般可直接提供参考、借鉴和使用，因而普遍为科研人员和管理者所重视。

也有研究者在以上分类基础上再加上零次文献，即未经过任何加工的原始文献，如实验记录、手稿、原始录音、原始录像、谈话记录等。零次文献在原始文献的保存、原始数据的核对、原始构思的核定（权利人）等方面有着重要的作用。

在文献信息资源的层次结构演变（见图 2-1）中，从一次文献信息资源到二次文献信息资源，再到三次文献信息资源，每个环节都不断融入著者及文献工作者的创造性劳动，使文献信息得到鉴别、提纯，不断满足人们的各种需求；文献信息经过加工、整理、浓缩，从一次文献到三次文献的变化，是文献信息由博而约、由分散到集中、由无序到有序的过程；文献信息内容随层次的变化逐步老化，但其可检性、易检性及可获得性在不断递增；文献信息的这一层次变化，使人们获取信息变得有章可循、有径可问。

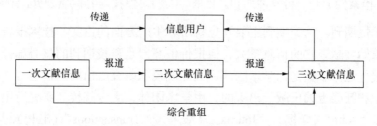

图 2-1　文献信息资源的层次结构演变

三、按出版形式划分

1．图书

图书（Book）是指对某一领域的知识进行系统阐述或对已有研究成果、技术、经验等进行归纳、概括的出版物。图书的内容比较系统、全面、成熟、可靠，但传统印刷业图书的出版周期较长，传递信息速度慢，电子图书的出版发行可弥补这一缺陷。

图书按功用性质可以分为阅读性图书和工具书两大类。阅读性图书包括教科书（Textbook）、专著（Monograph）、文集（Anthology）等。它提供系统、完整的知识，有助于全面、系统地了解某一领域的历史发展与现状，将人们正确地引入自己所不熟悉的领域。工具书（Reference book）包括词典（Dictionary）、百科全书（Encyclopedia）、手册（Handbook）、年鉴（Yearbook）等。它提供经过验证、浓缩的知识，是信息检索的工具。图书在各种类型的图书馆有广泛的收藏。

图书的外表特征有：书名（或题名）、著者（或责任者）、出版地、出版社、出版时间、版次、总页数、ISBN 号、价格等。ISBN 号（International Standard Book Number）是国际标准书号的简称，2017 年 1 月 1 日之前，由 10 位数字组成，分为四段，每段用"-"连接，第一组号代表国家、地理区域、语种等；第二组是出版者（出版机构）号；第三段是书名号；最后是校验码，用于检查 ISBN 号转录过程中有无错误。如：ISBN7-5438-31384，其中"7"代表中国；"5438"代表湖南人民出版社；"3138"代表《信息 4.O 社会：社会建构对策》这本书的书名；"4"是校验码。2017 年 1 月 1 日以后，国际标准书号长度为 13 位数字。

2．期刊

期刊（periodical、journal、serial）俗称杂志（Magazine），是指有固定名称、版式和连续的编号，定期或不定期长期出版的连续性出版物。目前在互联网中发行大量的电子期刊，也有光盘版的。期刊的特点是内容新颖、信息量大、出版周期短、传递信息快、传播面广、时效性强，能及时反映国内外各学科领域的发展动态。期刊在文献中占有非常突出的地位，是传播科技情报的重要工具。据统计，科技人员所获取信息的 70%以上来源于期刊，它是十分重要和主要的信息源和检索对象。

期刊的类型可从不同角度划分为好多种。按报道内容的学科范围可分为综合性期刊和专业性期刊；按期刊的内容性质可分为学术性期刊、资料性期刊、快报性期刊、消息性期刊、综论性期刊、检索性期刊、科普性期刊。目前，人们习惯按内容性质划分，现分别介绍如下。

（1）学术性期刊。这类期刊主要刊登科研和生产方面的论文、技术报告、会议记录和实验报告等原始文献。它的信息量大、情报价值高，是科技期刊的核心部分。这类期刊的出版机构比较普遍，多数是由学术团体、大专院校和研究所出版的，也有一些是由政府机构、公司企业和社会上的出版社出版的。由学术团体、大专院校和研究所出版的英文科技期刊多数冠以"Acta"（学报）、"Journal"（杂志）、"Transactions"（汇刊）、"Proceedings"（会刊、会议录）、"Bulletin"（通报、公报）等字样。

（2）资料性期刊。这是作为资料使用的期刊。它不登载研究论文和技术文章，只刊登一些实验数据、统计资料、技术规范、规章制度、条例法令等，专门向用户提供各种数据性情报和事实性情报。一般说来，这类期刊的使用面较小。

（3）快报性期刊。这类期刊专门登载有关最新研究成果的短文，预报将要发表的论文摘要。其内容简洁，报道速度快。英文快报性期刊的刊名中常带有"Letters"（快报）、"Communications"（通讯）、"Bulletin"（简讯）等字样。俄文快报性期刊按学科、专业分册出版，比较系统，封面装帧比较统一，都冠有"Экспрсс Информация"（快报）字样。

（4）消息性期刊。这类期刊一般都是由企业、厂商、公司和公共服务部门出版的。它登载与学术机构和厂商企业有关的最新消息。它是起宣传和推广作用的一种刊物，其内容多为科技新闻，学术性不大。英文消息性期刊的刊名中常有"News"、"Newsletter"等名词。

（5）综论性期刊。这类期刊专门登载综论、述评性文章，即综合叙述或评论当前某学科的进展情况或成就，分析当前的动态，预测未来的发展趋势，可使读者比较全面地了解该学科当前的水平与动向。文章多半是在原始论文的基础上经过分析、加工、综合而写成的，属于前面所介绍的三次文献。这类期刊学术性较强，对科研人员有较高的参考价值。

（6）检索性期刊。这类期刊专门登载二次文献。有关学术机构、情报部门和出版单位为了帮助科技人员从浩如烟海的文献中查到所需文献，编辑出版了各种检索性期刊。这类期刊是报道、查找文献线索的工具，也称为检索工具。这类期刊往往附有年度累积索引，是我们检索若干年文献的重要工具。检索性期刊的种类很多，按其编著方式划分，有目录、题录、文摘、索引；按其所报道的学科、专业内容划分，有综合性检索工具、专业性检索工具和单一性检索工具。

（7）科普性期刊。这类期刊专门登载一些内容浅显、通俗易懂的科普文章。它以普及科学技术知识为目的，以学生和业余科技爱好者为对象。科研人员较少利用。

期刊的外表特征有：期刊名、出版者、出版地、出版日期、期卷、期号、国际标准刊号（ISSN 号）、国内统一刊号（CN）、邮发代号、价格等。ISSN 号（International Series Standard Number）由 8 位数字分两段组成，如 10004254，前 7 位是期刊代号，后一位是校验位。国内公开期刊由统一刊号（CN）+国内标准出版物编号组成。国内标准出版物编号由地区号、报刊登记号和中图分类号组成，如 CN31-1108/G2。地区号按 GB2260-82 取前两位形成，如北京为 11、天津为 12、上海为 13 等。国内内部刊物有准印证号。

核心期刊是根据布拉德福定律确定的。布拉德福定律是由英国著名文献学家 B.C.Bradford 于 20 世纪 30 年代率先提出的描述文献分散规律的经验定律。其文字表述为："对某一学科而言，将科学期刊按其刊载该学科论文的数量，以递减顺序排列时，都可以划分出对该学科最有贡献的核心区，以及论文数量与之相等的相继的几个区。这时核心区与相继各区的期刊数量成 $1 : a : a^2$ ……的关系。"该定律表明某一学科领域的期刊论文大量集中在一定数量的期刊之中，而其余的期刊论文则依次分散在其他许多的相关期刊上，按此定律可确定出各学科的核心期刊。某学科核心期刊是指刊载该学科学术论文较多的、论文被引用较多的、受读者重视的、能反映该学科当前研究状态的、最为活跃的那些期刊。某一学科的核心期刊能集中该学科的大部分重要文献，能反映该学科当前的研究状况和发展方向，其学术性强，研究成果新颖，专题集中、系统，因此是获得专业领域前沿信息的主要信息源，为图书情报部门选购期刊、指导读者阅读、资源数据库建设选择来源刊提供了参考依据。但核心和非核心是一个相对概念，也有一部分优秀的研究成果散见于非核心刊物。

3．报纸

报纸（paper，newspaper）以及广播、电视等大众传媒传递信息快，信息量大，现实感强，传播面广，具有群众性和通俗性，是重要的社会舆论工具和信息源。一些专门刊登科技类文献的报纸对了解当前的学科前沿和水平以及科学新闻很有益处。

人类社会实现信息化和网络化是一种潮流，不可阻挡。作为高科技产品的电子报纸应运而生，由此推动了传媒的发展。最近，美国麻省剑桥市 EInk 公司的华裔电子工程师陈宇（音译）和其同事也研制出了一种超薄的电子报纸产品，质地相当柔韧，用户可随意扭曲，甚至卷起它。与传统报纸相比，电子报纸的即时化、时效性是传统报纸无可比拟的，而且省略了印刷和发行的全部流程，可以大大节约运营成本。同时，电子报纸即时传播的动态内容将提高读者的阅读兴趣，增加报纸的发行量和阅读率。目前，虽然新品还不能取代传统的报纸产品，但它却在电子类读物发展上起着里程碑的作用。

4．会议文献

会议文献（conference literature）是指在各种学术会议上交流的学术论文。其特点是内容新颖，专业性和针对性强，传递信息迅速，能及时反映科学技术中的新发现、新成果、新成就以及学科发展趋向，是了解有关学科发展动向的重要信息源。对大多数学科而言，除科技期刊外，会议文献是获取信息的主要来源。另外，由于许多科学领域的新进展、新发现、新成就以及新设想都是最先在学术会议上披露的，因此学术会议本身就是获取学术信息的重要渠道。

会议类型大致可分为国际会议、全国性会议及地区会议等。会议和会议文献常用的主要名称有 Conference（大会）、Meeting（小会）、Symposium（讨论会）、Proceedings（会议录）、Paper（单篇论文）、Transactions（汇刊）等。

会议文献按出版时间可分为：会前文献和会后文献。会前文献主要有会议论文预印本和会议论文摘要。会后文献是会后经整理出版的文献，如会议录、会议论文集、会议论文汇编、会议丛刊、丛书等。目前，有许多学术会议在互联网上举行。由于会议文献的出版形式多样收藏分散，其检索及获取不如图书、期刊那样容易。通常，以图书或期刊形式公开出版发行的会议文献，在大型图书馆和省级以上信息研究所收藏较多。

识别会议文献的主要依据有：会议名称、会址、会期、主办单位、会议录的出版单位等。

5．专利文献

专利文献（patent literature）是实行专利制度的国家在接受申请和审批发明过程中形成的有关出版物的总称，包括专利说明书、专利公报、专利分类表、专利检索工具以及与其相关的法律性文件。狭义上的专利文献仅指各国（地区）专利局出版的专利说明书或发明说明书。专利说明书是指专利申请者为了获得某项发明的专利权，在申请专利时必须向专利局呈交的有关该发明的详细技术说明。专利说明书有固定的格式，通常由以下 3 部分组成。

（1）标识部分：位于说明书首页，共有 8 项，分别是文件标志项、国内登记项、国际优先项、披露日期、技术项、法律有关的文件项、人事项及国际专利项。

（2）正文部分：对发明技术背景、发明内容以及发明实施方式的说明，通常还附有插图。它的行文有统一模式，依次描述发明所属的技术领域、现有技术、发明目的、内容、优点、效果、发明的最佳实施方案等。

（3）专利权项：阐明发明的独创部分、明确划定要求保护的专利权范围。它是判断侵权依据的法律性条文。

专利说明书按不同的划分方法可以分为许多不同的类型。

按专利权种类可分为发明专利（invention patent）、实用新型专利（utility model patent）和外观设计专利（design patent）。发明专利是指对产品、方法提出的新方案或对原有产品、方法提出的改进。实用新型专利是指对产品的形状、构造或组合提出的新的实用的技术方案。外观设计专利是指对产品的形状、图案、配色或三者结合做出的新颖设计，一般不出版说明书。

按法律状态可分为申请说明书（申请时提交的说明书）、公开说明书（未经实质性审查而先行公开的说明书）、审定说明书（经审查批准尚未授予专利权时出版的说明书）、公告说明书（经审查批准已授予专利权的说明书）。

6．标准文献

标准文献（standard literature）是经过公认的权威机构批准的以特定的文件形式出现的标准化工作成果。技术标准是对产品和工程建设质量、规格、技术要求、生产过程、工艺规范、检验方法和计量方法等所做的技术规定，是组织现代化生产、进行科学管理的具有法律约束力的重要文献。标准文献的特点为：对标准化对象描述详细、完整，内容可靠、实用，有法律约束力，时效性强，适用范围明确。标准文献是从事生产、设计、管理、产品检验、商品流通、科学研究的共同依据，也是执行技术政策所必需的工具。利用标准文献可了解有关方面的技术政策、生产水平和标准化水平，对引进、研制产品及设备，提高产品质量和生产水平，进行科学管理等有重要的参考价值。

标准文献按内容划分有基础标准、产品标准、方法标准、安全卫生标准等；按成熟程度划分有法定标准、推荐标准、试行标准；按使用范围划分有国际标准、区域标准、国家标准、行业标准、企业标准等。国际标准化机构中最重要、影响最大的是 1947 年成立的国际标准化组织（ISO）和 1906 年成立的国际电工委员会（IEC），它们制定或批准的标准具有广泛的国际影响。中国标准化综合研究所标准馆是中国标准文献中心；在省级技术监督部门的文献馆、科技信息所也收藏有标准文献；以图书形式公开出版的国家标准文献汇编，在图书馆也有部分收藏。

标准文献都有标准号，它通常由国别（组织）代码＋顺序号＋年代组成，如ISO3297-1986。我国的国家标准分为强制性的国标（GB）和推荐性的国标（GB/T），如

GB18187-2000、GB/T2662-1999。行业标准代码以主管部门名称的汉语拼音声母表示，如JT 表示交通行业标准。企业标准编号：Q/省、市简称＋企业名代码＋年份。

标准文献常见国别代码如表 2-1 所示。识别标准文献的主要依据有：标准级别、标准名称、标准号、审批机构、颁布时间、实施时间等。

表 2-1　　　　　　　　　　　　标准文献的代码

代码	国家（地区）或组织	代码	国家（地区）或组织	代码	国家（地区）或组织
ANSI	美国国家标准	CNS	中国台湾地区标准	ISO	国际标准化组织
BS	英国国家标准	DIN	德国国家标准	JIS	日本工业标准
CEN	欧洲标准化委员会	GB	中国国家标准	NF	法国国家标准
CENELEC	欧洲电子技术标准委员会	IEC	国际电工委员会	ГОСТ	俄罗斯国家标准

7．学位论文

学位论文（thesis，dissertation）是指高等学校或研究机构的学生为取得某种学位，在导师的指导下撰写并提交的学术论文。它是伴随着学位制度的实施而产生的。学位论文有博士论文、硕士论文、学士论文之分，其研究水平差异较大，博士论文论述详细、系统、深刻，研究水平较高，参考价值较大。

各国学位论文的保管与报道方式不尽相同，通常在各国的国家图书馆收藏有大量的本国学位论文。例如在我国，中国科技信息研究所是国家法定的学位论文收藏单位，它集中收藏和报道国内各学位授予单位的自然科学和技术科学领域的博/硕士学位论文。国家图书馆收藏了部分美国博士论文的缩微品，清华大学图书馆也收藏了美国部分著名大学博士论文的缩微品。

识别学位论文的主要依据有：学位名称、导师姓名、学位授予机构等。

8．科技报告

科技报告（Sci-Tech report）也称技术报告、研究报告，它是科学研究工作和开发调查工作成果的记录或正式报告。科技报告的特点是内容新颖、详细、专业性强、出版及时、传递信息快，每份报告自成一册，有专门的编号（即报告号，通常由报告单位缩写代码＋流水号＋年代号构成），发行范围控制严格，不易获取原文。因科技报告反映新的研究成果，故它是一种重要的信息源。据统计，科技人员对科技报告的需求量占全部文献需求量的10%～20%。在那些发展迅速、竞争激烈的科技领域，尤其是高科技领域，人们对科技报告需求更为迫切。

目前，全世界每年发表科技报告数量庞大，其中绝大多数产自发达国家，较著名的有美国政府的四大报告（PB，AD，NASA，DOE）、英国航空委员会 ARC 报告、法国原子能委员会 CEA 报告、德国航空研究所 DVR 报告等。我国从 1963 年开始科研成果的正式报道工作，国家图书馆、上海图书馆、中国科技信息研究所和国防科技信息研究所等收藏有较全面的科技报告。

识别科技报告的主要依据有：报告名称、报告号、研究机构、完成时间等。

9．政府出版物

政府出版物（government publication）是指各国政府部门及其所属机构出版的文献，又称官方出版物。它可分为行政性文献和科技文献两类。行政性文献（包括立法、司法文献）主要有政府法令、方针政策、规章制度、决议、指示、统计资料等，主要涉及政治、法律、经济等方面；科技文献主要是政府部门的研究报告、标准、专利文献、科技政策文件、公开后的科技档案等，有些研究报告在未列入政府出版物之前已经出版过，故它与其他类型的文献有重复。政府出版物对了解各国的方针政策、经济状况及科技水平，有较高的参考价值，一般不公开出售。

10．产品资料

产品资料（product literature）是厂商为推销产品而印发的介绍产品情况的文献，包括产品样本、产品说明书、产品目录、厂商介绍等。其内容主要是对产品的规格、性能、特点、构造、用途、使用方法等的介绍和说明，所介绍的产品多是已投产和正在行销的产品，反映的技术比较成熟，数据也较为可靠，内容具体、通俗易懂，常附较多的外观照片和结构简图，形象、直观。但产品样本的时间性强，使用寿命较短，且多不提供详细数据和理论依据。大多数产品样本以散页形式印发，有的则汇编成产品样本集，还有些散见于企业刊物、外贸刊物中。

产品样本是技术人员设计、制造新产品的一种有价值的参考资料，也是计划、开发、采购、销售、外贸等专业人员了解各厂商出厂产品现状、掌握产品市场情况及发展动向的重要信息源。

以上是人们在进行科研及技术工作时使用频率比较高的 10 种情报信息来源，也就人们常说的十大情报源。除上述文献信息资源类型外，还有科技档案、新闻稿、工作札记等。

另外，按文献信息源的公开程度和易获取性大体可分为白色文献源、灰色文献源和黑色文献源三类。白色文献源指一切公开或内部出版的，通过正式交流渠道发行、流通的出版物，此类出版物易于检索、获取与利用；灰色文献源指通过非正式流通渠道发行的文献，包括产品样本、学位论文、技术报告、会议论文、内部资料等，此类文献源不易被检索，但其资料更新及时，观点独特、新颖，有很高的参考价值；黑色文献源指人们未破译、未辨识或不愿公开的个人文献信息，如未能考证的文献信息或内部档案、个人日记、私人信件等。

四、非文献型信息源

1．实物信息源

实物包括自然实物和人工实物（人类文化的创造物，如文物、产品等），内含大量科技文化信息，具有文献所不具备的种种优点：直观、实用。实物是现实的商品，除了本身的信息价值外，还具有商品价值（转让）和使用价值。在不作为信息载体使用时，实物可投入流通或作为一般物品发挥它本身的使用价值，这是其他信息载体所不及的。

2．口头信息源

口头信息指通过交谈、讨论、报告等方式交流传播的信息。多数时候的口头交流传播都属于非正式交流，午餐、沙龙、公关活动等渠道都可能成为主要的交流场所，因而信息分散、随意，交流的信息多属于非公开出版的，不具有记载性，不易获取，而且信息质量良莠不齐，存在大量谬传信息，有待分析利用。目前，随着通信技术的发展，我们可通过正式会议、视频会议、广播电视、固定与移动电话、网络语音对话等获得此类信息源。

第三节　文献信息资源的特征

现代科学技术的进步日新月异，无论是从它的发展速度、发展规模来看，还是从它对人类社会和经济生活的影响来看，都是前所未有的。作为记录和传播科学信息或知识的文献，更是直接受到科学技术发展的巨大影响。当代科学发展的上述特点必然反映到文献中来，使现代文献从整体上呈现以下特征。

一、数量庞大，急剧增长

伴随着科学技术的迅速发展，各学科领域的文献数量多、增长快。国外统计资料表明，科技成果每增加 1 倍，情报量就增加几倍；生产翻一番，文献情报量就增加 4 倍。据联合国教科文组织的统计资料，全世界发行的图书，20 世纪 50 年代为 20 多万种、60 年代为 40 万种、70 年代为 60 万种、80 年代达 80 万种，平均每 20 年图书品种增长 1 倍，图书册数增加 2 倍。我国 1988 年出版图书 6.5 万种，比 1978 年增长 3.3 倍。全世界的期刊，19 世纪初仅有 100 多种，20 世纪 50 年代约为 2 万种、60 年代约为 4 万种、70 年代约为 8 万种、80 年代约为 15 万种，每 10 年翻一番。全世界专利文献每年增加 400 万件以上，技术标准增加 20 万件以上，产品样本增加 50 万～60 万件，出版的会议文献每年达 100 万篇。

文献数量庞大，急剧增长，带来的负面影响是"信息污染"，使图书馆和其他文献情报机构在文献的选择、收集、整理、保存、传递诸方面，面临许多新的课题，同时给读者和用户在文献的查找和使用上带来很大的困难。

二、内容交叉重复

现代社会文献量爆炸性增长，与文献的冗余规律有密切关系。现代科学技术综合交叉、彼此渗透的特点，必然导致知识的产生和文献的出版也相互交叉，彼此重复，体现如下。

（1）各种学术机构、研究单位在科研选题上相互重复，反映其研究成果的文献内容也必然出现重复。

（2）同一内容的文献以不同形式、不同文字、不同载体形态发表或出版。

（3）世界各国为了及时了解和利用其他国家的科技成就，相互翻译出版了大量的书刊资料。

（4）再版和改版的文献数量在增多。科学技术的迅速发展、知识更新速度的加快，使原来的文献内容变得陈旧。为了及时反映当前科技发展的水平，作者需要不断地修正、充实自己原来的著作，造成再版和改版文献的大量出现。

（5）许多杂志社同时出版内容完全相同的印刷型和缩微型两种版本。

（6）各国出版商为提高声誉或追求盈利，大量出版发行热门书和新兴学科书刊。

三、专业文献出版分散

现代科学技术不断分化、综合的发展趋势，使各学科的严格界限逐渐消失，各学科之间的相互联系逐渐加强。由于这一原因，使得文献的分布呈现出既集中又分散的不均匀现象，相当数量的专业论文相对集中刊载在少量的专业期刊中，其余数量的专业论文却多数分散刊载在非专业期刊中。

文献分布的不均匀现象还表现在：一种专业期刊不仅刊载本学科的论文，也发表许多相关学科或相邻学科的论文，而同一专业的论文不仅发表在本专业的刊物上，也出现在许多不同专业的刊物上。

英国化学家、文献学家布拉德福（S.C.Bradford）经过长期对各学科文献的大量统计调查，发现了文献分布规律。他发现，全部有关电技术的文献约 1/3 登载在本专业少数几种期刊上，约 1/3 登载在数量约 5 倍的并非直接与电有关的交通运输等相关学科的期刊中，还有 1/3 登载在 25 倍数量的相邻学科期刊上。布拉德福在对书目、文摘等进行大量统计分析的基础上，采用等级排列技术，揭示了文献离散定律。他指出："如果把科学期刊按其关于某一学科的文章刊载的数量多少，以渐减顺序排列起来，在所得的清单中，可以分出直接为此学科服务的期刊所形成的核心，和另外几个组或区，其中每组或每区期刊所载的文章数量同核心区中的期刊刊载的文章数量相等。这时，核心区中的期刊数量与相邻各区中期刊的数量成 $1 : n : n^2$ 的关系。"布氏定律表明，某一学科文献在期刊上载文量的多少，是随着该期刊与该学科关系的疏密程度发生增减变化的。关系越密切，载文量越多，期刊的种数就越少；关系越疏远，载文量越少，期刊的种数就越多。按专业文献载文量多少，可以将期刊划分为 3 个区域，每一区域中期刊登载某一学科文献数量，是该学科所发表文献总数量的1/3，而 3 个区域的期刊数量之比成几何级数分布，其中，第一个区域为核心区，是载文量最高的少数几种核心期刊。第二区域为相关区域，是载文量中等的数量较多的期刊。第三区域为相邻区域，是载文量最低而数量最多的期刊。布拉德福在 1948 年提出的文献聚散经验公式是：P1∶P2∶P3＝$1 : n : n^2$，P 代表不同区域期刊种数，n 代表布拉德福常数，按已分析的数据，n 的数值约为 5。

布氏定律表明，每一学科或专业的文献，在科技期刊中的分布，总是相对集中在少数专业期刊中，同时多数又分散在数量庞大的相关专业与相邻专业的期刊中。专业核心区期刊，种数不多，本学科文献载文率高，信息量大，与本学科关系最密切；相关区期刊，种数较多，本学科载文率中等，信息量次之，与本学科关系较密切；非专业相邻期刊，种数很多，本学科载文率低，信息量小，与本学科关系较疏远。一般来说，核心期刊的载文率必须在 50% 以上，而且读者的借阅率高，引用指数较高，从量与质两方面测定才比较合理。

四、文献老化加快

现代科学技术发展的日新月异，使科研成果从发明到推广应用的周期缩短，知识的有效期缩短，不成熟的观点被成熟的观点所代替，错误、片面的数据被客观的事实校正，不完善的方法被较先进的方法更替，这自然而然形成了科技文献的新旧更替。我们把这种现象称为文献信息的"老化"。所谓文献老化，指的是随着文献出版年龄的增长，被利用的次数逐渐减少的过程。造成文献老化的原因主要有以下几点。

（1）技术发展快，使文献中的知识信息更新加快。如计算机类文献。

（2）文献中的信息虽正确，但被载有新的、内容更全面的文献所代替。就某一新文献来说，其创新的部分最多只有10%，但人们还是习惯于阅读新文献。

（3）文献老化受环境的影响。科技文化发达的地方已淘汰的文献在科技文化相对落后地区可能还很受欢迎。

（4）文献老化受学科性质的影响。1958年，美国科学家引用放射元素衰变过程中的"半衰期"描绘文献的老化速度。1960年美国伯顿（R.E.Burton）、凯布勒（R.kelber）合作，通过对科技文献使用的引文进行载文统计，他们对半衰期的定义为某学科或某专业现在仍在利用的所有文献的一半是在多长时间内发表的。它是一个时间长度，指正在被利用的文献中的1/2失去效用所经历的时间。不同学科文献的半衰期不同，基础理论学科的文献老化慢，而工业技术领域的文献老化快。如数学文献的半衰期为10.5年，化学为8.1年，物理学为4.6年，而生物医学则是3年。学科文献的半衰期还与该学科文献的增长速度有关，增长越快，半衰期越短。不同类型文献的半衰期也不同，据前苏联《发明问题》杂志统计，各类文献的平均使用时效为：图书10～20年，期刊及连续出版物3～5年，科技报告、学位论文5～7年，技术标准5年，产品样本3～5年。西方国家认为，80%～90%的科技文献的使用寿命为5～7年。了解半衰期，对我们进行文献信息选择、利用都有十分重要的意义。

五、文献语种繁多

现代文献有一个语种繁多的问题，有人统计，全世界约有3 000种语言，使用者达100万以上的约有200多种。全世界200多个国家和地区中，使用英语的达70多个。过去大部分文献用英、法、德几种文字发表，后来增加了俄、日、意等文种。1909年，科技人员只需掌握英、德、法三种语言就可以阅读全世界化学、化工方面文献的92%，而现在用这三种文字出版的化学文献只占全世界化学文献的66%。

现在世界上绝大部分科技文献是用35种语言出版的，例如前苏联的文摘杂志就引用66种语言的文献，但比较通用的有12种，其中英文占46%，俄文占14%，德文占10%，法文占9%，日文占4%，其他语种占17%。据联合国科教文组织的资料统计，在现有的全部科学文献中，有1/2的文献是用50%以上的科学家没有掌握的语言出版的，技术文献有2/3是用英语出版的，而世界上有2/3的工程师不能阅读英语文献。

六、文献载体形态增加

现代文献的生产突破了传统的纸张印刷方式，声、光、电、磁等现代技术和化学塑胶新材料的广泛应用，使现代文献载体形式发生了重大变化，缩微资料、声像资料、机读资料、光盘资料等新型文献载体相继问世。这些非纸质文献载体，或加大了知识信息的储存密度，或加快了信息检索、传递速度，或使人闻其声，见其形，获得直观的感受。总之，从功能上大大优于传统的纸张印刷型文献。因此，这些新型的文献载体在文献中所占的比例越来越大。综合收藏与使用多种载体文献类型，是现代图书馆的一个明显特点。

思考题

1. 信息的类型和特征有哪些？

2. 信息、知识、情报、文献有什么区别和联系？

3. 文献按载体形式可以划分为哪些类型？

4. 一次文献、二次文献、三次文献分别有什么特点？其相互关系如何？

5. 十大情报源（信息源）有哪些？分别有什么特点？

6. 现代文献的整体特征体现在哪些方面？

7. 什么是核心期刊？

第三章

信息检索基础知识

第一节　信息检索原理

一、信息检索的含义

随着信息检索理论和实践的更新发展，人们对信息检索的认识也在不断深入。对于信息检索，主要存在时间性通信、信息处理和文献查找三种角度的认识。

1. 时间性通信角度的认识

莫尔斯（Calvin W. Mooers）在 1950 年发表了《把信息检索看作是时间性的通信》一文，不仅首次提出了"信息检索（information retrieval）"这个概念，还认为"信息检索是一种时间性的通信形式"。换言之，通过信息检索得到一些文献，使得信息发送者与读者（信息检索的用户）之间建立起了一种通信。

按照这种通信角度的认识，莫尔斯强调了在通信双方中，信息发送者必须尽可能发送一切信息，是时间性通信的被动一方；而读者则是主动活跃的一方，正是读者才决定什么时候接受什么信息。因此，信息检索的问题就在于，如何把一个可能的用户指引向所储存的信息。

这种认识突出了用户需求的重要性，对于如今如何做好信息检索服务工作依然具有很强的理论和实践意义。

2. 信息处理角度的认识

从信息处理的角度来看，信息检索的基本问题，是如何处理信息和信息的结构。这种认识偏重于信息管理，认识信息不仅限于文献的范围、图像、声音、数据等，还把信息检索视为计算机科学技术的一个分支。

把信息检索看作是一种信息处理的认识，强调了如何构造以及利用什么形式来构造信息结构的问题。在当今因特网迅速发展，网络信息浩如烟海的情况下，这种认识对于信息检索工具的设计和组建，具有指导意义。

3．文献查找角度的认识

简言之，从文献查找角度来看，信息检索就是查找出含有用户所需信息的文献的过程。在信息检索领域，这是一种传统的主流观点，支持者众多。例如，英国著名学者维克利（B.C.Vickery）认为，"信息检查是从汇集的文献中选出特定用户在特定时间所需信息的操作过程"；美国著名信息专家兰卡斯特（F.W.Lancaster）认为，"信息检索是查找某一文献库的过程，以便找出那些某一主题的文献"。关于这种认识，兰卡斯特的经典表述是"信息检索系统并不检索信息"。因为信息是无形的，必须依附于文献而存在。虽然信息检索的最终结果是满足用户的信息需求，但检索的直接对象还是文献，当用户阅读文献并理解其内容时，用户的信息需求才被满足。

之所以产生上述三种不同的认识，主要有两方面的原因：一方面，认识任何事物都可以有多种角度，由此产生各种不同看法也很正常；另一方面，信息检索本身的技术发展，也使人们对于信息检索的认识不断发生变化。

实际上，信息检索具有广义和狭义两重含义。广义地讲，信息检索包含信息储存和信息查找两个过程。信息储存是对文献进行收集、标引及著录，并加以有序化编排来编制信息检索工具的过程；信息查找是从大量的信息中查找出用户所需的特定信息的过程。实施检索的主要方法就是利用各种检索工具。狭义地讲，信息检索仅仅指信息查找的过程。

我们可以这样定义"信息检索"：从信息集合中迅速、准确地查找出所需信息的程序和方法。这里所说的信息集合，指的是有组织的信息整体。它可以是数据库的全部记录，也可以是某种检索工具，还可以是某个图书馆的全部馆藏。信息检索也就是从数据库、检索工具以及馆藏中查找所需信息的活动。

在信息检索之前，人们多用"文献检索"的概念。文献检索是指查找或提供用户所需要的各种类型文献的过程，强调了检索对象。从内涵上讲，信息检索不仅包括文献检索，还包括非文献型的口头与实物信息检索等；从更高的层次上讲，信息检索是通过对信息的辨识、析取、组织、挖掘、集成等深度加工来获取隐含在文献中的知识的过程，强调了检索的最终目的。信息检索这一概念被广泛运用，充分体现了当前业界对检索及其技术的认识。

二、信息检索原理概述

广义的信息检索包括信息的存储和检索两个过程。信息的存储就是将搜集到的一次信息，经过著录其特征（如题名、著者、主题词、分类号等）而形成款目，并将这些款目组织起来成为二次信息的过程。信息的检索是针对已存储好的二次信息库进行的，是存储的逆过程。存储是为了检索，而为了快速而有效地检索，就必须存储。没有存储检索就无从谈起。存储与检索是相辅相成、相互依存的辩证关系。

然而，由于职业、知识水平、个人素质甚至习惯等因素的差异，信息存储人员（标引者）与信息检索用户（检索者）对同一信息的分析、理解也会存在不同。比如《计算机在生物化学中的应用》一文，标引者可能将其归入"生物化学"类，而检索者则可能在"计算机"类查找该文。这样，标引者与检索者之间发生了标引错位，存储的信息就无法检索到。

怎样才能保证信息存得进又取得出呢？那就是存储与检索所依据的规则必须一致，也就是说，标引者与检索者必须遵守相同的标引规则。这样，无论什么样的标引者，对同一篇文献的标引结果都是一致的，不论是谁来检索，都能查到这篇文献。

信息存储与检索共同遵循的规则称为信息检索语言。只要标引者和检索者用同一种检索语言来标引要存入的信息特征和要查找的检索提问，使它们变成一致的标识形式，信息的存储过程与检索过程就具备了相符性。相应地，存入的文献也就可以通过信息检索工具（系统）检索出来。如果检索失败了，那么就要分析一下检索提问是否确切地描述了待查课题的主题概念，在利用检索语言标引时是否出了差错。只有检索提问标识和信息特征标识一致时，相关的文献才能被检索出来。

信息检索正是以信息的存储与检索之间的相符性为基础的，如图 3-1 所示。如果两个过程不能相符，那么信息检索就失去了基础，检索不到所需的信息，存储也就失去了意义。

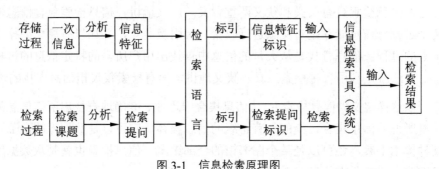

图 3-1　信息检索原理图

第二节　信息检索分类

从不同的角度出发，信息检索有着不同的认知内涵。了解这一点有助于用户从系统的角度出发去明辨自己实施的检索行为，从而提高自身的综合信息素质。

一、按检索内容划分

1. 文献检索

文献检索（Document Retrieval）即从一个文献集合中查找出专门包含所需信息内容的文献，是以文献为检索对象的信息检索类型。文献检索根据所检索内容的不同分为书目检索和全文检索。凡是查找某一课题、某一著者、某一地域、某一机构、某一事物的有关文献的出处和收藏单位等，均属于文献检索的范畴，文献检索结果提供的是与用户信息需求相关的文献的线索或原文。

2. 数据检索

数据检索（Data Retrieval）以特定数据为检索对象和检索目的的信息检索类型称为数据检索。包括数据图表，某物质材料成分、性能、图谱、市场行情，物质的物理与化学特性，设备的型号与规格等，是一种确定性检索。例如，查找"大众公司新款汽车发动机的型号与性能参数"、"北京今冬大白菜的最新价格行情"、"今日各大股市股票和黄金市场升跌指数"等，信息用户检索到的各种数据是确定的，这里的数据检索强调只对单纯数值检索。

3．事实检索

事实检索（Fact Retrieval）是获取以事物的实际情况为基础而集合生成新的分析结果的一类信息检索，以从文献中抽取的事项为检索内容，包括事物的基本概念、基本情况，事物发生的时间、地点、相关事实与过程等。针对查询要求，事实检索的结果需经检索系统或人工分析、比较、评价、推理后再得出，是一种确定的检索。例如，查找"美国 9.11 事件发生的经过与结果处理"、"西南科技大学的发展状况"、"国内最大的电子商务网站是哪一个"、"汽车上金属漆好还是不上金属漆好？能比较二者的优缺点吗"等均属于事实检索。在事实检索的对象中既包括非数值信息，也包括一些数据信息，故很多时候在介绍查找事实数据的检索工具时，将数据检索工具与事实检索工具统称为事实数据检索工具，而不分开介绍。

文献检索是一种不确定性检索，多利用专题检索工具，包括目录、题录、文摘、索引与搜索引擎等类型及其相对应的数据库资源与网络资源。数据与事实检索得到的是字、词、事物的概念、人名、机构名、地名、公式、参数、规格、型号等，所得结果非常准确、确定，因而是一种确定性检索。数据与事实检索主要使用数据事实工具检索，包括词典、百科全书、手册、名录、年鉴、指南等类型及其相对应的数据库资源与网络资源。

二、按检索手段划分

1．手工检索

手工检索（手检）多以书本式或卡片式检索工具为主。制作检索工具需要了解标引规则，按规则进行各项的著录。检索者根据文献标引规则查阅有关文献，是计算机检索方法的基本功之一。手工检索能了解各类检索刊的收录范围、专业覆盖面、特点和编制要点，可以提高查全率和查准率。因此，手工检索仍不失为较好的检索手段，专题的检索工具刊可与综合检索工具刊（或数据库）相互补充使用，以免漏检，影响查全率和查准率。手工检索也便于检索策略的制订和修改，手工检索过程发现问题，可以及时修改和提出。合乎逻辑提问式，选准检索词，再利用计算机检索，可缩短机检时间，查全查准。利用手工检索，灵活性高，费用低，又能与机检互为补充，在今后相当长的时间内，手工检索方法仍是重要的检索手段。

2．计算机检索

计算机检索（机检）就是将大量的文献资料或数据进行加工整理，按一定格式存储在机读载体上，建成机读数据库，利用计算机对数据库进行检索的信息检索方式。与手工检索相比，计算机检索速度快，效率高，查全率高，不受时空限制，检索结果的输出方式多样，但查准率与网络及数据库质量的高低直接相关。随着 Internet 的普及，计算机检索已成为我们获取信息主要利用的检索方式。计算机检索经历了脱机批处理检索（20 世纪 50-60

年代）、联机检索（20 世纪 70 年代）、光盘检索（20 世纪 80 年代以来）和目前的网络信息
检索几个阶段。

① 脱机批处理检索。即定期由专职检索人员把许多用户的检索提问汇总到一起，进行
批量检索，然后把检索结果通知各个用户，用户不直接接触计算机。

② 联机检索。联机检索是借助计算机检索终端，通过通信线路与网络或系统的主机连
接，在中央处理机控制下查询异地计算机上的信息资源，如 Dialog 联机检索。

③ 光盘检索。光盘检索利用微机和光盘驱动器对光盘数据库进行文献信息检索，是一
种典型的脱机（off-line）检索。对计算机系统外存设备中的信息资源进行的检索也是脱机
检索，如对附书的光盘、磁盘、磁带的利用，又称为单机信息检索。

光盘检索系统是利用光盘驱动器、光盘数据库及其检索软件，结合计算机建立起来的
信息检索系统。

④ 网络信息检索。网络信息检索的用户通过网络接口软件，可在任一终端查询、共享
远程异地主机上的信息资源，所以网络检索也是一种广义的联机检索。其检索速度快，效
率高，交互性强，输出方式灵活多样，不受时空限制。

计算机检索不仅能够跨越时空，在短时间内查阅大型数据库，还能快速地对几十年前
的文献资料进行回溯检索，而且大多数联机或网络检索系统数据库中的数据更新速度非常
快，信息用户通过计算机信息检索随时可以得到更新的信息。

目前科技发展迅速，知识和信息产量呈指数级增长，国际合作和联系与各国科技发展
密切相关，学科间相互交叉、相互渗透，边缘学科发展很快，科学技术的综合性越来越强，
因此培养 21 世纪人才，必须借助于现代信息技术。互联网是世界范围的连网信息系统，通
过此国际计算机互联网络，才能及时获取所需信息，与世界交流合作，及时进入相关学科
领域，参与世界的科技竞争。因此，兴建信息高速公路，开发网络信息技术，加快计算机
联网，利用全球网络信息，开发国内信息资源极为重要。

三、按系统中信息的组织方式划分

1. 全文检索

全文检索（full text retrieval）是指检索系统中存储的是整篇文章乃至整本书。用户根
据个人的需求从中获取有关的章、段、节、句等信息，并且还可以做各种统计和分析。

2. 超文本检索

超文本检索（hyper text retrieval）是对每个节点中所存的信息以及信息链构成的网络中
信息的检索。它强调中心节点之间的语义联结结构，靠系统提供的工具进行图示穿行和节
点展示，提供浏览式查询，可进行跨库检索。

超文本结构类似于人类的联想记忆结构，它采用了一种非线性的网状结构组织块状信

息，没有固定的顺序，也不要求读者必须按照某个顺序来阅读。采用这种网状结构，各信息块很容易按照信息的原始结构或人们的"联想"关系加以组织。

3．超媒体检索

超媒体检索（hyper media retrieval）是对存储的文本、图像、声音等多种媒体信息的检索。它是多维存储结构，有向的链接，与超文本检索一样，可提供浏览式查询和跨库检索。

第三节　信息检索语言

一、信息检索语言及其作用

1．检索语言的概念

检索语言是应文献信息的加工、存储和检索的共同需要而编制的专门语言，是表达一系列概括文献信息内容和检索课题内容的概念及其相互关系的一种概念标识系统。简言之，检索语言是用来描述信息源特征和进行检索的人工语言，可分为规范化语言和非规范化语言（自然语言）两类。

2．检索语言的作用

检索语言在信息检索中起着极其重要的作用，它是沟通信息存储与信息检索两个过程的桥梁。在信息存储过程中，用它来描述信息的内容和外部特征，从而形成检索标识；在信息检索过程中，用它来描述检索提问，从而形成提问标识；当提问标识与检索标识完全匹配或部分匹配时，结果即为命中文献。

检索语言的主要作用如下：（1）标引文献信息内容及其外表特征，保证不同标引人员表征文献的一致性；（2）对内容相同及相关的文献信息加以集中或揭示其相关性；（3）使文献信息的存储集中化、系统化、组织化，便于检索者按照一定的排列次序进行有序化检索；（4）便于将标引用语和检索用语进行相符性比较，保证不同检索人员表述相同文献内容的一致性，以及检索人员与标引人员对相同文献内容表述的一致性；（5）保证检索者按不同需要检索文献时都能获得最高查全率和查准率。

二、检索语言的类型

目前，世界上的信息检索语言有几千种，依其划分方法的不同，其类型也不一样。下面叙述两种常用的检索语言划分方法及其类型。

1．按照标识的性质与原理划分

（1）分类语言。分类语言是指以数字、字母或字母与数字结合作为基本字符，采用字符直接连接并以圆点（或其他符号）作为分隔符的书写法，以基本类目作为基本词汇，以类目的从属关系来表达复杂概念的一类检索语言。

① 分类语言的特点。能较好地体现学科的系统性，反映事物的平行、隶属和派生关系，

适合人们认识事物的习惯，有利于从学科或专业的角度进行族性检索，能达到较高的查全率；采用国际上广泛使用的拉丁字母和阿拉伯数字做概念标识的分类号，比较简明，便于组织目录系统。但是，由分类语言编制的体系分类表，由于受自身结构特点的限制，存在着某些明显的不足之处，主要表现如下。

a. 体系分类表具有相对稳定性，难以随时增设新兴学科的类目，不能及时反映新学科、新技术、新理论方面的信息，对检索结果的查全率和查准率有一定的影响。

b. 体系分类表属直线性序列和层垒制结构，难以反映因科学技术交叉渗透而产生的多维性知识空间，对检索结果的查准率带来一定的影响。

尽管如此，分类语言仍然广泛地应用于信息的存储与检索中。目前，国际上通用的体系分类表有《国际十进分类法》（简称 UDC），国内通用的体系分类表有《中国图书馆分类法》（原名《中国图书馆图书分类法》）。

② 《中国图书馆分类法》简介。《中国图书馆分类法》简称《中图法》，是 1971 年由北京图书馆、中国科学技术情报所等单位共同编制完成的，于 1974 年出版，并经过多次修订与再版，目前已修订至第五版。

《中图法》由基本部类和基本大类、简表、详表、通用复分表组成。

a. 基本部类和基本大类。基本部类，又称基本序列，由 5 大部类组成。基本大类，又称大纲，是在基本部类的基础上展开的第一级类目，由 22 个大类组成，如表 3-1 所示。

表 3-1　　　　　　　　　　《中图法》的基本部类和基本大类表

基 本 部 类	基 本 大 类
1. 马克思主义、列宁主义、毛泽东思想	A. 马克思主义、列宁主义、毛泽东思想、邓小平理论
2. 哲学	B. 哲学、宗教
3. 社会科学	C. 社会科学总论 D. 政治、法律 E. 军事 F. 经济 G. 文化、科学、教育、体育 H. 语言文字 I. 文学 J. 艺术 K.历史、地理
4. 自然科学	N. 自然科学总论 O. 数理科学和化学 P. 天文学、地球科学 Q. 生物科学 R. 医药、卫生 S. 农业科学 T. 工业技术 U. 交通运输 V. 航空、航天 X. 环境科学、安全科学
5. 综合性图书	Z.综合性图书

b. 简表。简表是在基本大类上展开的二级类目表，通过简表可了解分类概貌。工业技术大类的简表如表 3-2 所示。

表 3-2　　　　　　　　《中图法》T 工业技术大类简表（二级类目表）

TB 一般工业技术	TL 原子能技术
TD 矿业工程	TM 电工技术
TE 石油、天然气工业	TN 电子技术、通信技术

续表

TF　冶金工业	TP　自动化技术、计算机技术
TG　金属学与金属工艺	TQ　化学工业
TH　机械、仪表工业	TS　轻工业、手工业、生活服务业
TJ　武器工业	TU　建筑科学
TK　能源与动力工程	TV　水利工程

c．详表。详表是分类表的主体，它依次详细列出类号、类目和注释。"网络浏览器"类号、类目展开示例，如表 3-3 所示。

表 3-3　　　　　　　　　　"网络浏览器"类号、类目展开示例

TP3　计算技术、计算机技术

……

TP39 计算机的应用

……

TP393 计算机网络

……

TP393.0 一般性问题

（2）主题语言。主题语言是指以自然语言的字符为字符，以名词术语为基本词汇，用一组名词术语作为检索标识的一类检索语言。以主题语言来描述和表达信息内容的信息处理方法称为主题法。主题语言又可分为标题词、元词、叙词、关键词。

① 标题词。标题词是指从自然语言中选取并经过规范化处理，表示事物概念的词、词组或短语。标题词是主题语言系统中最早的一种类型，它通过主标题词和副标题词固定组配来构成检索标识，只能选用"定型"标题词进行标引和检索，因而反映文献主题概念受到限制，不能适应时代发展的需要，目前已较少使用。美国《工程索引》的《工程标题词表（SHE)》使用的就是标题词语言。

② 元词。元词又称单元词，是指能够用以描述信息所论及主题的最小、最基本的词汇单位。经过规范化的能表达信息主题的元词集合构成元词语言。元词法是通过若干单元词的组配来表达复杂的主题概念的方法。元词语言多用于机械检索，适于用简单的标识和检索手段（如穿孔卡片等）来标识信息。

③ 叙词。叙词是指以概念为基础、经过规范化和优选处理、具有组配功能并能显示词间语义关系的动态性的词或词组。一般来讲，选择的叙词具有概念性、描述性，组配性，经过规范化处理后，还具有语义的关联性、动态性、直观性。叙词法综合了多种信息检索语言的原理和方法，具有多种优越性，适用于计算机和手工检索系统，是目前应用较广的一种语言。CA（《化学文摘》)、EI（《工程索引》）等著名检索工具都采用了叙词法进行编排。

以上语言均是受词表控制的规范化语言。

④ 关键词。关键词是指出现在文献标题、文摘、正文中，对表征文献主题内容具有实

质意义，对揭示和描述文献主题内容重要的、关键性的语词。关键词法不受词表控制，快捷简便，适于用计算机组织和检索文献信息。在检索中文医学文献中使用频率较高的 CMCC 数据库就是采用关键词索引方法建立的。

在计算机检索中，大多数系统具有主题词检索功能，因为通过主题词检索可以缩小检索范围，提高准确度和检索速度。为了便于用户检索使用，一般在系统中预先将本数据库系统所定义的全部主题词存入系统，用户可以根据系统的主题词库直接检索，不必牢记各个主题词或翻查主题词表。

很多情况下，我们并不十分了解自己要检索的文献归属于哪一个主题词，或用一两个主题词很难代表要查找文献的全部含义，这时，可以使用自由词或关键词检索。计算机系统可以对所有的词进行检索，并对每个词在每篇文献中出现的频率进行统计，可以根据某一词出现的频率判断某篇文献与某一主题的相关程度。一般主题词的检索局限在题名、文摘、全文等字段中，而自由词或关键词的检索则不局限于字段，可以对所有字段进行自由检索。

（3）代码语言。代码语言是指对事物某方面的特征，用某种代码系统来表示和排列事物概念，从而提供检索的检索语言。例如，根据化合物的分子式这种代码语言，可以构成分子式索引系统，允许用户从分子式出发，检索相应的化合物及其相关的文献信息。

2．按照表达文献的特征划分

（1）表达文献外部特征的检索语言。表达文献外部特征的检索语言主要是指文献的篇名（题目）、作者姓名、出版者、报告号、专利号等。它是将不同的文献按照篇名、作者名称的字顺进行排列，或者按照报告号、专利号的顺序进行排列，所形成的以篇名、作者及号码的检索途径来满足用户需求的检索语言。

描述文献外表特征的检索语言可简要概述如下。

题名：利用文献或文章的名称进行检索。

著者：利用作者或团体作者的姓名进行检索。

文献编号：利用报告号、合同号、存取号等号码途径进行检索。

其他：利用人名、引用文献目录等途径进行检索。

（2）表达文献内容特征的检索语言。表达文献内容特征的检索语言主要是指所论述的主题、观点、见解和结论等。描述文献内容特征的检索语言可简要概述为：

体系分类语言：利用分类号进行检索。

标题词语言：利用文献的标题和副标题进行检索。

叙词语言、关键词语言：利用表达文献主题的词语进行检索。

其他：利用文献中出现的分子式、结构式、专利号等进行检索。

第四节 信息检索的方法和途径

一、信息检索方法的类型

为了迅速、准确地检索到所需要的文献信息，必须要了解和掌握一定的检索方法。

检索文献信息采用何种方法，需要考虑的因素很多，这主要包括检索课题的目的、性质、所要求的文献类型，检索工具的现状，检索者的具体要求等。一般说来，检索文献信息的方法有以下几种。

1. 常用法（工具法）

所谓常用法，顾名思义，是检索中最为常用的方法，指利用成套的检索工具检索文献信息的方法，也称为工具法。

常用法的具体操作，可分为顺查、倒查、抽查三种方式。

（1）顺查法：是指根据检索课题的起始年代，利用选定的检索工具，由远及近（即过去到现在）地逐年查找。这种按年代顺序逐年查找的方式，检索的全面性和系统性好，漏检的可能性小。同时，在检索过程中，可以根据初步的检索结果，不断地调整检索策略，尽量减少误检，提高检索的准确性。顺查法适合于检索范围较大、时间较长的复杂课题。因检出文献信息的全面性高，可用来满足综合分析、决策依据等信息需求，这种方式的主要不足是检索的工作量大，费时费力，尤其是对于缺乏多年度的累积索引条件下的手工检索。

（2）倒查法：与顺查法相反，倒查法利用选定的检索工具，由近及远（由现在到过去）地进行逐年检索，直到满足信息检索的需要为止。这种与年代顺序相反的逐年检索方式，由于最近的文献信息新颖性和及时性好，且已经包含和吸收了过去的文献信息，一旦基本掌握所需要的信息，或检索出的文献信息已经符合检索者的要求，可随时终止检索，所以，倒查法可以节约大量的时间和精力，检索快速，检索出的文献信息的准确性好，可用于对检索准确性要求较高的检索。这种方式的主要不足是检索不够系统、全面，漏检的可能性大。

（3）抽查法：该方式针对有关部门学科、专业的发展特点，根据检索的要求，重点抓住学科、专业发展高潮阶段、文献发表数量较多的年代，抽出一个或几个时间段进行逐年检索。这种检索方式可以用较少的时间获得较多的文献，检索的效率高。但是，采用这种方式的前提条件，是必须十分了解有关部门学科专业的发展状况，否则，时间段选择不当，可能发生较大的漏检。

2. 回溯法（引文法）

回溯法，也称为引文法，是利用文献末尾所附的参考文献或引用文献，由近及远（由现在到过去）地进行追踪检索。这种检索方式，可以从已经掌握的一篇最新的文献入手，检索到它所引用的文献，再根据这些检索出的文献，检索到它们引用的文献，如此反复，即可获得大量的有关文献信息。要注意，这样检索出的文献是越来越早的。

利用引文的回溯法，虽然形式上比较特殊，但它摆脱了各种符号或词语标识的限制，检索极为准确，而且容易掌握。以引文关系作为主题关系，从检索实践上看是很有效的，主题内容极为切合，能够检索到较为重要的文献，因为重要的文献被引用的次数通常也较多，也就容易检索到。另外，所提供的信息回溯性和及时性都令人满意。

回溯法的主要缺点是，引用有多种缘由，不一定能完全反映出主题关系，因而漏检、误检的可能性较大。此外，引文还会受到文献可得性的影响。在原始文献收藏比较丰富的情况下，使用回溯法较为合适。

通常，在缺乏相关的检索工具，或是现有检索工具不齐全或不适用时，回溯法几乎是唯一适合的检索方法。事实上，在很多情况下，都可利用回溯法，即便在已经使用了工具法之后，仍然可以使用回溯法进行补充。

回溯法是利用引文语言进行检索的两种方法之一。在信息检索时，还可利用另一种引文检索方法，如利用《科学引文索引》（SCI），从被引文献入手，检索引用它的文献，再把所检索出的文献作为被引用文献，检索出引用它们的文献，如此反复操作，即可获得大量的有关文献信息。要注意，这样检索所获得的文献是越来越新的。

3. 循环法（分段法）

循环法，是综合常用法和回溯法的检索方法，即在检索文献信息时，既利用成套的检索工具检索，又利用原始文献后所附的参考引用文献进行回溯，分阶段按周期地交替使用，也称为分段法。

循环法的好处是能够综合常用法和回溯法的优点，其依据主要有两点：其一，任何检索工具，都有文献收录的范围、主题报道的重点和倾向等，以回溯法进行补充，可以扩大文献线索，发现更多有价值的文献信息；其二，文献引用有这样的规律，凡是重要的文献，一般在 5 年之内都会被其他文献引用。因此，在检索实践中，循环法常常以 5 年为周期，轮流交替使用常用法和回溯法。

循环法的具体操作可以采用两种方式。

（1）首先使用常用法，然后使用回溯法，不断循环交替。即首先利用成套的检索工具，检索出一批相关文献，然后利用这些文献所附的参考或引用文献，进行引文回溯，获得更多有用文献。随后可以跳过 5 年，再依次利用常用法和回溯法，如此反复检索，直到满足检索要求为止。

（2）首先使用回溯法，然后使用常用法，不断循环交替。即首先利用已经掌握的相关文献，按已知文献所附的参考或引用文献进行回溯检索，然后依据这些检索出的文献的各种特征，如著者、分类号、关键词等，利用检索工具，发现和了解该主题范围的文献信息，再检索主题、分类体系中的有关处理情况，如涉及的类目、相关的主题词等，并进一步展开有针对性的系统检索。随后可以跳过 5 年，再依次利用回溯法和常用法，如此反复检索，直到满足检索要求为止。

循环法是对常用法和回溯法的综合利用，检索的效率较高，并可克服检索工具不全的限制，进行连续的检索，获得更多、更切题的文献信息。这种检索方法的主要缺陷，是可能产生一定程度的漏检。

二、选择检索方法的原则

在检索实践中，没有可以适用于一切检索课题的检索方法，各种检索方法各有其长处和短处，关键是根据检索课题的具体目的和要求，有针对性采用适当的检索方法。在选择时可以参考以下原则。

（1）如果检索工具不全或根本没有，检索课题涉及面又不大，对查全率不做较高要求，可采用由近及远回溯法。回溯的起点最好是所附参考文献较多的论文及论著，还有一些信息研究成果，如"综述"、"评述"等。

（2）如果检索工具齐备，研究课题涉及的范围大，则应采用常用法或循环法进行检索。

（3）如果检索课题属于新兴学科或知识更新快的学科，可采用倒查法。

（4）如果研究课题对查全率做特别要求，如开展查新，一般采用顺查法。

（5）如果已经掌握了检索课题发展的规律、特点，一般采用抽查法。

三、检索途径

检索途径是用户与检索工具建立联结的中介，所以又称检索入口。按照检索途径与信息内容相关的程度，检索途径可分为反映信息内容特征的途径与反映信息外部特征的途径。反映信息外部特征的途径一般有著者途径、题名途径、序号途径等。反映信息内容特征的途径有分类途径、主题途径等。因为信息的外表特征对信息来说具有唯一性，即某则信息的一组外表特征只对应这则信息，而信息的内容特征与信息是一种模糊的对应关系，即一篇信息有多个主题词（关键词）或分类号，一个主题词（关键词）或分类号也可对应多则信息。这种对应关系使得信息的内部特征和外部特征的用途大不相同。利用反映信息外表特征的检索途径只能检出很少的信息，利用反映信息内容特征的检索途径一次则能检出一批信息。

1. 分类途径

分类途径是一种按学科分类体系来查找信息的途径，以分类检索语言为依托，使用"分类目录"、"分类索引"等进行查找。分类途径检索信息的优点在于族性检索，有利于精选。当研究课题较大，需要全面了解某一学科及其相关知识的时候，或者难于判定研究课题所属主题范围的时候，经常通过分类途径查找信息。缺点在于费时，在检索过程中必须不断地分析、评判、取舍，并不断地调整检索路线。

印刷型检索工具利用分类途径检索信息的步骤为：分析待检课题的主题——根据主题获取相应的类目——依据类目在分类表中提取分类号——利用分类号查找检索工具中的信息线索及文摘——根据信息线索中的出处查找信息原文。电子检索工具从分类途径检索信息的步骤要简单得多，即分析待检课题的主题——根据检索平台上设置的类目主题架构获取与主题相关的分类主题——单击分类主题浏览信息线索或文摘——根据信息线索中的出处获取原文或直接单击信息线索的全文链接获取全文。

从分类途径使用印刷型检索工具时，获取课题的分类号是检索的关键。

（1）单概念课题分类号的确定。所谓单概念课题，是指课题涉及的主题概念只有一个。使用分类表给单概念课题确定类号的方法是：掌握分类表的体系结构中大类的分布——在相关的大类中由大而小查找最接近于课题要求的类号——利用类目注释和类目指引确定准确的类号。

（2）涉及两个或两个以上概念的多概念课题分类号的确定。使用分类表确定分类号时应注意：对于涉及几个并列研究对象的课题，有主次者，应取其重点或主要研究对象归类；无主次者，应将涉及的几个主题同时查找。研究一种理论、方法、工艺、材料、设备、产品等某方面应用的课题，应在所应用的类目中查找。研究一种理论、方法、工艺等在多方面应用的课题则在该理论、方法、工艺等本身所属的类目中查找。

分类途径查找信息的另外一个诀窍是：当待检课题在分类表无现成类目或无符合要求的专指类目时，可以代之以查它的上位类。例如，"灰色系统理论"在《中图法》中没有现成的类号可用，经分析"灰色系统理论"是在控制论、信息论、系统论基础上发展而来的一个理论，因此，"灰色系统理论"的类号，可以用上位法选择"N94系统论"。

2．主题途径

主题途径是以代表信息主题内容的实质性的词汇作为检索标识进行检索的一种途径，以主题检索语言为依托，使用"主题索引"、"关键词索引"、"叙词索引"等进行查找。这种途径有利于将分散的各学科的有关信息集中于同一主题词之下，表达概念准确灵活，便于特性检索。主题途径较适合于相对具体、专深、新兴边缘学科的课题，能较好地满足特性检索的要求。

主题途径查找信息的关键是确定主题词。

课题的主题词确定方法。分析课题，提取概念。最主要的事物名称应作为首先考虑的检索概念——整理概念，将概念整理归纳，分成若干个组面（facets）。

例如，"计算机辅助设计在光学中的应用"这个课题可分成"光学（optical）"，"计算机辅助设计（CAD或Computer Aided Design）"二组。每一组用同义词、缩写词、复数形式等予以扩充。如光学用同义词"optical"和"optic"扩充，以避免漏检，保证课题的查全——直接利用所确定的词查找检索工具或将所确定的词汇与检索工具的词表对照确定正式词再查。

选取主题词应当注意几点：当用提取的主题词查找检索工具没有结果时，可试着采用最近一级的上位词进行查找；要查的课题中如包含数个事物概念，就应选择相应个数的主题词，以保证查准；避免选择泛指性词作为检索主题词，比如"研究"、"发展"、"分析"、"高性能"和"快速"；要选择能代表课题实质意义的词作为主题词，不能仅从字面上选词。比如，要确定"运用计算机程序建立气候模式"这个课题的主题词，"计算机模拟"和"气候模拟"作为主题词更合题意。

3．著者途径

著者途径是根据已知信息作者姓名或机构名称来查找信息的途径。因为从事科学技术研究的个人或团体都是各有所专的，同一著者在一定时期内所发表的信息，在内容上常常限于某一学科或专业范围之内，因此能在一定程度上集中同类信息。利用著者途径查找信息的优点是可以满足对个人及团体著者的学术水平进行评价时的信息查找。缺点是著者途径不能满足全面检索某一课题文献的需要。

著者途径查找信息的关键是确定著者名称。

在著者索引中，姓名通常倒置排列。如：

Arrow B. Smith（阿罗·B·史密斯）著录为：Smith，Arrow B。

同姓名著者，先按名字的首字母顺序排列，不全者排在全者之前，单名排在双名之前，简名排在全名之前。如：

Smith，Amey

Smith，A. A.

Smith，Alice Amey

复姓作者，将复姓做整体看待。如：

Margaret Martin-Smith 著录为：Martin-Smith，Margaret。

团体著者也同个人著者一样，按团体单位名称的字序排列。另外，以个人姓名命名的公司名称，个人姓名也应倒置。如：

Wlliams，John W.，Co.

在确定著者姓名的过程中，应该注意的问题是：在著者索引中，有时对同一著者的姓名有不同的表示法。如：

Oppenheim，A. V. 116704

Oppenheim，Alan V. 000673

中国著者姓名问题。国外检索工具对中国著者姓名和团体机构名称的处理是，一般按汉语拼音直接音译（也有使用威妥玛拼音方法的，例如 Lee Ming）。如：Shandong Univ 山东大学、Li Xiaomin 李筱敏。但需要注意的是，外国检索工具一般喜欢将名字缩写，如 Li Xiaomin 缩写成 Li X. M.，并且经常将中国人的名和姓颠倒，如 Li Xiaomin 弄成 Xiaomin Li 或 Xiaomin L.，甚至 Lixiao min 或 Min lixiao。所以在检索时应将几种名字的写法都试一试，以保证课题的查全。

4．其他途径

其他途径包括题名途径、序号途径、分子式途径等。

（1）题名途径：包括书名、刊名和篇名等途径，即使用"书名目录"、"刊名目录"、"会议资料索引"等进行查找。这虽然是一种反映信息外部特征的检索途径，但现在在检索工作中应用非常广泛，是主题途径的一种非常重要的补充手段。

（2）序号途径：序号包括报告号、标准号、专利号、登记号等。使用"报告号索引"、"标准号索引"、"专利号索引"、"登记号索引"等进行查找。

（3）分子式途径：是以化学物质的分子式作为检索标识等查找文献的途径。通过"分子式索引"进行查找，是主题途径的一种特殊形式，主要为美国《化学文摘》所用。

第五节　信息检索的步骤

信息检索是从确立检索需求到信息满足的过程。其检索的全过程大致可分为分析课题与确定检索要求、选择检索方式与检索工具、确定检索途径与方法、优化检索提问与策略、整理检索结果、获取原文 6 个步骤。

一、分析课题与确定检索要求

分析课题是检索的准备阶段，要求分析仔细、全面：

一方面，明确检索需求，确定最终要获得的信息的文献源的相关信息，如信息要求是数据、事实还是相关文献；信息最终的出版形式是图书、期刊还是其他，这可根据 10 类出版形式的特点来确定；信息的语种是中文还是其他语种；时间是当年还是其他年代；需要的是原文信息还是对一次信息加工过的二次信息或只需一些相关线索；检索的侧重点在查全还是查准，等等。

另一方面，对课题概念进行分析，归纳出检索需要的外表的或内容的特征线索，如分类号、主题词、关键词、人名、机构名、地名、代码及专业术语等。

二、选择检索方式与检索工具

在确定是通过手工检索还是计算机检索的基础上，根据检索目的和信息需求选择最恰当的权威的检索工具、参考工具书或数据库。任何检索工具都是针对特定的目的和读者群编制的，检索工具选择是否适当将直接影响到检索效果的好坏。

首先，要根据课题确定是选择参考工具书，还是检索工具。参考工具书，如年鉴、手册、名录、百科全书、词典等，各有自己的适用范围，可满足对数据与事实的检索需求，而检索工具用于对文献类信息的查找，根据所需信息被加工的深度再进一步选择是一次信息检索工具还是二次信息检索工具，后者指引人们从书目、索引等检索工具中找到所需文献的线索，但不提供所需信息或事实本身，具体的如在计算机检索中是选择全文型数据库还是文摘型数据库，使用检索工具的光盘版还是网络版等。

三、确定检索途径与方法

根据分析出的主题的外表与内容特征确定检索的途径。题名、著者、分类、主题及代码等都是信息检索的途径，但外表特征所形成的途径所检信息特定、不全面，而从主题与分类途径所检信息面广，相关信息多，因而选择不同的检索途径，所获得的检索效果也将不同。这就需要根据检索需求选择一种或多种检索途径配合使用，同时在计算机检索系统中还要考虑到检索系统能否支持的因素。

在确定检索工具后就需确定检索要采用的主要的检索方法，如确定是从信息源的正文中还是从参考文献中去获取，这就涉及是否使用引文法和相关的引文索引；根据对所检信息时间性的要求又可确定是由近及远还是由远及近地查找，同时注重各种检索系统所提供的检索技术是什么，针对课题应选用几种。在数据库检索中要用高级检索、二次检索和多种下拉菜单的限制选择来缩小检索范围，提高查准率，又要利用相关与相近概念以及扩检技术来达到高的查全率，充分体现检索方法与技术在检索过程中对结果的质量与范围的控制。

四、优化检索提问与策略

除直接利用自然语言检索外，用户的需求是通过检索提问表达的。目前支持自然语言检索的多为外文检索系统，中文的检索系统还没有完全支持自然语言检索的，所以对国内用户来说，要使用自然语言检索首先还须无语言障碍，故科学地将表达检索要求的词语构造成检索提问式就显得非常重要，它是检索技能的综合体现。编制检索提问式要综合、灵活地运用计算机检索系统提供的组配、限定、加权、扩展、截词等多种检索功能构造表达式，获得第一次查检结果，若满意度高则可不调整检索策略，若不满意或满意度不高就须做调整。

在过去手工检索年代，由于受到检索方式的限制，在得到一次检索结果后对检索策略调整的可能性很少，而对检索策略调整是计算机检索的优越性所在，所调整的方面包含对检索途径、检索工具、检索方法与检索技术的选用调整，从而获得最佳的检索效果。

五、整理检索结果

传统的检索过程在获得一批相关检索结果后便完成检索任务，而现代的检索强调的不只是获得知识信息，更注重对结果的分析、整理、组织与重组，因为获得的检索结果往往是凌乱的、不系统的，存在交叉和重复甚至是自相矛盾的情况，这就要求对它们加以分析，去粗取精、去伪存真，提取有用的信息。

1. 对资料进行鉴别、比较

对搜集来的原始资料进行质量上的评价和核实：

一是要判断结果与查找主题的真伪，若资料本身不真实则应舍去，当然有时也可作为反证的证据；

二是判断是否全面，若不全则调整检索策略，进行二次或三次检索；

三是判断相关的程度，对最相关信息加以详细研究，部分相关的取相关部分，不相关的则舍去。

判断的过程也是一种研究学习的过程，可以产生许多灵感。

2．对结果的整理

最简单也最常用的资料整理方法是分类法，我们可从以下几方面对结果加以分类：

一是将与主题相关的信息内容集中，不相关信息可记录备用或舍去；

二是将论点与论据信息分别汇总，便于调用信息；

三是将马上要用到的信息与以后可能用的信息分开，这样形成检索结果资料的汇编与检索资料笔记，并做简要说明。

3．比较分析

即运用科学的分析方法和研究方法对所占有的信息资料进行分析，研究特定课题的现象、过程及内外各种联系，找出规律性的东西，构成理论框架，把所占有的信息转化为自己的东西。

检索的过程是对信息综合查找与分析利用的过程，在不具备很高检索技巧的情况下，通常需经过多次反复实践才能获得比较满意的检索结果，因此检索中我们要实践、实践、再实践。

六、获取原文

1．识别原文的特征信息

尽管我们有时需要的是关于原文的线索与综述，但从普遍的检索目的来讲，是为了获得原文信息。通过检索工具处理加工过的信息具有一些特定的标识、格式与特征，要想获取原文首先要能认识与识别各种检索工具的著录格式以及打印输出格式。在手检工具中不同的工具均有自己固定的格式，如 SA、CA、EI 对期刊的著录格式均不相同。在网络数据库检索中，不同的库其输出的格式也不同。下面几项是获得原文关键性的特征。

（1）在检索工具中，出版物名通常以缩写的形式出现，要获取原文需利用附录或者单独出版的出版物一览表（出版物索引、摘引期刊一览表、来源索引等）来转换为全称。中文、日文、俄文刊名在英文文摘中一律采用拉丁文音译著录，故在翻译时应首先将缩写刊名还原为全称，然后查阅有关音译转化工具书。

（2）对文献类型，中文检索工具常使用刊、专利、会议、图书、标准等标识区别。西文检索工具则主要依据各种文献所特有的标识来识别，如凡有 ISSN、年份、卷期号（多用 Vol-，N0.表示）的一般是期刊论文；有专利代码的是专利文献；有出版商简称和出版地、出版年、ISBN 号的是图书；有会议类属词（Proceeding、Conference、Meeting、Symposium、Workshop、Colloquium 及 Convention 等）及主办单位、召开地点及时间特征的是会议报告；

科技报告有收集科技报告的机构或编写科技报告单位的代号；学位论文有学位名称、导师姓名，授予学位的大学名称、地点与授予年份等；标准有 Standard、Specification 等。检索刊物前的缩略语及符号一览可供参考。计算机检索可依据打印单上文献类型字段中的代码鉴别出版物类型。

2．获取原文的途径

获取原文的途径有 4 种：一是利用本单位图书情报获取原文；二是利用联合目录通过馆际协作获取原文；三是利用全文数据库直接下载全文；四是利用检索结果中提供的著者或出版机构的 E-mail 地址，与之联系获取原文。前两种方式在手工检索或机检中均可使用，后两种方式只能在计算机检索状态中实现。

第六节　信息检索常用技术及检索效果评价

一、检索技术

1．布尔逻辑检索

利用布尔逻辑算符进行检索词的逻辑组配是现代信息检索系统常用的一种检索技术。所谓"布尔检索"，指采用布尔代数中的逻辑"与"（and）、逻辑"或"（or）、逻辑"非"（not）等算符，来表达检索词与检索词之间的逻辑关系，将检索提问转换成逻辑表达式，计算机将根据逻辑表达式与系统中的记录进行匹配，当两者相符时则命中，并自动输出该文献信息。

在检索实践中，检索提问涉及的概念往往不止一个，而同一概念又往往涉及多个同义词或相关词，为了正确表达检索提问，必须用逻辑算符将不同的检索词组配起来。

（1）逻辑"与"：and 或*。

逻辑"与"算符用于检索概念之间的相交关系运算，一般用于组配不同的检索概念，表示它所连接的两个检索词必须同时出现在一篇文献记录中才满足检索条件。这种组配可以缩小检索范围，提高检索的专指性，提高查准率。

例如"A and B"，即表示被检索的信息中必须同时含有"A"和"B"才算命中，如图3-2 中两个圆的交叉部分。

（2）逻辑"或"：or 或+。

逻辑"或"算符表示检索概念之间的相并关系，表示它所连接的两个检索词中任意一个出现在结果中就满足检索条件，可用其组配表达相同概念的检索词，如同义词、相关词等。这种组配可以扩大检索范围，防止漏检，有利于提高查全率。

例如"A or B"，即表示在一篇信息中只要含有"A"和"B"中的任何一个即算命中，如图 3-3 中所有部分。

（3）逻辑"非"：not 或-。

逻辑"非"算符用于在某一信息集合中排除不需要的或影响检索结果的概念。

例如"A–B"，即表示检得结果中包含 A 但不能包含 B，如图 3-4 中左圆被切割后的部分。

 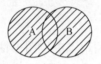

图 3-2　逻辑"与"　　　　图 3-3　逻辑"或"　　　　图 3-4　逻辑"非"

逻辑"非"算符可缩小检索结果，在使用时要慎重，因为它有可能将相关的文献信息排除掉，造成漏检。例如用"energy–nuclear"查找能源但不包括核能的文献信息，就有可能将既含有 energy 又含有 nuclear 的信息都去掉，造成漏检。

2．截词检索

截词检索就是用截断的词的一个局部进行的检索，并认为凡满足这个词局部中的所有字符（串）的文献信息，都为命中的文献。该检索功能是利用了计算机固有的指定位对比判断功能，使不完整词与索引词进行比较、匹配的一种检索方式。

截词检索具有 or 运算符的功能，能扩大检索范围，防止漏检，提高查全率，又可节约输入检索词的时间，具有方便用户、增强检索效果的特点。但一定要合理使用，否则会造成误检。不同的检索系统所用的截词符不同，常用的有？、*、$等。

截词的方式有以下多种。

（1）按截断的字符数量分类。

① 有限截词。有限截词即一个截词符只表示截一个字符。

② 无限截词。无限截词即一个截词符可代表多个字符。例如输入"Separate*"，将检出包含 separate，separation，separated，separating 等词汇的文献。如果只用"separation"进行检索，则会漏掉其他相关文献。同时注意使用无限截词符时，所截词根不能太短，否则会输出许多无关的文献，造成误检。

（2）按截断的位置分类。

① 右截词。右截词又称后截词，前端一致，允许检索词尾部有若干变化形式，如前例 Separate*所示。

② 中间截词。中间截词又称屏蔽符，即在检索词的中间加截词符，允许检索词中间有若干变化形式。该功能主要解决一些西文拼写不同、单复数形式不同的词的输入，可简化输入。例如输入"wom*n"就可同时检索到含有 woman 或 women 的结果。

③ 左截词。左截词又称前端截词，后端一致，允许检索词的前端有若干变化形式，例如输入"*computer"就可检索到包含 minicomputer、microcomputer 等词的结果。

3．位置检索

位置检索通过检索式中的专门符号来规定检索词在结果中的相对位置，该检索技术

弥补了布尔逻辑检索、截词检索的一些不足，可以增强选词的灵活性，更能表达复杂专深的概念，提高检索深度和查准率。下面将介绍几类算符。

（1）"（W）"或"（）"算符用于词组检索和短语检索，表示其两侧的检索词必须紧密相连，除空格、标点符号或连接符号外，不得插入其他单词或字母，且词序不能颠倒。例如检索"communication（w）satellite"时，系统将只检索含有 communication satellite 词组的记录。

（2）"（nw）"算符表示其两侧的检索词在结果中出现的前后次序不能变，但在它们之间可插入最多 n 个词。例如检索"communication（2w）satellite"时，系统将检索含有 communication satellite，communication though satellite，communication on the satellite 等词组的记录。

（3）"（N）"算符表示其两侧的检索词必须紧密相连，但两词的词序可以颠倒。

（4）"（F）"算符表示其两侧的检索词必须同时出现在数据库记录的同一字段。

（5）"（S）"算符表示其两侧的检索词必须同时出现在数据库记录的同一句中。

4．加权检索

加权检索是某些检索系统中提供的一种定量检索技术。加权检索同布尔逻辑检索、截词检索等一样，也是信息检索的一个基本检索技术，但与它们不同的是，加权检索的侧重点不在于判定检索词或字符串在不在数据库中存在，与别的检索词或字符串是什么关系，而是在于判定检索词或字符串在满足检索逻辑后对文献命中与否的影响程度。加权检索的基本方法是：在每个提问词后面给定一个数值表示其重要程度，这个数值称为权，在检索时，先查找这些检索词在数据库记录中是否存在，然后计算存在的检索词的权值总和。权值之和达到或超过预先给定的阈值，该记录即为命中记录。阈值可视命中记录的多寡灵活地进行调整，阈值越高，命中记录越少。

运用加权检索可以命中核心概念文献，因此它是一种缩小检索范围，提高检准率的有效方法。但并不是所有系统都能提供加权检索这种检索技术，而能提供加权检索的系统，对权的定义、加权方式、权值计算和检索结果的判定等方面又有不同的技术规范。

二、检索效果的评价

检索效果是指利用检索系统（或工具）开展检索服务时所产生的有效结果。检索效果的评价是根据一定的评价指标对实施信息检索活动所取得的成果进行客观科学评价以进一步完善检索工作的过程。它不仅是影响文献信息检索系统价值的主要因素，也是人们评价信息检索质量的重要指标。评价检索效果，主要是为了准确掌握检索工具的各种性能水平，分析影响检索效果的因素，调整检索策略，改进检索系统的性能，提高检索效果，满足用户检索信息的需求。

1. 主要评估指标

常用的评价指标有：收录范围、查全率、查准率、响应时间、输出形式等，其中主要的指标是查全率和查准率。美国学者克里维顿（C.M.Cleverdon）首次将查全率与查准率作为信息检索系统质量的评价指标。

（1）查全率（Recall Factor，简写为 R）：指系统在进行某一检索时，检出的相关文献量与系统文献库中相关文献总量的比率，它反映该系统文献库中实有的相关文献量在多大程度上被检索出来。

$$查全率＝（检索出的相关信息量/系统中的相关信息总量）×100\%$$

例如，要利用某个检索系统查某课题。假设在该系统文献库中共有相关文献总量为 40 篇，而只检索出 30 篇，那么查全率就等于 75%。

（2）查准率（Precision Factor，简写为 P）：指在进行某一检索时，检出的相关文献量与检出文献总量的比率，它反映每次从该系统文献库中实际检出的全部文献中有多少是相关的。

$$查准率＝（检索出的相关信息量/检索出的信息总量）×100\%$$

例如，如果检出的文献总篇数为 50 篇，经审查确定其中与项目相关的只有 40 篇，另外 10 篇与该课题无关，那么这次检索的查准率就等于 80%。显然，查准率是用来描述系统拒绝不相关文献的能力的指标，有人也称查准率为相关率。

2. 查全率和查准率都有局限性

查全率的局限性主要表现在：它是检索出的相关信息量与存储在检索系统中的全部相关信息量之比，但系统中相关信息量究竟有多少一般是不确知的，只能估计；另外，查全率或多或少具有"假设"的局限性，这种"假设"是指检索出的相关信息对用户具有同等价值，但实际并非如此，对于用户来说，信息的相关程度在某种意义上比它的数量重要得多。

查准率的局限性主要表现在：如果检索结果是题录式而非全文式的，由于题录的内容简单，用户很难判断检索到的信息是否与课题密切相关，必须找到该题录的全文才能正确判断出该信息是否符合检索课题的需要；同时，查准率中所讲的相关信息也具有"假设"的局限性。

3. 影响查全率与查准率的因素

影响查全率的因素主要有：检索策略过于简单，选词和进行逻辑组配不当，检索途径和方法太少，检索时不能全面地描述检索要求等。

影响查准率的因素主要有：选词及词间逻辑关系或匹配规则不当，检索词（或检索式）专指度不够等。

查准率和查全率结合起来，描述了系统的检索成功率。在实际检索中，查全率和查准率往往呈反比关系，要想做到查全，将扩大检索范围和放宽检索条件限制，其结果会把很多不相关的文献检索进来，势必影响查准率。用户应当根据具体信息检索需要，合理调节查全率和查准率，才能保证检索效果。

4．提高检索效果的措施

不同的检索课题对文献信息的需求不同，用户应根据课题的需要，适当调整查全率和查准率，优化检索策略，以达到最佳检索效果。

（1）提高查全率。提高查全率时，调整检索式的主要方法如下。

① 降低检索词的专指度，从词表或检出文献中选一些上位词或相关词。

② 减少 and 组配，如删除某个不甚重要的概念（检索词）。

③ 多用 or 组配，如选同义词、近义词等，并以"or"方式加入到检索式中。

④ 族性检索，如采用分类号检索。

⑤ 截词检索。

⑥ 放宽限制运算，如取消字段限制符，调松位置算符等。

（2）提高查准率。提高查准率时，调整检索式的主要方法如下。

① 提高检索词的专指度，增加或采用下位词和专指性较强的检索词。

② 增加 and 组配，用 and 连接一些能进一步限定主题概念的相关检索项。

③ 减少 or 组配。

④ 用逻辑非 not 来排除一些无关的检索项。

⑤ 加权检索。

⑥ 利用文献的外表特征进行限制，如限制文献类型、出版年代、语种、作者等。

⑦ 限制检索词出现的可检字段，如限定在篇名字段和叙词字段中进行检索。

⑧ 使用位置算符进行限制。

思考题

1．怎样理解信息检索的定义和基本原理？

2．检索工具的概念和类型是什么？

3．分类法和主题法的作用是什么？

4．信息检索的方法、途径和步骤有哪些？

5．信息检索的发展经历了哪几个阶段？

6．信息检索的常用技术有哪些？

7．评价信息检索的效果有哪些指标？

8．怎样提高检索效果？

第四章

图书馆资源利用

图书馆是人类知识的宝库。记录着整个人类文明卷帙浩繁的文献资料，最集中、最全面地收藏在世界各地的图书馆里。英国著名科学家、哲学家波普尔曾经说过这样的话，假如人类社会的一切劳动成果都遭到毁灭，只要保留一座藏书完备的图书馆，就可以借此重建美好的人类家园。但倘若图书馆也毁灭了，人类文明的恢复将再经历一段漫长的时间。波普尔的话最恰当地阐明了图书馆的历史功能和社会功能。对于图书馆，同学们并不陌生，许多同学都利用过图书馆，有的同学还深深地爱上了图书馆，并和它交上了朋友。但是你真正认识它吗？并能自如地运用它吗？

第一节　图书馆概述

在人类历史发展的进程中，社会为了有效地保障和促进知识交流，逐步形成了一系列的社会机构，从事交流的组织、协调和控制。图书馆就是其中的一个重要社会机构，它是人类社会生活发展阶段的产物。图书馆是一座城市文明的标志，文明程度越高的国家，其图书馆的数量与种类也越多。

一、图书馆基本知识

1. 图书馆的概念

说起图书馆，大家都很熟悉，知道图书馆是一个借书还书的地方。这种认识有一定的道理，但并不是一个科学、全面的定义。吴慰慈等在《图书馆学概论》（1985）中提出："图书馆是搜集、整理、保管和利用书刊资料，为一定社会的政治、经济服务的文化教育机构。"这个定义反映了20世纪90年代以前人们对图书馆的认识，它是对传统图书馆本质的概括。这个定义可以回答有关传统图书馆的4个问题。

（1）图书馆的工作程序——对书刊资料进行搜集、整理、保管和利用。

（2）图书馆的工作对象——书刊资料。

（3）图书馆活动的目的——为一定社会的政治、经济服务。

（4）图书馆的性质——文化教育机构。

进入 21 世纪后，随着信息技术的不断发展，文献信息的形态正在发生着革命性的变化，图书馆的形态也在随之发生变化，电子图书馆、数字图书馆等虚拟图书馆的出现，使得图书馆的功能和社会作用有了新的特质，图书馆的概念也有了新的发展。因此，在 2002 年修订版《图书馆学概论》中，吴慰慈等对图书馆的概念做出了进一步补充，认为：图书馆是社会记忆（通常表现为书面记录信息）的外存和选择传递机制。换句话说，图书馆是社会知识、信息、文化的记忆装置、扩散装置。

由于传统图书馆是以实体形态存在的，使人们习惯上把图书馆看作一种机构，但我们应当把图书馆看作一种社会机制。未来的图书馆可能不以一种我们熟知的实体形态存在，但只要存在一种充当社会知识、信息的记忆、扩散装置的机制，我们就可以将其视为传统图书馆的未来形态。

2．图书馆的发展

图书馆有着悠久的历史，考古发现证实，在世界著名的四大文明古国都有图书馆的存在。我国有记载的图书馆可追溯到周朝，当时藏书机构叫"藏室"，春秋时的著名思想家老子就曾做过"守藏室之史"（管理藏书的史官）。但是早期的图书馆，其职能比较单一，以收藏文献图书为主。随着社会生产力的发展和科学技术的进步，从 19 世纪下半叶开始，图书馆进入了一个新的发展阶段。图书馆由向少数人开放，变成向全社会开放。图书馆的职能由最初的重收藏而发展到现在的重使用，越来越多地担负起对社会文献信息整序和对社会文献信息管理、传递的职责。这就使得图书馆由过去意义上的"藏书楼"发展成为现在的传递文献信息的社会机构。随着计算机等现代信息技术在图书馆的应用，图书馆收藏的多元化、传输的网络化和管理的自动化大大提高了图书馆的服务能力，使图书馆具有更为宽广的时空意义，使人类的精神财富能够在更宽广的范围内实现资源共享。今天，我们的图书馆是对全社会开放的。作为一种社会机构，它纵向继承和发展了人类创造的智慧结晶，横向架起了知识创造和利用的桥梁。它以收藏与储存的文献为媒介，以传递为手段，把知识信息扩散到不同的读者中，起到信息交流的作用。图书馆不仅是知识信息交流的重要场所，也是社会教育机构的重要组成部分，它为社会成员提供了一个良好的自学场所。在以"终身教育"为特征的现代社会，图书馆的信息传递作用和教育职能显得更为突出。

综上所述，图书馆的社会职能是在图书馆的发展过程中逐渐形成的。在图书馆发展的不同阶段，图书馆的职能有不同的侧重点。当然，从总体上看，图书馆的几种基本职能是互相联系、互相补充的。孤立地强调某方面的职能而忽视其他职能的作用，则是片面的。

3．我国图书馆事业的现状

新中国建立后，我国的图书馆事业得到了极大的发展。目前，我国的图书馆系统主要由国家图书馆、公共图书馆系统，科学、专业图书馆系统和高校图书馆系统组成。

（1）国家图书馆。

国家图书馆是由国家举办的、面向全国的、担负着国家总书库职能的图书馆。国家图书馆是国家的藏书中心、书目中心、图书馆研究中心、馆际互借中心和国际书刊交换中心。它代表了一个国家图书馆事业的发展水平。

中国国家图书馆原称北京图书馆，1998 年改名为"中国国家图书馆"，其前身是清朝末年筹建的京师图书馆。它位于北京海淀区，建筑面积达 17 万平方米，馆藏文献资料 2600 多万件（2008 年统计数据），是我国最大的综合性研究图书馆，也是世界著名的图书馆之一。该馆是我国的国家总书库，收录古今中外文献资料品种丰富，量多质优，承担着为中央国家领导机关、重点科研、教育、生产单位和社会公众服务的任务。

（2）公共图书馆系统。

公共图书馆是面向社会公众开放的图书馆，担负着为大众服务和为科学研究服务的双重任务，其中为大众服务、普及科学文化知识、提高全民科学文化水平是它的首要任务。它的藏书非常广泛，大多比较综合，内容涉及各个学科，通俗性、学术性兼顾；服务对象包括各种类型、各个层次、各种年龄、各种文化程度、各个民族的读者，特别注意对少年儿童、老年人和残疾人的服务；业务活动除书刊借阅、参考咨询外，还经常举办文化艺术展览或科普讲座等活动。

我国的公共图书馆是由国家开办的文化教育机构，它包括省、直辖市、自治区图书馆和各县市图书馆。据统计，到 1998 年，我国公共图书馆共有 2 730 个机构，总藏量达 3.63 多亿册。各省级图书馆是本地的文献信息中心，兼为科研和社会公众服务，收集地方性文献比较齐全。

（3）科学、专业图书馆系统。

科学、专业图书馆属于专门性图书馆，其服务对象主要是各种专业人员。在我国，科学、专业图书馆种类多、数量大、馆藏文献专深，是直接为科学研究和生产技术服务的图书馆。它们往往是按专业和系统组织起来的，在一个专业或系统内，形成了一个上下沟通、联系紧密的图书馆体系，同时是本专业的信息中心，即图书馆与信息中心一体化。

在科学、专业图书馆中，历史较久、规模较大的中国科学院文献情报中心、中国农业科学院文献信息中心、中国医学科学院医学情报研究所、中国中医研究院中医药信息研究所等，都是本系统的中心图书馆。它们在本系统图书馆的外文书刊的采购、文献调拨、编制联合目录、馆际协作、图书馆自动化、干部培训等方面，起着组织和推动的作用。

（4）高校图书馆系统。

高校图书馆是学校的文献信息中心，是为教学和科研服务的学术性机构，它与师资、实验设备共同被视为现代化大学的三大支柱。高校图书馆的藏书综合性和专业性兼顾，学术性较强，但藏书品种受本校专业设置的影响较大，它的主要职责是通过提供文献信息资源和服务，保证所属大学完成其教学、科研任务。高等学校图书馆所担负的具体任务如下。

① 根据学校的性质和任务，采集各种类型的文献资料，用科学的方法进行分编和管理。

② 配合学校思想政治教育工作，宣传马列主义、毛泽东思想及中国共产党和政府的政策法令。

③ 根据教学、科研和课外阅读的需要，主动地开展流通阅览和读者辅导工作。

④ 开展用户教育，培养学生的信息意识和利用文献信息的技能。

⑤ 开发文献信息资源，开展参考咨询和信息服务工作。

⑥ 统筹、协调全校的文献资料信息工作。

⑦ 参加图书情报事业的整体建设，开展多方面的协作，实行资源共享。

⑧ 开展学术研究和交流活动。

高校图书馆是教师进行教学和科研的坚强后盾，也是学生学习和提高的第二课堂，大学生在校期间应该积极学习和掌握利用图书馆的方法，充分利用图书馆的各种信息资源提高自身的综合素质。

4. 大学生与图书馆

（1）大学生需要图书馆。

一个人从中学步入大学，这在人生旅途中是个重大转折。中学时期主要是学习文化基础知识，准备升入大学或走向社会从事某项职业。但升入大学之后，在心理上就有了一个转变，学习目标有了一个更高的境地，就是在国家规定的培养目标下，将个人的前途与国家的发展需要结合起来。为此，一要构建自己合理的知识和智能结构；二要加强自身全面修养，尽量使自己成为国家所需要的某一方面的专业人才。

每个大学生要成为德才兼备的专业人才，就必须接受专业知识教育、基础知识教育和综合教育，以适应未来的社会需求。

① 专业知识教育。

大学教育，主要是进行专业知识教育。所谓专业知识教育，是指符合本专业发展方向的专业知识结构，绝不仅仅是几门专业课，而是数十门和本专业相关的专业知识课。此外，为了学好专业基础知识，还要读大量有关的参考书来巩固、加深和扩展专业知识。

② 基础知识教育。

它是指大学生需要共同学习和掌握的知识课。如汉语、外语、写作、计算机、马列主义理论等课程。

③ 综合教育。

它是指一个大学生应具备的完善的知识结构和文化素养。完善的知识结构，如同一棵大树，有主干，有枝干，呈网络形。要成为一个有用之才，其知识结构和智能结构应该是完整的。不仅要具备专业知识，还应具备与专业相关的知识，也就是说，知识要渊博。一个人的知识越渊博，在事业上才能越有建树。

一个大学生，要想成为一个牢固掌握专业知识，而又知识渊博的人，仅有课堂教育是远远不够的，还必须充分利用图书馆这个大课堂，在茫茫书海中勤奋耕耘，使自己达到一个更高的境界。

（2）大学生要学会利用图书馆。

在科学技术突飞猛进的今天，把学生培养成具有合理的知识结构和智能结构的人才，已成为当今高等教育的根本任务。要完成这个任务，必须认识到知识的无限性与个人知识的有限性、学习的短暂性与工作需要的长期性之间的矛盾。因为科学总是在不断发展的，而且发展迅速，而大学学习只是一个短暂的阶段。那么如何利用大学这个宝贵的学习阶段获得更为丰富的知识，就成了每个大学生学习的主要任务。实践已经证明，一个人的知识多少和深浅程度，决定一个人才能的大小，凡有才能和建树的人，都有渊博的知识。

每个大学生，为了适应未来的工作需要和科学不断发展的需求，就必须提高获取知识的能力，使自己成为所学专业知识扎实、学识渊博、思维敏捷的人。

在大学学习生活中，必须学会获取知识的方法与技能，这其中包括以下三个方面。

① 了解图书馆藏书。

图书馆是学生获取知识的主要场所，所以应了解图书馆的藏书结构，也就是了解图书馆收藏有哪些类别的书刊资料，其突出特点是什么，以便于自己选择阅读。

② 了解和掌握图书馆目录。

图书馆目录是馆藏书刊的反映和缩影，通过目录可以了解藏书。了解图书馆目录，也就是了解图书馆设有哪些目录，以及各种目录的使用方法，把它们作为学习和治学的门径。

③ 掌握工具书的使用方法。

工具书能为人们迅速提供各类知识和资料线索，为人们读书治学和查找资料提供方便，因而必须学会使用工具书。工具书的种类很多，应掌握各类工具书的使用方法，为获取各种知识提供方便。

对图书馆的利用是多方面的，但主要是利用它的文献资料，并掌握其使用方法为今后走上工作岗位打下一个良好的基础。

（3）大学生在图书馆的行为规范。

学校图书馆作为大学生学习科学文化知识的第二课堂，不仅是一个传播知识、传播文明的场所，而且是培养道德情操的场所。大学生在图书馆的行为举止，一方面对其他读者产生影响；另一方面也会影响馆员为读者服务的质量和效率。因此，作为一项基本要求，大学生在利用图书馆的过程中，要遵守一定的规章制度。其行为规范有以下几点。

① 遵守图书馆的各项规章制度。

各院校图书馆都有一套健全的规章制度。这些规章制度是图书馆进行科学管理的基本依据，其中有些规章制度是馆员的行为规范，有些是读者的行为规范。如图书馆的借阅规则、阅览室阅览制度、图书报刊资料丢失赔偿规定等。这些规章制度以读者利益为根本出发点，是为了确保图书馆工作的正常开展和大学生有效利用图书馆而规定的。同时，这也是图书馆充分发挥其教育职能和情报信息职能所必需的。优质的服务工作是以有条不紊、依章循规为前提条件的。对于丢失图书的读者若不做任何处理，一来影响其他读者的阅读，二来丢失图书的现象会愈演愈烈。照此下去，图书馆会失去它所赖以开展服务的物质基础。其他的规章制度也是这个道理。因此大学生要与馆员一道维护规章制度的权威性，做到依章利用图书馆，违章应受到相应的处罚。每个大学生要争做遵守图书馆规章制度的模范。

② 爱护图书馆的财物。

图书馆的财物包括图书、报刊、资料和一切设备，它们是图书馆赖以开展工作的物质条件，理应受到大学生自觉的爱护与保护。爱护公共财物是每个大学生应有的道德修养。但是，有个别人置国家利益、集体利益和其他人的利益于不顾，随意损坏设备用品、撕毁和污损图书报刊资料，更有甚者，不择手段将书刊盗走，据为己有。这种不良行为侵犯了其他读者的利益，极大地妨碍了图书馆工作的正常秩序。对此，馆方一经发现，应依照相应的规章制度对有关人员严肃处理。

图书馆的书刊资料，是经过长期的收集而积累起来的知识财富，来之不易。有的书刊在社会上绝版或不再发行，一旦损坏或遗失，则难以补充。对某些大学生读者来说，丢失借来的某一本图书似乎无关紧要，但对图书馆来说，却直接影响到为其他读者提供满意的服务。因此，图书馆要求读者爱护图书馆的财物，以维持良好的阅览条件。

③ 讲究文明礼貌。

图书馆是精神文明建设的重要场所。所有到图书馆来学习的大学生都应自觉地树立讲究文明礼貌的道德风尚，维护安静、幽雅的公共学习环境。具体要做到以下几点。

a. 衣着清洁、整齐、大方，不能只穿小背心、短裤、拖鞋；

b. 谈吐文雅、举止文明、不抽烟、不随地吐痰、不乱扔纸屑和其他废弃物、不抢占座位、不打架骂人；

c. 不高声喧哗和嬉戏，走动时脚步要轻，不影响他人；

d. 注意使用礼貌语言，如"请"、"谢谢"、"对不起"、"辛苦了"，等等。

④ 尊重馆员。

之所以将"尊重馆员"单独作为一条提出来，就是因为在这方面还存在着不尽如人意的地方。不尊重馆员的事情时有发生，需要引起读者的注意。

图书馆的服务工作是一种为他人服务的工作。馆员每天都在为读者提供优质服务，为创造良好的学习环境而辛勤地工作着，尤其是处于服务第一线的馆员，每天做着"为人找书，为书找人"的工作。一本图书从进馆到拿到读者的手中，中间经过采购、登录、验收、编目、排架等程序，凝结了馆员们的学问、智慧和辛勤劳动，其中有很大一部分学问和劳动是看不见的。这体现了馆员甘于默默无闻、乐于服务、乐于奉献的宝贵精神。因此，作为读者的大学生，要尊重馆员，尊重馆员的劳动。尊重，体现在读者的一言一行上。有些读者不尊重馆员，常将"唉！"或"喂？"作为对馆员的称呼，连"老师"、"同志"等用语也吝于出口。更有甚者，有的读者把馆员称呼为"那个女的"或"那个妇女"。事实上，此类读者到图书馆往往不能如愿地借到书刊资料。正如孟子所说："爱人者，人恒爱之；敬人者，人恒敬之。"读者尊重馆员，虚心向馆员求教，便会得到馆员的热情服务，进而能够满意地借到所需的书刊资料。对大学生来说，是否尊重馆员是个人素质高低的表现。

⑤ 参与图书馆的管理与活动。

图书馆与大学生的关系不仅是工作关系、服务关系，也是朋友关系。大学生不仅是图书馆的服务对象，也是图书馆工作的监督者和支持者，读者应积极参与图书馆的管理，主动反映自己的意见，密切配合图书馆搞好各项调查活动，进而使图书馆不断改进自己的工作，更好地为读者服务。

二、图书的分类与排架

对社会文献信息流整序和对社会文献信息进行管理、传递是图书馆的一个重要职能，图书馆这一职能的实现是通过图书分类来实现的。图书分类是按照图书内容的学科属性或其他特征，把图书馆藏书予以一一揭示，并分门别类地将它们系统地组织起来的一种手段。图书经过分类之后，就可以显示出每一种书的内容性质和它们之间的关系，性质相同的就聚集在一起，性质相近的就联系在一起，性质不同的就予以分开。图书馆对图书进行分类时要做到"确认图书，归类正确；前后一致，位置固定"。要做到这一点，就必须有一定的依据，这种依据就是图书分类法。图书分类法是由许多类目根据一定的原则组织起来，通过标记符号来代表各级类目和固定其先后次序的分类体系。它是图书馆用以分类图书、组织藏书的工具。国内外图书馆有许多不同类型的图书分类法，我国图书馆界目前比较通用的是《中国图书馆分类法》。

1.《中国图书馆分类法》简介

（1）《中国图书馆分类法》的分类体系。

《中国图书馆分类法》，（以下简称《中图法》）分 5 个基本部类，22 个大类。5 个基本部类分别是：马克思主义、列宁主义、毛泽东思想，哲学，社会科学，自然科学，综合性图书。马列主义、毛泽东思想、邓小平理论是指导我们思想的理论基础，作为一个基本部类列在首位；哲学是关于自然科学和社会科学的概括和总结，宗教作为一种意识形态，与哲学有着共同的发源基础和密切的联系，因此将宗教与哲学作为一个类组列出，排在第二部类，符合分类法从一般到具体的原则；社会科学和马列主义的关系比自然科学更密切，因此首先反映社会科学，然后是自然科学；此外，考虑到文献本身的特点，对于一些内容庞杂、类无专属、无法按某一学科内容性质分类的图书，概括为"综合性图书"，作为一个基本部类，放在最后。

5 个基本部类中，社会科学和自然科学这两个部类的内容多、发展快，因此在社会科学部类下展开为 9 大类，自然科学部类下展开为 10 大类，以满足文献分类和检索的需要。其他 3 个基本部类没有展开，都只有一个大类。

（2）《中图法》的编码制度。

《中图法》采用拉丁字母与阿拉伯数字相结合的混合制标记符号。以拉丁字母标记大类，并可根据大类的实际配号需要再展开一位字母，用以标记二级类目（见表 3-2）。在字母段之后，使用阿拉伯数字标记各级类目。例如，"T 工业技术"大类范围广泛、内容繁多，故又在该类基础上采用双位拉丁字母标记其所属的 16 个。

《中图法》的类号采用由左至右逐位对比的方法进行排列。先比较字母部分，再比较数字部分。字母部分按英文字母固有的次序排列，数字部分按小数制排列，即首先按大小排列字母后的第一位数字，然后排列第二位，依此类推。例如：

B021 辩证唯物主义的物质论

B2 中国哲学

D035.37 交通公安管理

D035.4 监察、监督

E27 各种武装力量

E512 苏联军事

TM92 电气化、电能应用

TU201 建筑设计原理

《中图法》不仅广泛应用于我国各级各类图书馆当中，而且很多索引也都是采用它的分类体系来编排的。因此读者应该学习一些图书分类知识，熟悉《中图法》的结构体系和代表类目符号，进而掌握自己常用的类目在整个分类体系中的地位。这对于提高文献检索技能，充分利用传统图书馆有着重要作用。

2. 图书的排架

图书馆对图书进行分类后，还要按照图书分类的体系，对藏书实行分类排架。在按分类体系组织藏书的过程中，除了对不同分类号的图书按分类号顺序排列外，还存在着同类号图书的排列问题。因为用分类法对图书进行分类时，会产生大量分类号码完全相同的图书，对于这些分类号码完全相同的图书，排架时还必须进一步区分，直至每一种图书的号码都能有别于其他图书，在书架上占有唯一的位置。对于同类图书的排列，我国图书馆现行的主要方法有两种：一种是按著者姓名排；另一种是按图书分编的先后次序排。

（1）按著者姓名排。

即按图书编著者的姓名，根据一定的编号方法取号，然后再按照所取的著者号码顺序排。采用这种方法，要借助一定的著者号码表取号，比较复杂，而目前我国还没有一个比较统一完善的著者号码表，因此使用并不广泛。

（2）按图书分编的先后次序排。

即根据同类书分编的先后顺序，依次给予每种书不同的顺序号（又叫种次号），再依这一号码的大小顺序，小号在前，大号在后，依次逐种排列。由于这种方法简单易学，号码短，排检图书和目录都很方便，因此被很多图书馆所采用。种次号和分类号共同构成排架号（又叫索书号）。采用这种方法排列图书时，先按规则对分类号进行排列，对分类号相同的书再按种次号的大小进行排列。在加工图书时，分类号和种次号往往分别写在书标的不同行，以示区分，如图4-1所示。

G252.7	G252.7	G252.7	G252.7
17	18	19	20

图 4-1　分类号和种次号

索书号位于图书书脊标签上。如《大学生信息素养初级教程》一书，书脊标签上有"G252．65/4037"索书号，其中"G252．65"为分类号，"4037"为种次号。到书库查找图书时，读者可根据图书的索书号到相应的排架位置查找。

3．期刊的排架方法

各图书馆对期刊排架的方法不尽相同，大体包括分类法、字顺法和年代法等。因此，期刊的索书号构成也不尽相同，主要取决于各馆的排架方法。另外，中文、外文，现刊、过刊也有不同的排架习惯。读者到每个图书馆查找期刊时应注意咨询该馆的排架方法，以提高查找效率。

第二节　书目信息检索与利用

一、图书目录的基本概念

书目检索（bibliographic search）是以图书、期刊、会议录等文献作为检索对象的一种检索。从图书的来源分，书目包括馆藏书目和非馆藏书目两类；从载体分，书目可分为机读书目和非机读书目。

馆藏书目数据库，即图书馆或文献收藏单位的书目数据库。馆藏书目数据库是开发信息资源的基础数据库，是图书馆全面实现网络化、自动化的基础。其作用是对馆藏图书进行揭示，便于用户检索和利用图书馆的信息资源。它可以是某一个图书馆的藏书目录，也可以是几个图书馆的藏书目录（即联合目录）。

联合书目数据库通常是一个地区、一个行业或者一个国家的图书馆等信息机构在馆藏书目数据库的基础上通过联机编目而建立的反映文献资源收藏处所的书目数据库。联合书目数据库有利于地区间的协作采购和文献资源保障体系的建立，是实现馆际互借、资源共享的前提条件。

机读书目是指书目光盘和机读书目数据库。

非机读书目是指传统的书目，如卡片式目录、书本式目录、缩微型目录、穿孔式目录等。

联机公共目录查询系统（Online Public Access Catalog，OPAC），用以反映和了解某图书馆各种文献类型（包括图书、期刊、专利、学位论文以及电子资源等）完整的收藏情况。读者可以通过互联网实现图书的查找和借阅。一般来说，大中型图书馆的馆藏目录，都可通过互联网实现查询。

二、图书馆馆藏书目检索

1. 馆藏目录（OPAC 系统）的检索

随着图书馆现代化技术的普遍应用，全国各大高校图书馆、公共图书馆以及研究机构图书馆大都对馆藏文献进行计算机编目，并向公众开放各自馆藏计算机书目查询系统，旨在方便人们了解馆藏，提高文献资源的利用率。因此，一般情况下，通过互联网可以比较方便地进入某图书馆的 OPAC 系统，文献信息用户可以足不出户获知所需原始文献被哪个（哪些）单位收藏的信息。可以说，出现于 20 世纪 70 年代中期的 OPAC，已经使得在塞满卡片目录的抽屉中翻找书目信息成为历史。

用户检索某馆的 OPAC，只需登陆到这些图书馆的网站，进入"联机公共书目查询"或"馆藏书目数据库检索"栏目即可。OPAC 系统（见图 4-2）的基本功能有：可为读者提供多种检索途径，包括题名、作者、分类号、主题词、ISSN/ISBN 等，并支持多种检索策略，如布尔逻辑检索、截词检索等；能够显示特定书刊和资料的准确状态信息（借、还情况，收藏处所）；具有良好的用户界面，一般采用由简到繁逐步展开的形式显示结果；能够查询读者的借阅信息，并能进行续借、预约、挂失、推荐图书等功能操作；能够以各种方式输出检索结果，如打印、存盘、用 E-mail 发送。

知识链接一些知名图书馆的主页：
中国国家图书馆 http//www.nlc.gov.cn
广东省立中山图书馆 http//www.zslib.com.cn/
北京大学图书馆 http//www.1ib.pku.edu.cn/
清华大学图书馆 http//www.1ib.tsinghua.edu.cn/
美国国会图书馆 http//www.loc.gov/index.html
大英图书馆 http//portico.b1.uk/
斯坦福大学图书馆 http//library.stanford.edu/
耶鲁大学图书馆 http//www.1ibrary.yale.edu/

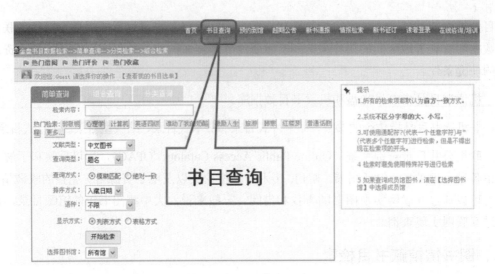

图 4-2　OPAC 查询系统

2．联合目录的检索

随着科学技术的发展，文献信息的迅猛增长，一个图书馆来要收集完整只是局限于某些学科领域的各种文献都是不可能的，只有借助于别馆的文献收藏，才能满足本馆服务对象的文献信息需求，在经济不甚发达的地区，尤其如此。

要想利用丰富的馆外资源，首先需要解决的问题是了解在某馆缺藏的文献可以在哪里找到。联合目录将分散在各处的文献资源从目录上连成一体，并进行科学的排序，为人们及时、便利地检索馆外收藏信息提供了基础和保证。它不仅可以免去文献信息用户由于本馆缺藏而分别查询各个图书馆馆藏目录的劳顿，节省时间、提高工作效率，同时还为文献信息资源共享共建、文献采购协调等工作创造了良好条件。

联合目录的种类繁多，如《全国西文期刊联合目录》、《全国期刊联合目录》、《北京高校图书馆电子化资源联合目录数据库》等。以下介绍几种国内目前具有一定影响的联合目录。

（1）CALIS 的联合目录检索。

中国高等教育文献保障系统（China Academic Library & Information System，CALIS），是由全国——地区——各校图书馆共同组建的一个整体化、自动化、网络化、数字化的文献信息共享服务体系，是经国务院批准的我国高等教育"211 工程"总体规划中两个公共服务体系之一。作为国家经费支持的中国高校图书馆联盟，它是高校图书馆进行各种合作的主要依托。从 1998 年开始建设以来，CALIS 主持开发了联机合作编目系统、文献传递与馆际互借系统、统一检索平台、资源注册与调度系统，形成了较为完整的 CALIS 文献信息服务网络（http://opac.calis.edu.cn/）。CALIS 联合目录数据库（见图 4-3），是 CALIS 在"九五"期间重点建设的数据库之一，提供简单检索、高级检索两种检索方式。它的主要任务是建立多语种书刊联合目录数据库和联机合作编目、资源共享系统，为全国高校的教学科研提供书刊文献资源网络公共查询，支持高校图书馆系统的联机合作编目，为成员馆之间实现馆藏资源共享和文献传递奠定基础。

图 4-3　CALIS 联合目录数据库页面

（2）UNICAT 联合目录集成服务系统。

UNICAT 联合目录集成服务系统（http://union.csdl.ac.cn/index.jsp）是一个提供局部范围服务的检索系统，只能了解中国科学院所属图书馆关于该资源印本和电子本的收藏情况，及国内 400 余家图书馆关于该资源印本的收藏情况，不提供中国科学院所属图书馆以外其他信息单位的收藏情况。这是该系统使用上的局限性。系统包括全国期刊联合目录、图书联合目录两个数据库，如图 4-4 所示。

图 4-4　UNICAT 联合目录集成服务系统页面

（3）OCLC FirstSearch 联机检索系统。

联机计算机图书馆中心（Online Computer Library Center，OCLC），总部在美国俄亥俄州，是世界上最大的提供文献信息服务的机构。它是一个面向图书馆的非赢利性计算机服务和研究组织，目前在世界范围内的用户已达 86 个国家和地区的 43 559 个图书馆。OCLC主要提供以计算机为基础的联合编目、参考咨询、资源共享和保存服务。目前拥有 15 个主题范围的 80 多个数据库，其中 30 多个可检索到全文，总计包括 6 000 多种期刊的联机全文和 2 100 多种期刊的电子影像，共达 600 万篇文章的全文。OCLC 最具特色的数据库是联机联合书目库 OUC（Online Union Catalog）和期刊全文数据库，前者集中反映了世界上76 个国家和地区的 39 517 个图书馆的馆藏信息；后者收录了 2 100 余种连续出版物的 3 000万篇论文。CALIS 订购的 OCLC New FirstSearch 的 14 个数据库大多为综合性数据库，内容涉及工程和技术、工商管理、人文和社会科学、医学、教育、大众文化等领域，可供成员馆院校免费使用。以下是 14 个数据库的内容。

① ArticleFirst——12 500 多种期刊的文章索引。

② ContentsFirst——12 500 多种期刊的目录索引。

③ WorldCat——世界范围图书、Web 资源和其他资料的 OCLC 编目库。

④ ECO——联机电子学术期刊库（只能查到书目信息）。

⑤ GPO——美国政府出版物。

⑥ MEDLINE——医学所有领域，包括牙科和护理的文献。

⑦ NetFirst——OCLC 的 Internet 资源数据库。

⑧ PapersFirst——国际学术会议论文索引。

⑨ Proceedings——国际学术会议录索引。

⑩ UnionLists——一 OCLC 成员馆所收藏期刊的联合列表库。

⑪ WilsonSelectPlus——科学、人文、教育和工商管理方面的全文文章。

⑫ WorldAlmanac——世界年鉴重要的参考资源。

⑬ ERIC——教育方面的期刊文章和报告。

⑭ FastDoc——带联机全文的文章索引。

三、网上书店、出版社书目系统

随着网络的发展，图书发行渠道增多，网上书店也成为获得图书的一个重要来源。许多出版社为了适应信息社会的需要，也开设了自己的网站，在网站上可以检索到本社出版的书目。

1. 当当图书（http://book.dangdang.com/）

当当公司成立于 1997 年，1999 年 11 月，当当网正式投入运营。成立以来，当当网每年均保持 100%高速成长，当当网在线销售的商品包括了家居百货、化妆品、数码、家电、图书、音像、服装及母婴用品等几十个大类，逾百万种商品，在库图书达到 100 万种。

2．卓越亚马逊（http://www.amazon.cn/）

卓越成立于 2000 年 5 月，2004 年 8 月，亚马逊全资收购卓越网，将卓越网收归为亚马逊中国全资子公司。卓越网由亚马逊管辖并由其负责运营，两家的销售业务是互不干涉的，后台由亚马逊操控。卓越亚马逊为消费者提供包括书籍、音乐、音像、软件等超过 150 万类的产品以供选择。

3．亚马逊网上书店（http://www.amazon.com/）

亚马逊网上书店开办于 1995 年 7 月，为美国纳斯达克证交所上市公司。起初用于网上图书销售，现在从事各种物品网上交易，拥有网上最大的物品清单。

亚马逊网上书店的特色是查询快捷、订购简便，刊载各种媒介上的书评、作者的访谈录等，还邀请读者撰写读后感，在网站上能找到许多书的节选及相关材料的链接，亚马逊以此分析读者的购书习惯并向他们推荐书目。

4．巴诺网上书店（http://www.barnesandnoble.com/）

巴诺网上书店创办于 1997 年 3 月，主要销售图书、音乐制品、软件、杂志、印刷品以及相关产品，是网上图书销售增长最快的书店。2003 年初，巴诺公司不仅拥有 901 家书店，而且通过持有约 36%的巴诺网上书店的股份，巴诺已成为美国最大的网上书籍销售商之一。通过与 AOL、YAHOO、MSN 等门户网站及一些内容网站的合作，巴诺网上书店成为全球单击率最高的第五大网站，并成为以资产排名的 50 大网站之一。

四、原始文献及其获取

原始文献（original article），简称原文，是作者的第一手材料，具有内容详实、可信和实用的特点。一般情况下，只有通过对原始文献的阅读才能掌握所需要的详细信息，它是科研工作者着手开展工作的参考资料，也是大多数用户进行文献信息检索的最终目标。尽管现有的大量数据库为我们及时提供了丰富的信息，但其中相当一部分（包括国内外一些著名的检索系统在内）为题录型或摘要型数据库，用户利用这类数据库所得到的检索结果并不是原文，如何从题录型、文摘型数据库中获得的文献线索获得需要的原始文献，是非常关键的问题。

1．原始文献索取的准备

（1）熟悉文献类型，辨别著录格式。

首先要了解期刊论文、会议录、技术报告、专利文献、学位论文、新书、视听资料等文献的著录特点，各自的特殊标志，如会议录有会议名称，召开会议的时间、地点、主办单位，技术报告有"报告"（Report）及报告号，学位论文有学位名称等标记。可以利用从各种检索工具或题录型数据库中获得的文献线索，通过题录判断出文献的类别，确定下一步所要查找的文献类型、检索路径以及检索方法，从而有效地索取原始文献。

（2）准确记录相关信息。

在查找之前，务必准确记录有关的文献线索。例如：

● 刊名＼篇名＼卷＼期＼年＼起止页码及作者

● 书名、出版者、出版时间、起止页码

● 完整的编号（GB7713—87；US 5342578，……）

（3）将缩写名称转换为全称。

在查找外文检索工具时，会发现其中的许多刊名著录均采用缩写，并与作者、出版机构等混在一起。而利用刊名进行检索时，往往需要的是刊物的全称，因此涉及如何让缩写刊名还原的问题。缩写还原为全称的常见做法有：

利用《国际期刊名称缩写表》（1SO-833）。大多数期刊名称是按《国际期刊名称缩写表》来缩写的。其规则大体为：按原文顺序省略冠词、介词、连接词；省略名词和形容词的末尾；刊名单词的第一个字母须大写，如"J．Chem．Inf．Comput．Sci．"对应的刊名全称为"Journal of Chemical lnformation and Computer Sciences"。

利用数据库的《刊名缩写表》及《引用期刊一览表》。如 *CA* 中的刊名缩写可利用化学文摘社编的《资料来源索引》（*The Chemical Abstracts Service Source Lndex*）（*CASSl*）还原；*BA* 有美国生物科学情报服务社编的《数据库连续出版目录》（*Serial sources for Biosis Previews Database*）。还有一些数据库中包含《引用期刊表》（*List Of Journals indexed*），如 *SA*、*ISTP*、*SCI*、*EI* 等。利用这些检索工具所附的缩写与名称对照表可以迅速地查找到缩写的全称。

利用大型的西文期刊缩写还原工具，如美国 Gale 公司出版的 *Periodical Title Abbreviations*《期刊名称缩写》、*Acronyms lnitialisms Abbreviation Dictionary*《首字母缩写词、缩略语词典》以及《文献缩略语词典》、《英汉缩略语词典》等。

中文期刊名称的还原一般可按汉语拼音读出中文刊名，有时国外收录的中文期刊采用"威妥玛式"拼写，可以利用"汉语拼音和威妥玛式拼写音节对照表"还原成中文刊名。

对于俄文、日文等语种的出版物，其刊物名称往往是根据原文的读音译成拉丁文，因此对于拉丁语系的刊名缩写，应利用一定的缩写工具，如《拉丁字母与日文音译对照表》、《拉丁文音译俄文科技期刊与连续出版物名称对照手册》、《拉丁文音译日文科技期刊与连续出版物名称对照手册对照表》等把刊名还原成全称。

另外，除了刊名使用缩写外，其他文献线索，如年、卷、期、页也用缩写，如卷（Volume）用 Vol/V 表示，期（Number）用 No/n 表示，页（Page）用 PP/P 表示。在一些文献末尾的参考文献中常见 "ibid'"、"idem'"，分别表示"出处同上"、"同著者"之意。

2．原始文献信息的查找原则

查找原文总的原则是"由近及远"。即首先应该在本单位、本地区范围内查找，若没有再在外地乃至全国、世界范围内查找。具体步骤是：先查本单位图书馆馆藏目录。如果本馆缺藏，就应当利用联合目录，一旦在其中查到所需文献的收藏（馆）地点有多个时，要选择地理位置相对较近的单位作为原文索取对象，以节省人力、时间、费用。

3．原始文献的索取方法

当我们查到原始文献所在的收藏单位后，可以亲自到该单位去索取原文，但这通常在原文收藏单位与用户所在地处于同一地区的前提下才切实可行。事实上，更多的情况是拥有原文的机构往往地处外省，甚至是国外，这时最有效的方法就是借助于馆际互借。

馆际互借是图书馆等文献信息机构为了共享信息资源，在馆与馆之间达成了协议，当本馆的馆藏文献不能满足读者需要时，向对方馆借本馆未收藏的文献资料。馆际互借是图书馆开展较早的一项馆际协作，如今，随着计算机技术、通信技术的发展，馆际互借的服务内容以及服务对象都有了极大的拓展。首先是建立馆际协作关系的机构越来越多，不仅跨系统、跨地区，甚至跨国界，还与一些文献服务公司、信息研究所等机构建立了联系，如美国的联机图书馆中心 OCLC、美国的 UMI 公司等订立了网上原文传递的协议，所涉及的文献包括期刊论文、科技报告、学位论文、专利文献等。目前馆际互借服务最主要的服务形式有两种：一种是原文复制和传递服务；另一种是馆际借书服务，其中后者所占比例越来越少，大量的服务是通过复印、扫描、下载等手段把用户所需的信息复制出来，再通过邮寄、传真、E-mail 等形式送达用户手中。馆际互借的对象也越来越广，不仅面向高校的师生，还面向社会上其他单位和用户。

图书馆和一些文献信息中心都设立专门的馆际互借部门，用户需要馆际互借服务时，只要到相应的部门办理手续，写清所需文献的题录信息，支付一定的费用（文献复印、传递的费用）即可。图书馆会根据用户需要，在几个工作日之内把文献送到用户手中。

第三节 图书馆的主要服务

同学们在掌握以上图书馆有关知识后，许多原来由图书馆工作人员操作的工作可以由同学们自助完成，如许多图书馆设置了自助借书台，自助还书台等。但这些只是图书馆的一部分业务工作，而且，看似简单的借借还还，其实并不简单。下面我们将向同学们介绍图书馆的主要具体服务工作。

一、文献流通服务

文献的流通服务是指图书馆根据读者的阅读需求，直接为读者提供馆藏文献的服务活动。文献流通服务是图书馆的主要服务内容，是图书馆工作的前哨，流通服务质量的高低直接反映了图书馆的工作水平。一般来说，文献流通服务主要包括文献外借服务、文献阅览服务、馆际互借服务、馆外流通等几个方面。

1．文献外借服务

文献外借服务是指为满足读者阅读需求，通过一定的手续，允许读者将文献借出馆外进行自由阅读，并在规定的期限内归还的服务方式。外借服务是图书馆为读者服务的最主要形式，也是图书馆最基本的服务工作之一，是读者利用图书馆文献的首要渠道和图书馆传递文献信息的主要手段。不同类型的图书馆在进行文献外借服务时都要遵循一定的原则，这些原则是在文献外借过程中长期摸索出来的规律，它不仅符合图书馆外借服务的需要，也符合广大读者对图书馆外借服务提出的要求，具体如下。

（1）充分利用文献原则：现代图书馆不是知识的储藏所，而是读者和人类知识资源产生有效的相互影响的信息流动中心。因此，图书馆要以"一切为了读者"为出发点和归宿，有效及时地揭示馆藏和推荐馆藏，吸引读者，最大限度地方便和满足读者，在不断的流通外借中，充分发挥馆藏文献的作用。

（2）区别对待原则：区别对待原则就是有针对性地满足不同类型读者的不同需要。图书馆所收藏的文献是个多等级、多层次、多类型的动态结构，而读者的类型和需求也呈现出多类型、多层次的状态。文献外借服务要根据本馆的性质和任务，正确地区分重点读者和一般读者，并用不同内容、不同类型、不同文种和不同深度的文献信息满足这些读者的文献需求。

（3）有益性原则：图书馆丰富的文献资源，不仅是记录、传递科学知识的载体，也是丰富充实人们思想境界的精神食粮。图书馆通过文献的外借，可以影响读者的心灵，启迪读者的思想，陶冶读者的情操，引导读者树立正确的人生观和价值观，对读者产生潜移默化的影响和教育作用。因此，文献外借的有益性是保证读者开卷有益及检验外借服务工作的一个最重要、最基本的指标。这项原则要求图书馆外借人员要研究读者的阅读倾向，坚持有选择、有目的、有针对性地将内容健康、品位高尚的文献提供给读者。

（4）及时性原则：文献外借服务，使文献在图书馆与读者之间来回传递，反复流通使用，形成文献流通的反复性和长久性，也使外借服务成为图书馆经常性、最大量的工作。这种工作要求图书馆外借人员必须讲时间效率，能准确迅速地向读者提供所需的文献，以节省读者的时间。

（5）主动性原则：图书馆的各项工作，归根到底是为读者服务，方便读者利用的。而外借服务则是图书馆各项工作的前哨，其任务是"为人找书，为书找人"。因此，图书馆外借人员应把主动服务、满足读者需要作为工作的最高准则。

2. 文献阅览服务

阅览服务是指图书馆利用一定的空间和设施，组织读者在图书馆内进行图书文献阅读的服务方式。它是图书馆的一项重要服务内容，是读者利用文献信息进行学习研究的重要形式。阅览服务旨在以最少的书刊文献最大限度地满足读者的各类需求。开展阅览服务，不仅可以提高文献的利用率，在阅览室中，读者还可以得到工作人员的辅导和各种帮助。阅览服务具有如下特点。

（1）优越的条件。

阅览室一般都拥有宽敞的空间、舒适的桌椅、明亮的光线、整洁的环境、安静的气氛和浓厚的学习氛围，非常适宜读者学习、研究。有的阅览室还配备有现代化的设备，如缩微设备、视听设备、复制设备等，可以方便读者阅读电子期刊、缩微文献，以及复制所需要的知识信息。

（2）阅读材料齐备。

阅览室配备有种类齐全、内容丰富新颖的文献，如期刊、报纸、工具书、二次文献、使用价值较高的各种书刊资料，包括不外借特种文献等，这些文献都优先保证阅览室阅览。

（3）服务方便。

读者在阅览室阅读学习的时间多、周期长，有的读者甚至长期连续利用阅览室学习研究，工作人员接触读者的机会多，便于系统观察了解读者的阅读倾向、阅读需要、阅读效果，有针对性地进行推荐文献、指导阅读、参考咨询等服务。阅览服务虽然有许多优点，但也有一定的局限性。如读者必须亲自来图书馆才能利用书刊资料；来馆必须是在指定的开馆时间内，并要受到阅览座位的限制等，这些也都会给读者带来一定的不便。现在，许多新建的图书馆已经实现了藏、借、阅一体化，甚至建立了信息共享空间（information commons）。

3．馆际互借服务

（1）馆际互借的意义。

馆际互借是指图书馆之间利用对方的馆藏文献来满足读者需求的一种服务方式。馆际互借可以满足读者的多种需求。各图书馆由于本身性质、经费等限制，即使馆藏比较丰富，也难收尽国内外的各种文献，很难满足读者多种多样的需求。因此，当读者特别需要某种文献，而本馆又未入藏时，可通过馆际互借的办法互通有无，以充分满足读者的需求。这种文献流通形式，不仅运用在地区范围和全国范围内的馆际间，而且还发展到国际范围内的馆际之间，打破了文献流通的部门分割界限，也打破了读者利用馆藏文献的空间范围界限。所以，馆际互借是充分发挥文献作用的有效措施，也是实现资源共享的重要手段。

（2）建立馆际互借关系的图书馆，对互借文献的范围、办法等都会共同协商，制定出馆际互借规则。其主要内容包括建立馆际互借关系的目的，馆际互借的对象，共同遵守的权利和义务，互借关系的有效期限，馆际互借手续，借阅范围、数量、期限以及损坏、遗失的赔偿办法等。具体服务方式有两种。

① 在同一地区内，互发通用借阅证，让读者自己到省、市互借关系的任何一个图书馆或其他文献收藏机构利用文献。

② 图书馆工作人员帮助读者获取文献。读者向图书馆馆际互借处提出申请，图书馆工作人员确定拥有所需文献的图书馆和可接受的价格后，或前往该图书馆将文献借出、复印带回，或向该馆发送馆际互借申请，由对方将所需文献传递过来，馆际互借处收到读者所需文献后，通知读者。

馆际互借一般允许图书外借或部分复印（由于涉及版权问题），但期刊论文或会议论文、专利说明书、标准文献仅提供复印件。国外学位论文需要购买版权后方可获得。音像型文献、计算机软件通常不外借。

二、信息服务

信息服务是尽量扩展相关问题的知识涵盖面，充分利用图书馆现有各种实体资源和网上虚拟资源，依靠现代信息技术为图书馆提供知识面很广的信息文化服务。信息服务是高等院校图书馆的重点服务工作，主要是参考咨询服务，分为基于形式的参考咨询服务与基于内容的参考咨询服务两个方面。

1．基于形式的参考咨询服务

所谓基于形式的参考咨询服务，就是根据读者需要，以文献为基础，通过个别解答的方式，有针对性地提供知识信息的服务。这是图书馆服务工作的一项重要内容，可以帮助读者解决具体问题，收到很好的效果：一是向读者揭示文献的收藏情况，扩大读者的知识视野；二是帮助读者及时了解和掌握最新的学术、科研成果及其动态和趋势；三是帮助读者熟悉了解参考工具书的使用知识，掌握治学利器。此项服务一般包括书目参考和解答咨询两部分。按照咨询的难易程度以及读者所提问题的内容性质，咨询工作可分为三大类：辅导性咨询、事实性咨询和专题性咨询。

2．基于分析的参考咨询服务

所谓基于分析的参考咨询服务，就是运用科学的方法，把国内外有关科学知识和最新的科研成果，有计划、有目的、准确、及时地提供给用户使用的一项科学技术工作。可以说是一项先期的科学研究工作。该项服务内容很多，主要有宣传报道与导读服务、编译服务、科技查新服务、信息调研服务及读者教育与培训等。

（1）宣传报道与导读服务。宣传报道服务是指图书馆和文献信息部门利用书目形式或群众活动等形式，主动向读者揭示文献内容，宣传先进思想、科学知识以及广泛的文化信息，把读者最关心、最需要的文献及时展现在他们面前，以利于读者利用图书馆多种文献的活动。导读，又称阅读指导，是图书馆和文献信息部门根据社会发展的要求，采取各种有力措施主动引导读者，使其产生阅读行为，以提高他们的阅读意识、阅读能力和阅读效益为目的的一种教育活动。

（2）编译服务。编译服务是指图书馆和文献信息部门针对社会需要，组织专门力量，代替读者直接翻译和编写外文书刊资料，扩大外文文献的利用。它是提高读者获取信息能力的有效手段，可以节约读者翻译外文文献的时间，是读者获取外文文献的捷径。通过编译服务，能够集中原文精华，提供查找外文文献的线索。

编译服务的形式有两种：一是翻译体，即按照原文直接翻译，忠实于原著；二是编译体，这是图书馆和文献信息部门常用的形式，是译与编的有机结合，即由译音按照一定的系统，汇集若干同类外文文献，用编译音的语言加以表述，并在理解消化的基础上，对文献重新组织、编排、综合，成为一篇新的文献。编译文献较多用于对外文资料的报道、介绍、综述、述评、动态等方面的整理创作，比单一翻译难度更大。

编译服务的方法主要有两种：一是登记性代译，即接受读者委托，由读者填写申请代译登记，提出需翻译的材料的具体要求及交付期限等详细情况，由图书馆和文献信息部门根据译文要求，组织翻译人员进行原文直接翻译或课题参照翻译，并按期保质保量提供给读者，供读者参考使用；二是交流性编译，即汇集若干同类外文著述，按照一定问题系统，编译整理成为某种独立形态的文献。如翻译人员将自己的翻译成果出版发行或用于学术交流等都属于交流性编译。

（3）科技查新服务。这是图书馆参考咨询部门开展的一项重要业务工作。科技查新简称查新，是指查新机构根据查新委托人提供的需要查证其新颖性的科学技术内容，按照《科技查新规范》操作，检索相关数据资源，并根据检索结果做出查新结论。

为了公正、公平、准确地评价科研课题和科技成果，借鉴专利查新的经验，20 世纪 80 年代末，国家开始对科研成果实行查新。20 世纪 90 年代，原国家科委（现科学技术部）先后公布了 38 个科技信息机构为一级查新单位。新颖性是指在查新委托日以前查新项目的科学技术内容部分或者全部没有在国内外出版物上公开发表过。科技查新就是提供文献依据。

查新作为科研立项的前期工作，为立项是否恰当提供客观依据；为科研成果的鉴定、评估、验收、评审、奖励及推广应用提供可靠的客观依据；有助于科研人员调整自己的研究和开发方向，保证科研开发处于高起点、避免低水平或重复研究。

现在，我国国家科研立项、成果鉴定、申报专利和奖项等都必须附有查新单位出具的查新证明。原国家科委（现科学技术部）1994 年 10 月发布的《科学技术成果鉴定办法》要求，技术资料中必须包括有国家科委（现科学技术部）、国务院有关部门和省（自治区、直辖市）科委认定的、有资格开展检索任务的科技信息机构出具的检索材料和查新结论报告。查新单位中包括具备条件的图书馆。

（4）信息调研服务。信息调研服务是指图书馆根据国家、地区、单位等有关部门的需要，对大量的一次文献和二次文献进行系统搜集、分析研究、归纳整理，并将研究成果用综述、述评、研究报告、专题总结等三次文献形式编写出来，提供给决策部门和人员研究参考的一种服务形式。这是提供一种创造性的再生信息的服务，属于高级形式的文献信息服务。它是以已有的知识成果为基础，以研究性、预测性信息内容为手段，以提供最新的文献信息为目的的服务方法。

信息调研的范围很广，难度也很大，是一项学术性、专业性、政策性很强的信息服务工作，要求信息调研人员具有很高的业务知识水平，而且调研成果具有很高的信息实用价值。通过信息调研服务，图书馆和文献信息部门真正起到了参谋、耳目的作用。

（5）读者教育与培训。读者教育与培训是图书馆和文献信息机构开展的培养、提高读者（包括潜在读者）利用文献信息资源能力的教育；是现代图书馆开展网络信息服务的一项首要任务，因为用户是网络信息的使用者，网络信息的获取要求用户必须具备一定的技术应用能力；是图书馆开发利用文献资源和实现其教育职能而开展的一项重要工作。

读者教育与培训一般表现为新生利用图书馆之前的"新生入馆教育"、大一以上学生的文献检索课教学、最新数据库使用培训及企事业单位的信息查询与利用培训等。

三、知识服务

知识服务是在服务内容的深度上特别注意扩充知识内涵、实施知识挖掘与知识发现，使原有信息和文化得到系统化、综合化、深入化，产生针对性和适用性更强的再生知识，实现知识资本的更新、整合和增值；知识服务是在信息服务的基础上以灵活的服务模式充分利用和调动知识工作者的智慧进行的对特定问题的分析、诊断、解决。图书馆知识服务包括定题服务、专业化信息服务、个人化信息服务、团队化知识服务等，主要服务对象为教学、科研人员及企事业竞争情报需求者。

1．定题服务

高校一般承担着省（自治区、直辖市）级的大多数科研项目，这些项目具有较强的实用性与现实意义。高校图书馆通过积极与高校合作，深入了解其需求，为其提供该领域的前沿动态和最新发展资料、有价值的学术论文及成果报告，尤其是通过了解课题的立项、进展情况，主动跟踪课题的需要，设计定题服务方案，制定检索策略，建立定期服务数据库，并利用推送技术，随时向读者推送选定的数据等知识信息，直至课题的成果鉴定结束为止。

2．专业化信息服务

高校的品牌应是重点学科建设，因此，高校图书馆知识服务的重点应该是为重点学科建设服务，服务内容包括学科信息资源建设、学科竞争情报分析与利用、学科带头人的定制服务、学科课题的跟踪服务、研究课题的论证查新等方面。学科馆员制是较好的专业化信息服务方式。

3．个性化信息服务

高校的学科带头人一般都是重点学科造诣较深的专家教授。平常工作忙、任务重，对此，图书馆根据他们的不同需求，制定个性化检索策略，并运用智能代理技术，自主进行信息查询、筛选、管理等，让他们随时随地获取他们自己定制的知识信息。

4．团队化知识服务

团队化知识服务是为企业特定项目提供的服务，即图书馆与专家一起组成团队为企业特定需求（项目）提供知识服务。

另外，图书馆的服务还包括现代化技术服务，主要内容有计算机检索服务、文献复制服务、视听技术服务等。

第四节　参考咨询和资源共享服务

一、虚拟参考咨询

现代图书馆在网络化、数字化的冲击之下，服务理念、方式与手段都产生了巨大的变化，正在从传统的以藏为主的服务方式中走出，这种改变被人们冠以各种新生的词汇：电子图书馆（electric library）、多媒体图书馆（multimedia library）、无墙图书馆（library without wall）、虚拟图书馆（virtual library）、数字图书馆（digital library）……其实无论这些名字如何变化，对用户而言，所能亲身感受到的是从这些现代词汇包装下的图书馆方便快捷地得到他们想要的东西，虚拟参考咨询服务（Virtual Reference Service）正是这样一种为适应网络环境下用户学习、发展要求所开发的动态、先进的现代服务方式。

虚拟参考咨询服务，也称数字参考咨询服务（Digital Reference Service），是指图书馆采用数字化手段，通过网络方式向读者提供信息参考的一种新型服务方式。其常用手段有 E-mail、Web Form、Message Board、BBS、Chat Reference 等，目前国内图书馆开展网上咨询服务的方式主要有四种：问询电话和 E-mail 信箱、BBS 留言板或留言簿、FAQ（Frequently Asked Questions，常见问题解答）以及实时解答，由此形成虚拟参考服务的类型：公告板或讨论组（BBS or Group）、电子邮件（E-mail）、网上表格（Web Form）、网上实时咨询服务（Real-time Reference Service）、网络会议咨询服务（Video Conferencing Reference Service）、专家咨询服务（Ask a Expert）、合作的数字参考咨询服务（Collaborative Digital Reference Service）等。

1. FAQ

FAQ 是常见问题列表及其解答栏目，通过 FAQ，人们可以获得相关百科知识查询的答案，或一些相关规律性、规范性、常见性问题的答案，此栏目使用非常简单，按照相关层层主题点开链接便可直达问题的答案。图 4-5 所示为清华大学图书馆的 FAQ。

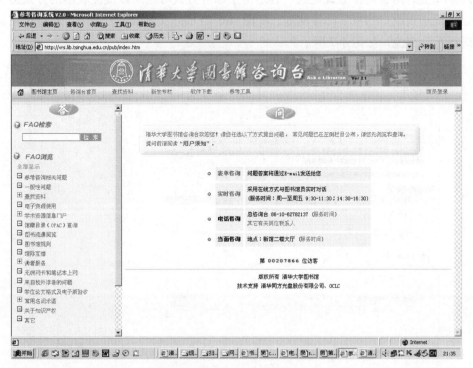

图 4-5 清华大学图书馆的 FAQ

2. QuestionPoint

QuestionPoint 是 OCLC 与美国国会图书馆联合推出的全球联合咨询系统。网址：http://www.quesdorpotnt.org。

QuestionPoint 的服务由 Global Network 和 Regional/Local Network 两部分组成。Global Network 是全球参考网络，Regonal/Local Network 是本馆或本地区的数字参考服务网络。成员馆可以根据需要选择参加其中一个或者同时参加两个。Global Network 是"library to library"的结构，并不面向最终用户，成员馆将自己无法解答的问题提交到全球参考网络中，由 Request Manager 选择适合的图书馆予以解答，并将结果转给提问图书馆，再转给用户，问题得到回答之后，经过编辑，存储在 Knowledge Base 中，Regional/Local Network 中单个图书馆或者地区性的图书馆联合体可以通过 QuestionPoint 向本馆或本地区用户提供数字参考咨询服务。

其优点在于能将未答问题通过提问管理器自动匹配至最适合回答该问题的成员馆；可通过 E-mail、WebForm 及实时等方式咨询解答相关提问；可检索问答知识库，浏览已有的问答记录，寻找相关主题是否已有作答记录。目前全球已有 300 多家图书馆及信息服务机构使用该系统，国内加入 QuestionPoint 的有北京大学、清华大学、上海交通大学图书馆等。

北京大学图书馆于 2000 年 7 月 1 日加入 QP，是以 Administrator 的身份加入的，购买的服务是 Global &Regional/Local。

北京大学图书馆参考咨询服务（http://lib.pku.edu.cn/portal/zxt/shishiwenda），可以通过电子邮件和实时问答两种方式达到，利用电子邮件方式时用户以提交表单的方式提间，答案会自动发送到用户的电子邮件地址，如图 4-6 所示；实时问答时，用户和咨询馆员同时在线进行互动交流，如图 4-7 所示。

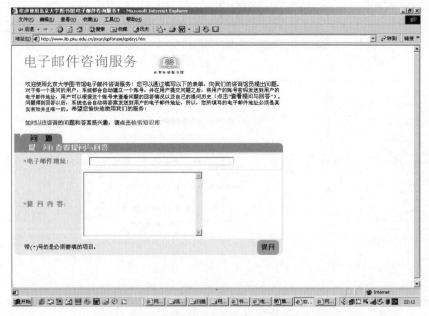

图 4-6　北京大学图书馆电子邮件参考咨询服务

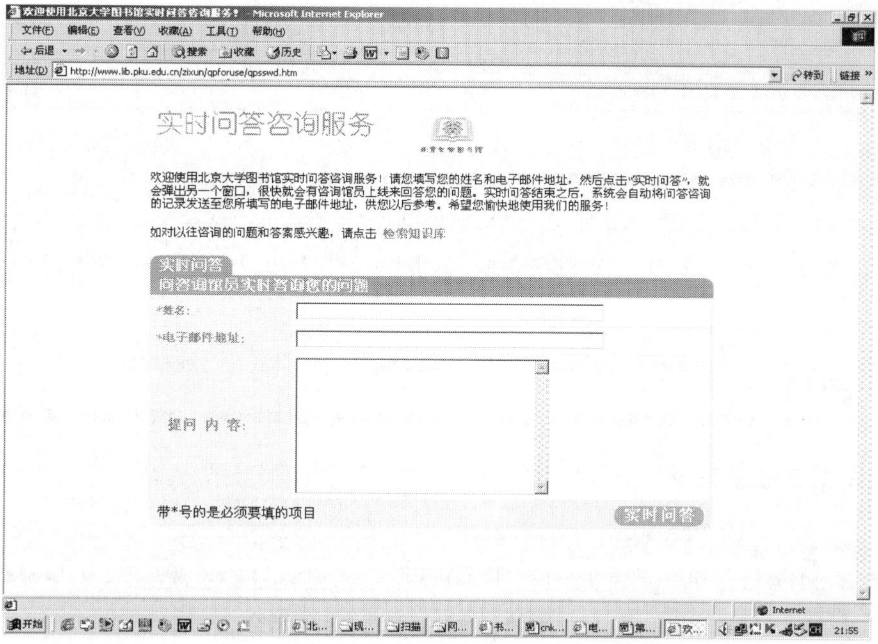

图 4-7　北京大学图书馆实时问答咨询服务

3. 上海图书馆网上联合知识导航站

目前国内联合的虚拟参考咨询有国家图书馆全国图书馆信息咨询协作网、中科院文献信息中心数字参考咨询服务、上海图书馆网上联合知识导航站和中国高等教育分布式联合虚拟参考咨询，这里以上海图书馆网上联合知识导航站为例。

上海市中心图书馆网上联合知识导航站（http://zsdh.library.sh.cn:8080/）如图 4-8 所示，由上海图书馆牵头并联合上海高校、科研机构的图书馆及其相关机构建成。包括专家问询、问答浏览与读者留言等栏目，其中可从学科主题角度浏览已往问答情况，如单击"问答浏览"，选择"经济、金融、管理"，便可得到相关问答记录，如图 4-9 所示。

图 4-8　网上联合知识导航站

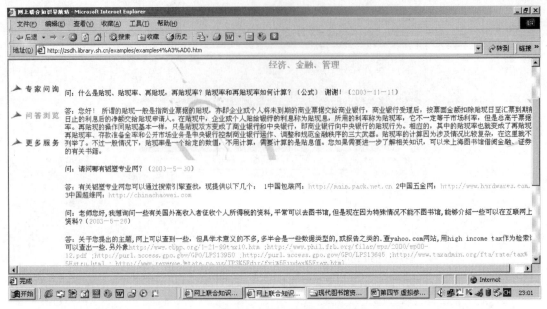

图4-9 经济、金融、管理的问答浏览

对图书馆等专业信息机构而言，虚拟参考咨询服务体现了服务的技术化与知识化的智力密集型发展趋势；对用户而言，利用好这种服务就等于在终身学习的进程中有了良师益友相伴。但目前我国国内所开展的这些虚拟参考服务知识库建设尚不完善，大多数的服务形式都很单一，这表明我国的网上咨询服务还只处在初级阶段。

虚拟参考服务作为一种信息交流方式，承接了传统面对面的交流方式，具有很强的亲和力，符合用户交流习惯，一方面使图书馆等信息机构的咨询功能得以提升与发挥，形成社会最优化的分工与配置，促使传统图书馆工作与人员的转型发展，使图书馆完成由文献中心向信息利用中心的转变，图书馆馆员由管理员向咨询专家的转变；另一方面也将用户直接从复杂的检索学习中解脱出来，可将更多时间用来关注信息本身的学习与开发、创新，因而有着很大的发展空间。

相信，随着现代通信技术、人工智能、图像处理、网络技术的发展，以及数字图书馆由以基于MARC的图书馆书目管理系统为核心特征的第一代发展为以对大量通过Internet提供的分布式电子文献信息资源的应用为主要特征的第二代，再发展到针对不同需求的用户群体提供主动的、个性化的、集成的终极信息服务的第三代，人们赖以获取信息的手段与服务也还将继续发展、变化，那时对于资源的获取将应验现在人们所说的一句话"只有你想不到的，没有你查询不到的"，而我们的查询能力也将直接接受"没有查询不到的，只有你不会查询的"考验。

二、资源共享服务

信息资源共享是指将一定范围内的文献情报机构共同纳入一个有组织的网络之中，各文献情报机构之间按照互惠互利、互补余缺的原则，进行协调和共享文献信息资源的活动。众所周知，每一所图书馆的人力、物力都是有限的，不可能收集所有的文献。换言之，没有一所图书馆可以百分百满足所有读者的需要。另外，我国的文献资源分布不均衡，布局不合理，文献资源建设中重复与遗漏现象严重，导致社会整体文献保障率低下。加强文献信息资源的一体化建设，走资源共建共享之路是解决读者需求的无限性与馆藏的有限性矛盾的唯一方法。

20 世纪 90 年代，随着国内信息网络环境的形成，借助信息网络进行区域文献信息资源保障、共享与服务系统建设成为新时期图书馆事业发展的主要标志，并取得了重大进展。下面介绍我国目前主要的资源共享项目。

1．中国高等教育文献保障系统

中国高等教育文献保障系统（CALIS），网址为 http://www.calis.edu.cn/，是经国务院批准的我国高等教育"211 工程"，"九五"、"十五"总体规划中三个公共服务体系之一。其宗旨是，在教育部的领导下，把国家的投资、现代图书馆理念、先进的技术手段、高校丰富的文献资源和人力资源整合起来，建设以中国高等教育数字图书馆为核心的教育文献联合保障体系，实现信息资源共建、共知、共享，以发挥最大的社会效益和经济效益，为中国的高等教育服务。CALIS 管理中心设在北京大学，下设文理、工程、农学、医学 4 个全国文献信息服务中心，构成 CALIS 资源保障体系的第一层，主要起到文献信息保障基地的作用。其中文理、工程两个全国中心分别设在北京大学和清华大学，农学和医学两个全国中心则分别设在中国农业大学和北京大学医学部。CALIS 保障体系的第二层是建了 7 个地区性文献信息中心——华东北（上海交通大学）、华东南（南京大学）、华中（武汉大学）、华南（中山大学）、西北（西安交通大学）、西南（四川大学）、东北（吉林大学）和一个东北地区国防文献信息服务中心（哈尔滨工业大学）。在未设全国中心和地区中心的省市建立15 个省级文献信息中心，构成了 CALIS 保障体系的第三层。在各校图书馆所不能满足的文献信息需求将按省级信息中心到地区中心再到全国中心的顺序进行协调。CALIS 通过三层文献信息保障与服务，成为中国经济和社会发展的重要基础设施。CALIS 管理中心建立了"CALIS 馆际互借/文献传递服务网"（简称"CALIS 文献传递网"或"文献传递网"），作为CALIS 面向全国读者提供馆际互借/文献传递服务的整体服务平台。读者以馆际互借或文献传递的方式通过所在成员馆获取 CALIS 文献传递网 46 所成员馆丰富的文献收藏。服务内容包括馆际借阅、文献传递、特种文献、代查代索等。

2．国家科技图书文献中心

国家科技图书文献中心（NSTL），网址为 http://www.nstl.gov.cn/，是根据国务院领导的批示于 2000 年 6 月 12 日组建的一个虚拟的科技文献信息服务机构，成员单位包括中国科学院文献情报中心、工程技术图书馆（包括中国科学技术信息研究所、机械工业信息研究院、冶金工业信息标准研究院、中国化工信息中心）、中国农业科学院图书馆、中国医学科学院图书馆。其宗旨是，根据国家科技发展需要，按照"统一采购、规范加工、联合上网、资源共享"的原则，采集、收藏和开发理、工、农、医各学科领域的科技文献资源，面向全国开展科技文献信息服务。目前，中心在全国各地已经建成了 8 个镜像站和 33 个服务站，构成了辐射全国的网络化的科技文献信息服务体系，已发展成为国内最大的公益性的科技文献信息服务平台。截至 2013 年 3 月，NSTI 拥有印本外文文献 25 000 多种，其中外文期刊 17 000 多种，外文会议录 8 000 多种，居国内首位。网络版全文文献资源包括 NSTI 订购、面向我国学术界用户开放的国外网络版期刊；NSTL 与中国科学院及 CALIS 等单位联合购买、面向我国部分学术机构用户开放的国外网络版期刊和中文电子图书；网上开放获取期刊；NSTL 拟订购网络版期刊的试用；NSTL 研究报告等。通过互联网，所有个人用户都可免费使用该系统提供的二次文献检索服务。它的注册用户还可方便地要求系统以电子邮件、传真、邮寄等方式提供所需的一次文献，24 小时提供文献检索服务。它对西部地区用户实行订购文献半价优惠。

3．中国高校人文社会科学文献中心

中国高校人文社会科学文献中心（CASHL），网址为 http://www.cashl.edu.cn/，是教育部根据高校人文社会科学的发展和文献资源建设的需要引进专项经费而设立的。其宗旨是组织若干所具有学科优势、文献资源优势和服务条件优势的高等学校图书馆，有计划、有系统地引进国外人文社会科学期刊，借助现代化的服务手段，为全国高校的人文社会科学教学和科研提供高水平的文献保障。这是全国性的唯一的人文社会科学外文期刊保障体系，不仅可以为高校教学科研服务，也成为全国其他科研单位文献获取的基地。可为用户提供的服务内容有：高校人文社科外文期刊目次数据库查询、高校人文社科外文图书联合目录查询、高校人文社科核心期刊总览、国外人文社科重点期刊订购推荐、文献传递服务以及专家咨询服务等。项目建设内容分为以下两部分。

（1）建设高校人文社会科学外文期刊的文献资源的保障体系，以若干所高校图书馆的馆藏为基础，全面、系统地收藏国外人文社会科学重点学术期刊。预计总引进量为 12 000 种，其中 SSCI 和 AHCI 所列的核心期刊 2 528 种，以及其他重点学科所需的期刊约为 9 000 种。

（2）依托"中国高等教育文献保障系统（CALIS）"已经建立的文献信息服务网络，建设"高校人文社科外文期刊目次数据库"。全面揭示文献信息，进而开展文献传递服务；CALIS 将负责制定数据规范、指导数据加工、数据库和服务器的维护等，保证读者可以在网上方便地查到文献信息。在读者发出全文请求后，CASHL 将在 1~3 个工作日送出文献。

三、国外的资源共享服务

馆际互借是图书馆协作活动中必不可少的一项服务内容。国外的大、中型图书馆和研究型（如大学和专业）图书馆一般都开展这一业务。在美国各类图书馆中，每年有 2 500~3 000 万件馆际互借。在美国 119 个研究图书馆中，馆际互借占图书流通量的 2%。OCLC 平均每年传送的馆际互借订单为 700 万件，其中 50%的订单是要求借用图书和其他能够被送还的资料（公共图书馆借用图书的订单占馆际互借总数的 90%）。研究图书馆出借资料中有 2/3 是复印件，而这其中的 50%是要求复印 5 年前发表在各种期刊中的文章。OCLC 从 1979 年开始到 2002 年 6 月，馆际互借总量已经达到 11 800 多万件。在欧洲，每个国家都有一个国际馆际互借中心，如柏林国立图书馆就是德国的国际互借交流中心，外国的申请必须通过它转到其他图书馆。不同的图书馆之间也可以建立协作关系共享资源。比如，加州大学伯克莱分校和斯坦福大学实行馆际协作，建立馆际互借和互惠阅览的关系，包括到对方学校的图书馆借阅资料、向对方图书馆电话咨询、要求将对方资料送到本校图书馆的出纳台以及复制或传真杂志的论文等服务，双方学校的师生都可以享用这一服务。日本国立情报学研究所的NACSIS-ILL（Interlibrary Loan）系统，提供图书馆之间在线文献复印、馆际互借等功能。目前日本国内有 700 家图书馆利用该系统提供馆际合作服务，每天约有 4 000 件的申请量。

很多图书馆对本单位读者实行免费或限量免费服务，比如，英国威尔士大学，教师和研究生每学期都可以免费获得一定数量的馆际互借和文献复制服务。美国俄亥俄州内几十家大图书馆联合组成 OhioLink 网，州政府为了鼓励各成员馆共享资源，对网内馆际互借业务实行免费的政策。还有的图书馆对所有的馆际互借服务只收成本费或手续费。

国际上一般通行的馆际互借费用结算方式有如下几种。

（1）国际预付回信邮资券（International Reply Coupon）。这是各国通用的可以兑换邮票的一种专用邮资券，1 枚约 1 美元。

（2）大英图书馆文献提供中心专用券（BLDSC Coupon）。在用于文献复印的时候折算成每 10 页为 1 张专用券，10 页起算，20 张（一本）起售。

（3）联合国教科文组织专用券（Unesco Coupon），主要用于第三世界国家。

（4）国际图联馆际互借专用券（IFLA voucher）。1 张为 8 美元，半张为 4 美元，可以从国际图联的 Office for UAP and International Lending 办公室购得。一般互借 1 次或复印 15 页等于 1 张专用券，受理多的图书馆可以从该办公室兑回现金。该办法于 1995 年起试行，截至 1996 年 9 月，已有美国、加拿大、英国和澳大利亚等国的 100 多个图书馆采用。

OCLC 推出馆际互借费用管理（IFM）以简化处理支付馆际互借款项的工作，由于这项业务通常消耗许多时间和费用，因此使用 IFM 后，OCLC 馆际互借服务用户可避免分别收取或偿付每次互借的费用，而只要通过 OCLC 的月份账单每月结算一次。

在馆际互借业务开展的过程中，真正实行实物外借的比例并不高，相比之下，文献复制比馆际互借更为便捷。据日本文部省于 1994 年对日本大学图书馆与国外图书馆开展文献复制和馆际互借情况的调查，申请数总计为 10 470 件，其中文献复制为 9 265 件，馆际互借为 1 205 件；受理数总计 13 754 件，其中文献复制为 13 242 件，馆际互借为 155 件。可见，从实际操作来看，文献复制的数量比馆际互借的数量要大得多。

馆际互借和文献复制还可以用来评估一个图书馆的藏书体系和质量。利用馆际互借和文献复制的数据指导馆藏建设是 1993 年美国图书馆协会馆藏建设和评估小组的年会议题。乔治华盛顿大学的报告指出，在该校图书馆削减的 2 000 种期刊中，只有 300 种期刊有文献复制需求订单，有一篇以上文献复制需求订单的期刊只有 170 种。这个图书馆削减期刊后节省的费用为 30 万美元，而用于文献复制的费用为 1.5 万美元。馆际互借的数据对于衡量馆藏质量、确定削减的期刊种类以及购买图书有很高的价值。1994 年美国图书馆协会高度评价馆际互借的作用，称它是图书馆藏书建设中的一个重要组成部分。

　　文献传递服务是较常用的服务提供方式。纽约公共图书馆于 20 世纪 90 年代中期推出一项叫作 NYPL Express 的特快信息服务，根据该馆主页上的介绍，特快信息服务主要服务对象为企业、机构和个人，通过馆内的咨询专家和由馆外专家、商业协会、政府部门形成的网络，向用户提供各种最精（accurate）、最快（timely）、最新（up-to-the-minute）的参考咨询服务。该项目实行有偿服务，每小时收费标准正常服务为 75 美元，特快服务为 90 美元，这是咨询收费价，不包括附加成本，如在线服务费和复制费等。大部分服务通过传真或邮寄传送给用户，如传真收费每页市内 50 美分，国内长途 1 美元，国际长途 3 美元，3 美元起算；国内邮费最低 3 美元，国际邮费最低 5 美元。中国国家图书馆也创建了文献提供中心，开展以省事、省时、省力为宗旨的查询、借阅、复制一条龙服务，深受广大读者好评。

思考题

1. 大学生应如何充分利用图书馆？

2. 图书馆的分类体系有什么特点？

3. 索书号是由什么构成的？

4. 什么是联机公共目录检索系统？

5. OPAC 有哪些功能？

6. 如何获得图书的全文？

7. 当前参考咨询服务的内容和形式有哪几种？

8. 我国主要的文献信息资源共事项目有哪些？

9. 在本校图书馆网站上检索一本您喜欢的图书，给出该书的索取号和收藏情况。

10. 利用联合目录搜索某一主题的图书，选择其中一种说明各成员馆收藏情况。

第五章

网络信息资源检索

第一节　网络信息资源检索概述

一、网络信息资源基础知识

1. 概念

网络信息资源是电子计算机技术、通信技术、多媒体技术相互融合而形成的以电子网络为传输性载体和传输媒介的信息资源。

2. 分类

网络信息资源数量庞大，内容繁杂，形式多样，广泛分布在整个网络之中，既没有统一的组织管理机构，也没有统一的目录，必须对其进行分类。根据不同的划分标准，可以获得不同的分类结果。

（1）按照人类信息交流的方式划分：

① 非正式出版信息。指流动性、随意性较强，信息量大、信息质量难以保证和控制的动态性信息。如电子邮件、专题讨论小组和论坛、电子会议、电子布告版新闻等工具上的信息。

② 半正式出版信息。又称"灰色"信息，指受到一定产权保护但没有纳入正式出版信息系统中的信息。如各种学术团体和教育机构、企业和商业部门、国际组织和政府机构、行业协会等单位介绍宣传自己或其产品的描述性信息。

③ 正式出版信息。指受到一定的产权保护，信息质量可靠、利用率较高的知识性、分析性信息，用户一般可通过 Web 查询到。如各种网络数据库、联机杂志和电子杂志、电子图书、电子报纸等。它们或者是传统出版物的数字化，或者是有明确创建者，并且有版权的直接网络出版物。

（2）按照信息的加工程度划分：

① 一次网络信息资源：指互联网的原始信息，包括电子图书、电子期刊、电子报纸、

电子邮件、网络会议论坛、网络新闻组、企业网站（不包括虚拟的网络型网站的商业网站，如雅虎、搜狐、新浪等）、政府网站、教育科研机构网站等。

② 二次网络信息资源：指对一次网络信息资源的搜集、加工和处理，主要指搜索引擎、虚拟图书馆等，是网络检索工具的重要组成部分。这类网络信息资源是用户经常利用的工具，是获取一次网络信息资源的门户和入口。

③ 三次网络信息资源：指对二次网络信息资源的搜集和对已搜集二次网络信息资源的组织，元搜索引擎为其典型。

（3）按照网络信息的内容和用途划分：

① 普通型：主要是反映某个组织或个人相关信息、某类学科知识或者某一方面的信息，一般不具备站内强大的搜索功能，只是通过链接来组织各种内容信息。

② 专门资料型：主要指以查检为目的，为用户提供全面内容信息的网络信息资源类型，如网络数据库、搜索引擎、专利检索网站等等，它通常具有全文检索的功能，以免费或收费的方式提供服务。这类网络信息资源是进行信息检索时经常利用到的信息资源。

③ 数据资料型：通常是按内容、地域、时间、出版所有权或者其他分类组织起来的相关数据集合，如地区或城市介绍，工程实况及记录，企事业机构名录、指南，字典、百科全书、年鉴、手册、产品样本等参考工具等，也包括一些统计数据、产品或商品的规格及价格、各种投资行情和分析等。

④ 即时资料型：指在网上论坛、新闻组、留言板等上面实时产生的信息资源。这类网络信息发表方便，随意性较大，动态性强。

（4）按照信息的表现形式划分：

① 全文型：刊载各种报纸、期刊文献的全文，以及政府出版物、专利、标准等的网站。如我国的中国期刊网，能提供几千种国内出版期刊的全文数据查阅服务。

② 数值型：如主要提供统计数据、产品或商品的规格及价格的网站或网页。

③ 书目、索引、文摘型：如图书馆公共联机检索系统就是典型的这类资源。ISI 网站上的"Web of Science"是著名的 SCI SSCJ AHCI 的 Web 版，能查阅各类引文数据。

④ 实时活动型：如各种投资行情和分析，BBS 讨论组，网上商务贸易等。

（5）按照发布机构划分：

① 企业站点信息资源。这类资源站点一般以 com 为一级或二级域名注册。其信息资源一般以初始信息为主，如提供公司整体概况、各类产品信息、商业服务信息等，更新及时、动态性强。如 http://www.sinopec.com（中国石化公司）。

② 学校、科研院所站点信息资源。这类站点一般以 edu 或 ac 为一级或二级域名注册，如 http://www.pku.edu.cn（北京大学）。主要提供学术性较强的各种信息，如科研活动介绍、

学术动态、信息检索、远程教育等。

③ 信息服务机构站点信息资源。这类站点一般以 net、com、gov 或行政区域为一级或二级域名注册。如 http://www.chinainfo.gov.cn（中国科技信息网），http://www.libnet.sh.cn（上海图书馆）。主要提供各类专题信息，广泛开展信息资源的开发与利用服务，网络功能的开发与应用服务，如全文数据库查询、建立搜索引擎等。

④ 行业机构站点信息资源。这类站点一般以所属上级部门为域名注册，有 com、ac、gov 等，如 http://www.chinaauto.ac.cn（中国汽车行业经济技术信息网）。它们一般是再现行业信息，系统性、完整性较好。主要信息内容有企业名录、市场行情、行业论坛、政策和法规、统计信息等。

（6）按照传输协议划分：

① 基于超文本传输协议（HTTP）的信息资源。万维网（World Wide Web，简称 WWW 或 Web）信息资源是一种典型的基于 HTTP 的网络信息资源。HTTP 是浏览器与 Web 服务器之间相互通信的协议。即 Web 客户机和服务器用于在网上传输、响应用户请求的协议。当用户以 http：//开始一个链接的名字时，是告诉浏览器去访问使用 HTTP 的 Web 页。

② 基于文件传输协议（FTP）的信息资源。FTP 协议的主要功能是完成从一个系统到另一个系统完整的文件复制，即在网络的联网计算机之间传输文件。通过 FTP 可以获得的信息资源类型广泛。从广义上说，以计算机方式存储的信息都可以通过 FTP 协议获取，包括书籍、图像、声音、多媒体、一些书籍的电子版、电子期刊、某些政府机构发布的信息、大量的免费与共享软件等。

③ 基于远程登录（Telnet）的信息资源。这是指通过 Telnet 协议所访问到的网络信息资源。其实现方法是在远程计算机上登录，使自己的计算机暂时成为远程计算机的终端，进而可以实时访问、使用远程计算机中对外开放的资源。这些资源包括硬件资源，如超级计算机、精密绘图仪、高速打印机、高档多媒体输入输出设备等；也包括软件资源，如大型的计算机程序、图形处理程序以及大型数据库等信息资源。目前，许多机构都建立了可供远程登录的信息系统，如各类图书馆的公共查询目录系统、信息服务机构的综合信息系统等。

④ 用户服务组信息资源。包括新闻组（Usenet Newsgroup）、电子邮件群（Listserv）、邮件列表（Mailing List）、专题讨论组（Discussion Group）等。它们是由一组对某一特定主题有共同兴趣的网络用户组成的电子论坛，是网络用户间的信息交流，但又各具特色和用途，锁定各自特定的用户。

⑤ Gopher 信息资源。Gopher 又称信息鼠，这是一种基于菜单的网络服务，类似万维网的分布式客户机/服务器形式的信息资源体系。它是因特网上一种分布式信息查询工具，各个 Gopher 服务器之间彼此连接，全部操作都在一级级菜单的指引下，用户只需在菜单中选择和浏览相关内容，就完成了对因特网上远程联机信息系统的访问。此外，Gopher 还可提供与前文所提及的其他多种信息系统的连接，如 WWW、FTP、Telnet 等。

3．网络信息资源的特点

（1）信息量大，传播广泛：网络信息资源极为丰富，因特网已经成为继电视、广播和报纸之后的第四媒体。它既是信息资源存储和传播的主要媒介之一，也是集各种信息资源为一体的信息资源网。据估计，因特网每天发布的信息超过 700MB 以上。因特网每天发布的信息总量约为 450MB，全国信息总量达 20TB。由于信息源的增多，信息发布的自由，网络信息量呈爆炸性增长。几乎只要是有电脑的地方，就有信息的传播。

（2）信息层次多，品种多样：因特网上的信息资源层次众多，有一次信息、二次信息、三次信息；有文本信息、图像信息、图形信息、表格信息、超文本信息等，包括各种电子书刊、书目数据库、联机数据库、软件资源等，是多媒体、多语种、多类型信息的混合体。网络信息资源包罗万象，几乎覆盖各学科、各领域、各地域、各语言的信息资源；信息发布者既有政府部门、高等院校、科研院所、学术团体、行业协会，更有大量的公司企业和个人。

（3）自由发布，交流直接：除了以往联机检索以及大量在图书馆工具书、检索刊物的基础上发展起来的数据库这些正式的信息交流渠道外，网络信息资源中更多的是非正式交流渠道发布的信息。这里提供了自由发表个人见解的广阔空间和获取非出版信息的丰富机会，包括那些正式出版物中未刊载的信息，如类似于灰色文献的信息、还未成熟的观点、个人网页上的研究心得、教学资料等。同时，因特网扩大了人际交流的空间，如新闻组、讨论组、邮件列表等，都为用户提供了更多的直接交流的机会。

（4）信息传播速度快，变化频繁：在非网络信息中，信息传播速度快且变化最大的莫过于报纸，但是报纸一经出版，其信息便无法更改，而在因特网上，信息的更新相当及时，不少新闻站点、商业站点的信息每日更新，传播速度十分快，能瞬时实现交流。

（5）检索方便，价廉实惠：在友好的用户查询界面下，用户可以根据需要和已知信息任意选择检索方式与入口，进行自然语言检索、全文检索，方法简便易学。由于输出的信息按相关性大小顺序排列，通过关键字词的查询，可迅速找到所需内容；此外用户还可以在更大的库存容量范围、更大的时间跨度范围检索，且有可能在更多的数据库集合中总体检索，因此检出的信息更对口、更专业、更全面。这些都是网上信息资源相对于传统信息的最大优势。又因其不需批发、代理、零售，没有中间环节，大大降低成本。

（6）分散无序，缺乏管理：网络信息资源的分散表现在信息没有一个中心点，也没有全面性，链接显得模糊和多样，一种文献可以链接到更多相关或相似的文献；同样，这份文献也可能是从另一份文献链接而来，这种前所未有的自由度使网络信息资源的共建和共享变得潜力无穷，然而也使信息资源处于无序状态，而且，"海量"的信息和快捷的传播方式加剧了网络信息的无序状态，许多信息资源缺乏加工和组织，只是时间序列的信息堆积，缺乏系统性和组织性。网络信息的地址、链接、内容等都处于经常性的动态变化之中，其变化、更迭、新生、消亡等都时有发生，没有统一的管理机构来控制。

（7）内容庞杂，质量不一：因特网的信息大都没有经过严格的审查，信息发布具有很大的随意性和自由度，信息缺乏必要的过滤监督和质量控制。信息内容十分庞杂，正式出版物与非正式出版物交织在一起，科技信息、学术信息、商业信息、个人信息与一些暴力、色情等不健康信息混为一体，既有大量国际水平的研究成果，又有许多难登大雅之堂的涂鸦之作和虚假信息，信息质量良莠不分、参差不齐，给利用有价值的网络信息带来极大的不便。

二、网络信息资源检索方法

1. 直接浏览

（1）网址查询：如果用户要访问已知地址的信息资源，可以直接在浏览器地址栏中输入已知的网站或网页地址进行浏览，这是一种最常见、最有效的信息资源的获取方式。网络信息资源的用户大都有自己侧重的研究领域或喜爱的主题，会有意识地积累一些相关的网址。用户可以充分利用浏览器中的收藏夹功能，保存和管理浏览过的感兴趣的网站或网页。也可以通过创建书签（Bookmark）或热链（Hotlink，Hotlist）来将一些常用的、优秀的站点地址记录下来，组成目录以备今后之需。另外也可以通过与他人的交流获取相关的网址。目前在一些刊物上有一些专门介绍某些专业网络资源的文章，可供我们参考使用。该方法有些类似传统环境下的资料索引收集工作。能否有效地采用这种方法，关键在于用户平时是否能多渠道地收集相关网址。但这种方法只能满足一时之需，相对于整个网络资源的发展，其检索功能是微不足道的。

（2）偶然发现。这是在网络上发现、检索信息的原始方法。即在日常的网络阅读、漫游过程中，意外发现一些有用信息。这种方式的目的性不是很强，其不可预见性、偶然性使检索过程具有某种探索宝藏的意味，也许会充满乐趣，但也可能一无所获。

（3）顺"链"而行：指用户在阅读超文本文档时，利用文档中的链接从一网页转向另一相关网页，类似于传统文献检索中的"追溯检索"。即根据文献后所附的参考文献（References Document）去追溯相关文献，一轮一轮地不断扩大检索范围。这种方法可以在很短的时间内获得大量相关信息，但也有可能在顺"链"而行中偏离了检索目标，或迷失于网络信息空间中，而且找到合适的检索起点也不容易。

不依靠任何检索工具的浏览适合以下几类信息检索的目的。

① 延伸已有信息范围：顺着原文提供的超链接查找一些与已获得信息相关的信息，如从某一文章直接转到该文章的某篇引用文献。

② 跟踪新信息：如定期浏览某些网站或栏目，以保证对某一领域的信息有及时的了解。

③ 网上信息调研：该类信息收集行为的目标性不强，但多有一定的收集范围。

④ 好奇心驱使：因某一信息的刺激而引发对其进一步进行探究的浏览行为。

⑤ 消遣性浏览：随意的、漫游式的，以休闲、消磨时间为主要目的的浏览。

⑥ 享受浏览经验：这是一种以浏览这一过程本身作为目的的"过程性满足"行为。

2．通过网络资源指南来查找信息

专业人员利用自身对网络信息资源的产生、传递和利用机制的广泛了解和对网络信息资源分布状况的熟悉，以及对各种网络信息资源的采集、组织、评价、过滤、控制、检索等手段的全面把握，开发了可供浏览和检索的网络资源主题指南。综合性的主题分类树体系的网络资源指南如 Yahoo，专业性的网络资源指南很多，几乎每一个学科专业、重要课题、研究领域的网络资源指南都可以在因特网上找到。这类网络资源指南类似于传统的文献检索工具——书目之书目或专题书目。这类资源通常是由专业人员对网络信息资源进行鉴别、选择、评价、组织的基础上编制而成的，对于有目的的网络信息发现具有重要的指导、导引作用。局限性在于，由于其管理、维护跟不上网络信息的增长速度，导致其收录范围不够全面，新颖性、及时性可能不够强；且用户还要受标引者分类思想的控制。

3．利用搜索引擎进行信息检索

这是一种较为常规的、普遍的网络信息检索方式。搜索引擎是提供给用户进行关键词、词组或自然语言检索的工具。用户提出检索要求，搜索引擎代替用户在数据库中进行检索，并将检索结果提供给用户。它一般支持布尔检索、词组检索、截词检索、字段检索等功能。利用搜索引擎进行检索的优点是：省时省力，简单方便，检索速度快、范围广，能及时获取新增信息。缺点在于，由于采用计算机软件自动进行信息的加工处理，且检索软件的智能性不是很高，造成检索的准确性不是很理想，与人们的检索需求及对检索效率的期望有一定差距。目前声望较高的搜索引擎有百度、google 等。

4．其他方式

（1）利用应用软件收集信息。为了方便收集、整理网络信息，人们开发了很多资料或信息收集软件，这些软件往往集信息的收集、管理、浏览、编辑、查找功能于一体，帮助保存完整网页或根据需要抓取网页中的部分文件，同时统一保存和管理收集到的信息。比如一种名为"网页信息收集器"的软件，可以很方便地收集指定网站的信息内容，包括行业网站的企业名录、软件下载网站的所有软件列表等。又如 RSS 阅读工具用于发布和获取网络内容，自动将用户订阅的 RSS 源内容聚合成一个网页，并自动进行不断的更新，按时间顺序将最新内容展现给用户，用户无须一个个打开有关的目标网页即可浏览其中所需的内容。

（2）利用有关信息机构的资源和服务。如中国网络情报中心开发的"天下通"专业网媒监测，随时监测全球近 1 万家中英文网站，包括门户网站、行业网站、大众传媒网站、政府机构和信息中心站点、协会站点，用户可以根据自己的需要订制信息，由"天下通"定时将监测结果发给用户。又如人民网提供的 RSS 聚合新闻服务，用户可以从看天下阅读器或开放式的 RSS 阅读器中订阅自己感兴趣的栏目链接，通过 RSS 新闻阅读器自动获取这些栏目的最新信息。

三、网络信息检索工具

1．概念

网络信息检索工具是指在因特网上提供信息检索服务的计算机系统，其检索的对象是存在于因特网信息空间中各种类型的网络信息资源。

2．一般构成

网络检索工具一般由索引程序、数据库和检索代理软件组成。

（1）网络检索工具搜集信息资源主要有两种类型的索引程序：人工程序和自动索引程序。

① 人工程序即由专门的信息人员收集网上信息，并按规范进行分类标引，组建成索引数据库，这种采集方式可以保证所收集信息的质量和标引质量，但是效率低，更新慢。

② 自动索引程序是现在大多数网络检索工具搜集信息资源时使用的程序，通过采用一些网络自动跟踪索引程序（如 Robot、Spider、Crawler、Worms、Wander 等）来完成。这种索引程序在网络上自动检索网络资源，跟踪记录其网址、描述其特征及内容，建立索引数据库，并不断地自动更新数据库，保证了入库信息的及时性。不同的自动索引软件采用的标引、搜索策略不同，自动索引软件搜寻、标引网页的方式对信息检索的质量有直接影响。现在许多网络检索工具采取自动采集和人工标引相结合的方式建立数据库。

（2）数据库是网络检索工具提供检索服务的基础。不同的网络检索工具，数据库收录网络资源的类型与范围不同，标引方式也不同：有的收录各种类型的资源，如 Web、Usenet、FTP、Gopher 等，有的只收录 Web、Usenet 等；有的标引主页的地址、标题、特定的段落和关键词，有的对主页的全文进行标引。因此，数据库的内容一般有网站的名称、标题、网址 URL、网页的长度、网页的时间、相关的超文本链接点、内容简介或摘要等。不同的数据库的规模差异也很大，如 google 收录索引近 33 亿个网页，百度收录索引 1 亿多个中文网页。数据库规模的大小决定了查询到的信息是否全面。

（3）检索代理软件负责处理用户的检索提问，并将检索结果提交给用户。不同的网络检索工具，采用的检索软件不同，提供的检索功能、支持的检索技术不同，对检索结果的处理方式不同。检索软件功能的强弱直接影响检索效果。检索软件功能强弱的判定，主要是看检索界面是否友好、检索技术是否灵活多样、检索途径多少等几方面。

第二节　搜索引擎概述

Internet 是一个广阔的信息海洋，漫游其间而不迷失方向是相当困难的。如何快速准确地在网上找到需要的信息已变得越来越重要。搜索引擎（Search Engine）是一种网上信息检索工具，在浩瀚的网络资源中，它能帮助你迅速而全面地找到所需要的信息。

一、搜索引擎的定义

搜索引擎是一种能够通过 Internet 接受用户的查询指令，并向用户提供符合其查询要求的信息资源网址的系统。它是一些在 Web 中主动搜索信息（网页上的单词和特定的描述内容）并将其自动索引的 Web 网站，其索引内容存储在可供检索的大型数据库中，建立索引和目录服务。一些搜索引擎搜索网页的每一个单词，而另一些搜索引擎则只搜索网页的前 200～500 个单词。当用户输入关键词（keyword）查询时，该搜索引擎会告诉用户包含该关键词信息的所有网址，并提供通向该网络的链接。搜索引擎既是用于检索的软件又是提供查询、检索的网站。所以，搜索引擎也可称为 Internet 上具有检索功能的网页。

二、搜索引擎的工作原理

一般说来，搜索引擎由搜索软件、索引软件和检索软件三部分组成。

搜索引擎工作时，要按照一定的规律和方式运行特定的网络信息搜索软件，定期或不定期地搜索 Internet 各个站点，并将收集到的网络信息资源送回搜索引擎的临时数据库；接下来利用索引软件对这些收集到的信息进行自动标引形成规范的索引，加入集中管理的索引数据库；在 Web 的客户端，提供特定的检索界面，供用户以一定的方式输入检索提问并提交给系统，系统通过特定的检索软件检索其索引数据库，并将从中获得的与用户检索提问相匹配的查询结果再返回客户端供用户浏览。

这一过程可简单描述为：

（1）搜索软件在网络上收集信息，执行的是数据采集机制；

（2）索引软件对收集到的网络信息进行自动标引处理并建立索引数据库，执行的是数据组织机制；

（3）检索软件通过索引数据库为用户提供网络检索服务，执行的是搜索引擎的用户检索机制。

三、搜索引擎的主要任务

各种搜索引擎的主要任务包括以下 3 个方面。

（1）信息搜集。各个搜索引擎都派出绰号为"蜘蛛（Spider）"或"机器人（Robots）"的网页搜索软件在各网页中爬行，访问网络中公开区域的每一个站点并记录其网址，将它们带回搜索引擎，从而创建出一个详尽的网络目录。由于网络文档的不断变化，机器人也不断地把以前已经分类组织的目录更新。

（2）信息处理。将网页搜索软件带回的信息进行分类整理，建立搜索引擎数据库，并定时更新数据库内容。在进行信息分类整理阶段，不同的搜索引擎会在搜索结果的数量和质量上产生明显的差异。有的搜索引擎把网页搜索软件发往每一个站点，记录下每一页的所有文本内容，并收入到数据库中形成全文搜索引擎；而另一些搜索引擎只记录网页的地址、篇名、有特点的段落和重要的词。故有的搜索引擎数据库很大，而有的则较小。当然，最重要的是数据库的内容必须经常更新、重建，以保持与信息世界的同步发展。

（3）信息查询。每个搜索引擎都必须向用户提供一个良好的信息查询界面，一般包括分类目录及关键词两种信息查询途径。分类目录查询是以资源结构为线索，将网上的信息资源按内容进行层次分类，使用户能依线性结构逐层逐类检索信息。关键词查询是利用建立的网络资源索引数据库向网上用户提供查询"引擎"，用户只要把想要查找的关键词短语输入查询框中，并按"Search"按钮，搜索引擎就会根据输入的提问，在索引数据库中查找相应的词语，并进行必要的逻辑运算，最后给出查询的命中结果（均为超文本链接形式），用户只要通过搜索引擎提供的链接，就可以立刻访问到相关信息。

四、搜索引擎的类型

随着搜索引擎的数量剧增，其种类也越来越多。它们可以按照工作语种、内容组织方式及搜索范围等加以区分。

1．按工作语种区分

搜索引擎按工作语种可以分为下列类型。

（1）单语种搜索引擎。单语种搜索引擎是指搜索时只能用一种语言查询的搜索引擎。

（2）多语种搜索引擎。多语种搜索引擎是指那些可以用多种语言查询的搜索引擎。如"Altavista"，该网站可以用 25 种语言进行查询。

2．按内容组织方式区分

搜索引擎按内容组织方式可以分为下列类型。

（1）目录式搜索引擎（网站级）。目录式搜索引擎提供了一份按类别编排的 Internet 网站目录，各类下边排列着属于这一类别的网站的站名和网址链接，有些搜索引擎还提供了各网站的内容提要。

（2）全文搜索引擎（网页级）。当全文搜索引擎搜索到一个网站时，会将该网站上所有的文章（网页）全部记录下来，并收入到引擎的数据库中。只要用户输入查询的关键词在引擎数据库中的某个主页中出现过，则这个主页就会作为匹配结果提供给用户。

3．按搜索范围区分

搜索引擎按搜索范围可以分为下列类型。

（1）独立搜索引擎。这类搜索引擎检索时只在自己的数据库内进行，由其反馈出相应的查询信息，或者是相链接的站点指向。每个独立的搜索引擎都会有自己的查询特色，例如，目录查询、全文查询、简单查询、高级查询等。

（2）多元搜索引擎。多元搜索引擎又称集成搜索引擎。它是将多个独立搜索引擎集合在一起，提供一个统一的检索界面，当用户提出检索提问后，它会将其发送给多个搜索引擎，同时检索多个数据库，并进行相关度排序后将结果显示给用户。利用这类搜索引擎能够获得更大范围的信息源，检索的综合性、全面性也有所提高。这样的搜索引擎的缺点是查询时间相对较长。

五、搜索引擎的一般查询规则

利用搜索引擎既可以检索出 Internet 上的文献信息，还可以查找到公司和个人的信息；既可以通过输入单词、词组或短语进行检索，还可以使用逻辑算符及位置算符等对多个词进行组合检索；既可以以词语查询有关主题的页面信息，也可以以特定的域名、主机名、URL 等查找有关的网站信息。搜索引擎是基于一些基本的查询规则来满足这些查询条件的，但各个搜索引擎所采用的查询规则又不尽相同。下面介绍的是常用的一些查询规则。

1. 布尔逻辑算符

见第三章第六节。

2. 连接符

连接符有加号（+）和减号（-）。

（1）在检索词前使用"+"时，表示所有检索结果的页面中都必须包含该词。例如：检索式"+A+B"，表示查得的页面中应出现"A"和"B"的信息；而检索式"A+B"，则表示在检索结果页面中一定含有"B"，但不一定有"A"的信息。

（2）检索词前使用"-"时，表示任何检索结果的页面中都不能包含该词。例如：检索式"microwave－ceramic"，则表示查找关于"microwave"的页面，但排除那些和"ceramic"有关的页面。

3. 截词符

截词符一般用星号（*）表示。当"*"置于一个词的末尾时，表示将相同词干的词全部检索出来。例如：检索式"compu*"，表示可以检索到"computer"、"computing"、"compulsion"等词。有一些搜索引擎支持自动截词，用户不需要专门输入截词符，系统自动将相同词干的词全部找出来。注意："*"不能用在检索词的开始和中间。

4. 邻近符

邻近符（NEAR）用于检索在一定区域范围内同时出现的检索词的文献，它指定了检索词之间的距离。用 NEAR/n（n 为 1、2、3…）精确控制检索词之间的距离，表示检索词的间距最大不超过 n 个单词。例如：检索式"Computer near/10 Network"，可查找出"Computer"和"Network"两词之间插入不大于 10 个单词的文献，检索结果输出时，间隔越小的排列位置越靠前。

5. 空格、逗号、括号、引号的作用

（1）空格。

空格的作用与逻辑"与"（AND）相同。例如：检索式"aircraft engine"，表示可查出含有"aircraft"及"engine"的页面。在汉字作为关键词输入时，切记不要在构成关键词的两个字之间插入空格，否则，就会发生两个字之间进行逻辑"与"的检索错误。例如：用户要查找"飞机"这个关键词，但却输入了"飞 机"，由于"飞"和"机"两字之间插入了空格，而被处理为"与"的关系，查出所有同时含有"飞"和"机"两个字的页面。这个检索结果的范围要比"飞机"做关键词的结果扩大很多，许多结果中不含有与"飞机"相关的信息。

（2）逗号。

逗号（，）的作用类似于逻辑"或"（OR），也是查找那些至少含有一个指定关键词的页面。区别是，检索结果输出时，包含指定关键词越多的页面，其排列的位置越靠前。例如，检索式"计算机，网络，多媒体"，可查出包含三个关键词中的任何一个或几个的页面，而同时含有"计算机"、"网络"和"多媒体"的页面输出时排在前面。

（3）括号。

括号"（）"的作用是使括在其中的运算符优先执行，用于改变复杂检索式中固有逻辑运算符优先级的次序。例如，检索式"多媒体 and（计算机 or 网络）"，表示要求先执行括号中的"OR"运算，再执行括号外的"AND"运算。

（4）引号。

引号（" "）的作用是引号中的多个词被当作一个短语来检索，绝大部分主要搜索引擎都支持短语检索，找到含有与短语词序和意义完全相同的页面。例如，检索式——"electronic magazine"，表示把"electronic magazine"当作一个短语来搜索。如果不加引号，搜索引擎就会把两词之间的空格按"与"处理，查出包含"electronic"和"magazine"的页面，结果与用户要求的主题内容相去甚远。

6. 限定字段检索

虽然因特网上的网络信息不分字段，但是以检索 Web 和用户网信息为主的检索工具设计了类似于字段检索的功能。依据这类功能，用户在检索 Web 信息时，可以把检索范围限制在标题、统一联网地址（URL）或超文本链接点等部分；在检索用户网信息时可把检索范围限制在"来自"、主题或网络讨论小组类别等部分。显然，这种字段检索并不等同于书目文献数据库中的著者、篇名或主题等检索。限定字段检索，即限定检索词在搜索引擎数据库中某个字段范围进行查找，如网页标题、站点、网址、链接等。

7. 自然语言检索

自然语言检索指用户在检索时可输入自然语言表达的检索要求，例如 "please find for me something about automobile sale in New York state"，检索工具会按照提问检索出关于在纽约州（New York state）汽车销售（automobile sale）的信息。这种检索的基本处理过程是：检索工具在接收到用户提问后，首先利用一个禁用词表从提问中剔除那些没有实质主题意义的词汇，如各种副词、介词、代词、常用请求词（please、help、would、may 等）、检索提问词（find、search、locate、check、information、materials 等），然后将余下的词汇作为关键词进行检索。

自然语言检索的效果取决于检索工具选择关键词的效率，而这方面我们仍面临许多局限。而且，用户输入的词汇中往往有一些属于"禁用词"但确实表达了实质主题意义，例如 "help me find some materials on search engines" 中的 "search"、"locate departments of materials sciences" 的 "materials"，这又使自然语言检索效率受到进一步的局限。由于现在几乎所有检索工具都支持简单关键词检索，所以直接输入某句话中的关键词要比输入这句话本身要好得多（至少输入几个词）。

8．相关信息反馈检索

在检索过程中人们会发现某个结果非常符合自己的需要，因此希望能进一步检索到与该结果类似的结果，我们称为相关信息反馈检索。我们可以人工进行这种检索，从已检得的信息中选取与检索提问相关的词语，作为下一轮检索的检索词。在网络环境中，相关信息反馈检索可由检索工具自动进行，例如 Excite 的 "Search for more documents like this one" 检索以及 Lycos 的 "More Like This" 检索。利用相关信息反馈检索，人们获得的检索结果似滚雪球一般，越来越多。

相关信息反馈检索的基本原理是检索工具将所选定的结果网页中包含的关键词找出，通过它们在这个网页中出现的频率和位置等来计算各自在这个网页中的相关度，然后选出那些在该网页中最重要的词汇（相关度最高的词汇）用作下一步检索的检索词。当然，各个检索工具的具体运作机制会有所不同，且属于技术秘密，用户不得而知。但由于词汇选择只考虑了词汇出现的频率和位置，没有考虑用户对各个词汇重要性的主观判断，所以其结果并不一定非常合适。

9．模糊检索

简单地说，模糊检索允许被检索信息和检索提问之间存在一定的差异，这种差异就是"模糊"在检索中的含义。例如，用户想查询有关"中药使用"的信息，但不肯定这一提问在数据库中究竟以什么标引词表示，究竟是"中药的使用"、"使用中药"还是其他。如果用户以"中药使用"作为检索词，而数据库中的信息是以"中药的使用"作为标引词，这时，检索提问和被检索信息之间就存在着差异。假如检索工具支持模糊检索，上述提问就能够达到预期检索效果。

模糊检索中所指的差异一方面来自于用户在输入检索提问时的输入错误，如少键入一个字，打错一个字母等。另一方面来自某些词汇在不同国家的不同形式，例如 "catalog" 和 "catalogue"，我们希望检索工具在这时能估计到这些词汇的正确形式或其他变形，使我们能够检索到用正确词汇或其他变形形式标引的结果，而不是简单地告诉"输入错误"或"没有结果"。目前的网络信息检索工具还只能进行纠正输入错误的模糊检索。例如，用于检索地图信息的 MapBlast 可在用户输入错误的街道名的情况下，仍然检索出正确的地图信息。

10．概念检索

所谓概念检索，是指当用户输入一个检索词后，检索工具不仅能检索出包含这个具体词汇的结果，还能检索出包含那些与该词汇同属一类要领的词汇的结果。例如，检索

"automobile"时能找出包含"automobile"、"car"、"truck"、"van"、"bus"等任一词汇的结果。又如,在查找"公共交通"这一概念时,有关"公共汽车"或"地铁"的信息也能随之检得。在此意义上,概念检索实现了受控检索语言的一部分功能,即考虑到了同义词、广义词和狭义词的使用。至今为止,Excite 在概念检索方面取得了比较明显的成就。

六、搜索引擎的优缺点

1. 优点

(1) 信息新颖、数量巨大。

搜索引擎的最大优点是在 WWW 上的综合覆盖面大,信息新颖。Google 是全球最大的搜索引擎,搜索网页超过了 80 亿。

(2) 可检索到部分高质量、专指性强的信息。

利用搜索引擎可以检索到部分高质量的学术期刊和论文,其中有些刊物和论文仅以电子版发行。搜索引擎最擅长检索那些处于"灰色地带"、不易归类的主题以及一些专指性很强的词汇。

(3) 可检索到相关性高的信息。

搜索引擎能够将其认为相关性高的检索结果排列在前。此外,不同的搜索引擎具有不同的检索功能和特色。总体来说,在用户需要进行范围广泛的查询,而且有时间筛选检索到的大量信息的情况下,搜索引擎具有极高的价值。

2. 缺点

(1) 信息质量不高。

这是搜索引擎的主要缺点。由于搜索引擎通常依赖于自动编写的摘要,这种摘要常常取自页面正文的头几行,而且并不一定较好地表达了页面的内容,因而检索结果可能与检索要求毫无关联;检索到的资料缺乏权威性;缺乏像书刊出版社一样的审查录用机构对资料的质量把关;资料不准确、过时等,搜索引擎对检索到的资料不提供任何解释,也不提供任何质量方面的标识。

(2) 信息内容重复。

搜索引擎的检索结果经常重复出现同一信息资源的不同部分。产生该问题的原因是搜索引擎在各独立页面的层次上编制索引,所以来自同一站点或同一资源的不同的页面被独立地编入索引,并分散出现在检索结果中。

(3) 费时费力。

与商业性联机数据库比较,利用搜索引擎检索常常要花费大量时间进行搜索、浏览、筛选,因此比较费时费力。此外,搜索引擎通常仅限于 WWW 上的信息,检索如新闻组、讨论列表等其他信息需考虑其他检索工具。

七、搜索引擎的发展趋势

现在的搜索引擎以关键字搜索为主，人们将关键字输入搜索框以获取相关信息，但事实上，整个流程并没有考虑到搜索者的行为习惯、教育程度、社会地位等个性化背景，加之推送搜索结果方式的单一，使得目前的搜索引擎所达到的效果只实现了人们期望值的5%～10%。因此，未来的搜索引擎的发展趋势会进一步向智能化、个性化发展。

1．智能化

智能检索是利用分词词典、同义词典、同音词典改善检索效果，同时可以在概念层面上进行辅助查询，通过主题词典、上下位词典、相关同级词典检索处理，形成一个知识体系或概念网络，给予用户智能知识提示，最终帮助用户获得最佳的检索效果。

知识搜索是搜索引擎发展进入智能化阶段的一个过程，就是建立在以用户需求为基础上的知识整合传播。智能搜索与机器搜索的不同在于，它建立了完善的互动机制，例如评价、交流、修改等。当用户提出一个问题之后，可以利用很多人的智慧帮助用户进行搜索，然后给出用户最准确的答案。对非专业人士来说，搜索引擎提问框往往显得过于宽泛。很多用户搜索时，都带着问题，因此爱用问句。面对用户的搜索长串，知识搜索确实是最好的解决途径。这也是搜索引擎未来的一个重要发展方向。

2．个性化

个性化趋势是搜索引擎的一个未来发展的重要特征和必然趋势之一。可以通过搜索引擎的注册服务方式来组织个人信息，然后在搜索引擎基础信息库的检索中引入个人因素进行分析，获得针对不同个人得出的不同搜索结果。

网络搜索引擎针对人性化提出的改进，必然会为传统搜索引擎发展开辟出新空间。使用户的个性化需求得到满足。绝大部分用户在进行信息查询时，并不会特别关注搜索结果的多少，而更看重结果是否与自身的需求相吻合。因而对于动辄便有几十万、几百万文档的搜索结果而言，不仅不便于使用，还需要用户花费大量的时间进行筛选。基于此现象，将用户感兴趣、有用的信息优先提交，通过挖掘用户浏览模式的方式提供个性化搜索，必将是搜索引擎未来的发展趋势。

第三节　主要搜索引擎的使用

随着搜索引擎技术的不断进步，各种搜索引擎的开发都朝着智能化、人性化方向发展，操作简单、快捷。尽管不同的搜索引擎其检索方式有所不同，但只要用户通过它的"帮助中心"的指导，就能够获得很多的搜索方法与技巧，即使是一名新手，也能很快了解、掌握搜索引擎的使用方法，迅速提高获取信息的速度，以及查全率和查准率。所以，本节重点介绍百度、Google 等为代表的搜索引擎，其他常用的搜索引擎只做简单介绍。

一、主要的中文搜索引擎

1．百度（http://www.baidu.com）

百度是全球最大的中文搜索引擎，由李彦宏、徐勇先生 1999 年年底创建于美国硅谷。百度一直致力于倾听、挖掘与满足中国网民的需求，秉承"用户体验至上"的理念，除网页搜索外，还提供 MP3、文档、地图、影视等多样化的搜索服务，率先创造了以贴吧、知道、百科、空间为代表的搜索社区，将无数网民头脑中的智慧融入搜索。它以"简单，可依赖"为性格，以"让人们最便捷地获取信息，找到所求"为使命，以"让世界更有效，让人们更公平"为责任。"百度一下"已经成为人们进行搜索的新动词。

（1）主要搜索功能。

百度主要提供网页搜索、新闻搜索、mp3 搜索、地图搜索、图片搜索、地区搜索等搜索功能，推出了针对手机用户的 Pad 搜索功能和 Wap 搜索功能，后者可进行中文网页搜索，为世界首创。另外百度还提供国学搜索、图书搜索、硬盘搜索等。

信息获取的最快捷方式是人与人直接交流，为了让那些对同一个话题感兴趣的人们聚集在一起，方便地展开交流和互相帮助，百度贴吧、知道、百科、空间等围绕关键词服务的社区化产品也应运而生，而百度 Hi 的推出，更是将百度所有社区产品进行了串联，为人们提供一个表达和交流思想的自由网络空间。

随着无线网络的发展以及手机用户的增多，百度顺应时势，推出了手机地图等产品，这种与时俱进、不断进取的精神，使得百度在搜索市场上保持了强大的生命力，以及不断增长的市场份额。

（2）基本搜索方法。

百度目前主要提供中文（简/繁体）网页搜索服务，支持主流的中文编码标准，包括 GBK（汉字内码扩展规范）、GB2312（简体）、BIG5（繁体），并且能够在不同的编码之间转换。搜索方法非常简单，只需要在搜索框内输入需要查询的内容，敲回车键，或者鼠标单击搜索框右侧的【百度搜索】图标，就可以得到最符合查询需求的网页内容。如无限定，默认以关键词精确匹配方式搜索。输入多个词语搜索（不同字词之间用一个空格隔开），可以获得更精确的搜索结果。例如：想了解上海人民公园的相关信息，在搜索框中输入"上海人民公园"获得的搜索效果会比输入"人民公园"得到的结果更好。

（3）检索结果。

检索结果标示丰富的网页属性（如标题、网址、时间、大小、编码、摘要等），并突出用户的查询串，便于用户判断是否阅读原文。百度搜索支持二次检索（又称渐进检索或逼进检索），可在上次检索结果中继续检索，逐步缩小查找范围，直至达到最小、最准确的结果集，利于用户更加方便地在海量信息中找到自己真正感兴趣的内容。

（4）主要搜索语法。

① 双引号——精确匹配。例如，想搜索含有"河北省清苑县冉庄地道战"字样的网页，就要将上述 11 字加上双引号，这样搜索出来的结果就是精确含有"河北省清苑县冉庄地道战"这 11 个连续字串的网页。

② intitle——关键词在网页标题中。网页标题通常是对网页内容提纲挈领式的归纳。把查询内容范围限定在网页标题中，有时能获得良好的效果。使用的方式是把查询内容中关键的部分，用"intitle:"引起来。例如，找林×的写真，检索式为：写真 intitle:林×。注意："intitle:"和后面的关键词之间不要有空格。

③ filetype——对搜索对象做格式限制。使用方法是在"filetype:"后跟文件格式。"filetype:"可以跟以下文件格式：DOC、XLS、PPT、PDF、TXT、RTF、ALL，其中，ALL 表示搜索所有这些文件类型。例如：想搜索含有关键词"霍金"、"黑洞"的 pdf 文档，检索式为：霍金黑洞 filetype:pdf。

④ inurl——限定在 URL 链接中搜索。网页 url 中的某些信息，常常有某种有价值的含义，用户可通过对搜索结果的 url 做某种限定来获得良好的效果。使用的方式是用"inurl:"，后跟需要在 url 中出现的关键词。例如，找关于 photoshop 的使用技巧，检索式为：photoshop inurl:jiqiao，查询串中的"photoshop"可以出现在网页的任何位置，而"jiqiao"则必须出现在网页 url 中。注意："inurl:"语法和后面所跟的关键词不要有空格。

⑤ site——限定搜索目标范围。如果用户已经知道某个站点中有自己需要找的东西，可以把搜索范围限定在这个站点中，提高查询效率。使用的方式是在查询内容的后面加上"site:站点域名"。例如输入检索式：mp3 播放器 site:Samsung.com.cn，搜索结果为 Samsung.com.cn 这个网站上含有关键字"mp3 播放器"的网页。注意："site:"后面的站点域名不要带"http://"和"/"符号；另外，"site:"和站点名之间不要带空格。

⑥ 减号（-）——不含特定关键字。如果用户想除去包含特定关键词的网页，可以用减号语法。例如：想搜索有关武侠小说《神雕侠侣》方面的内容而不希望出现关于其电视剧方面的网页，检索式为：神雕侠侣 -电视剧。注意：前一个关键词和减号之间必须有空格，否则减号会被当成连字符处理而失去减号的语法功能。减号和后一个关键词之间，有无空格均可。

⑦ 双引号（""）和书名号（《》）——精确匹配。输入的查询词很长，百度在经过分析后，给出的搜索结果中的查询词，可能是拆分的。用户可以给查询词加上双引号而尝试让百度不拆分查询词。例如，想搜索上海科技大学的有关信息，如果不加双引号，搜索结果被拆分，含有大量非"上海科技大学"的信息，但输入加了双引号后的检索式："上海科技大学"，获得的结果就全是符合要求的了。书名号是百度独有的一个特殊查询语法。在其他搜索引擎中，书名号会被忽略，而在百度，中文书名号是可被查询的。加上书名号的查询词，有两层特殊功能，一是书名号会出现在搜索结果中；二是被书名号扩起来的内容，不会被拆分。

⑧ 管道符号"|"——并行搜索。可以使用"A|B"来搜索"或者包含词语 A，或者包

含词语 B"的网页。例如：要查询"图片"或"写真"相关资料，无须分两次查询，只要输入检索式"图片|写真"搜索即可。百度会提供跟"|"前后任何字词相关的资料，并把最相关的网页排在前列。

（5）特色功能。

① 百度知道：http://zhidao.baidu.com/。

百度知道是一个网络问答平台。使用百度知道的用户可以分为三类：搜索答案的人；寻求帮助的人；知道答案回答问题的人。

如果你只是想搜索问题，那么直接在搜索栏里输入问题就可以了，不需要登录；而如果你要提出问题向别人寻求帮助，或者你知道某个问题的答案，回答别人的问题，这时就需要使用用户名和密码进行登录，然后才能提出问题，或者回答问题。

② 百度百科：http://baike.baidu.com/。

百度百科是一部内容开放、自由的网络百科全书，旨在创造一个涵盖所有领域知识、服务所有互联网用户的中文知识性百科全书。

百度百科所提供的，是一个互联网所有用户均能平等地浏览、创造、完善内容的平台。所有中文互联网用户在百度百科都能找到自己想要的全面、准确、客观的定义性信息。

用户可以在百度百科查找感兴趣的定义性信息，创建符合规则、尚没有收录的内容，或对已有词条进行有益的补充完善。用户为百科做的贡献都将得到完整的记录，百科将在用户的帮助下变得更加完善。

③ 百度搜藏：http://cang.baidu.com。

百度搜藏是免费的网络收藏夹。网络收藏夹和大家用的浏览器收藏夹的区别在于，一个是在网络上用的，一个是在浏览器里用的。都是为了收藏网址用的。浏览器中"收藏夹"里的网址只能记录在本机硬盘上，如果重装系统，或是硬盘坏掉，或是更换电脑，本地浏览器收藏夹里的内容就全部丢失。而百度搜藏能将网址保存在网络上，无论我是在家里还是公司，或者在网吧，都能随时使用。百度搜藏需要登录后才能使用。

④ 百度文库：http://wenku.baidu.com/。

百度文库是供网友在线分享文档的开放平台，在这里，用户可以在线阅读和下载涉及课件、习题、考试题库、论文报告、专业资料、各类公文模板、法律文件、文学小说等多个领域的资料。平台上所累积的文档，均来自热心用户的积极上传。"百度"自身不编辑或修改用户上传的文档内容。用户通过上传文档，可以获得平台虚拟的积分奖励，用于下载自己需要的文档。下载文档需要登录，免费文档可以登录后下载，对于上传用户已标了价的文档，下载时需要付出虚拟积分。当前平台支持主流的.doc、.ppt、.xls、.pdf、.txt 文件格式。

除以上功能外，百度还提供相关搜索、拼音提示、错别字提示、英汉互译词典、计算器和度量衡转换、货币换算、法律搜索等相关查询。

2．雅虎中国搜索引擎（http://cn.yahoo.com/）

雅虎是全球第一家提供 Internet 导航服务的网站，是世界上最著名的网络资源目录。雅虎的分类目录是最早的分类目录，也是目录式搜索引擎的典型代表。雅虎主要采用人工方式采集和处理网络信息资源，由信息专家编制主题目录，按主题目录对网络资源进行筛选、归类和组织，并编制索引数据库，利用人的智力克服单纯由搜索软件自动分类所带来的缺陷，增强了分类的合理性，提高了检索的准确性，从而保证了目录编制的质量。

雅虎中国于 1999 年 9 月正式开通，是雅虎在全球的第 20 个网站。Yahoo！目录是一个 Web 资源的导航指南，包括 14 个主题大类的内容。2005 年 10 月，雅虎中国由阿里巴巴集团全资收购。它开创性地将全球领先的互联网技术与中国本地运营相结合，并一直致力于以创新、人性、全面的网络应用，为亿万中文用户带来最大价值的生活体验，目前更加专注为广大网民提供互联网门户资讯、邮箱、搜索等基础应用服务。雅虎中国依靠其强大的国际品牌资源、领先的网络技术和丰富的在线营销经验，位居国内同行业网站前列。

雅虎主要提供主题分类目录浏览检索和关键词检索两种检索方式。

主题分类的信息组织方式是一种按层次逐级分类的类目体系。在基本大类之下细分不同层次的子类目，层次越深，主题专指性越强，逐级链接，最后与其他的网站、Web 页、新闻组资源、FTP 站点等相链接，从而形成一个由类目、子类目构成的可供浏览的相当详尽的目录等级结构，可以逐层进行检索，也可以直接输入关键词对分类网站进行搜索。

3．搜狗（http://www.sogou.com）

搜狗是搜狐公司于 2004 年推出的全球首个第三代互动式中文搜索引擎。搜狗运用一种人工智能的新算法，分析和理解用户可能的查询意图，对不同的搜索结果进行分类，对相同的搜索结果进行聚类，在用户查询和搜索引擎返回结果的人机交互过程中，引导用户更快速准确定位自己所关注的内容。搜狗中文网页收录量已达到 100 亿，并且每天以 5 亿网页的速度进行更新。搜狗包括网页应用和桌面应用两大部分。网页应用以网页搜索为核心，在新闻、音乐、图片、视频、地图等领域提供垂直搜索服务，音乐搜索死链率小于 2%，图片搜索具有独特的组图浏览功能，地图搜索具有全国无缝漫游功能，通过"说吧"建立用户间的搜索型社区；桌面应用包括搜狗工具条、拼音输入法、PXP 流媒体加速引擎等。

搜狗地图功能非常强大，是非常好用的地图工具。由搜狗首页单击"地图"或输入网址 http://map．sogou．tom 进入搜狗地图，可以将鼠标移到地图左上角控制条上的"[更改]"下拉菜单上，选择要查找的城市。单击"卫星"按钮可切换到卫星地图，同时还可选择是否显示相关的路网和地标。搜狗是目前国内唯一能够实现普通地图及卫星地图完美叠加的地图服务网站。

4．新浪搜索引擎（http://search.sina.com.cn/）

新浪搜索引擎是面向全球华人的网上资源查询系统，提供网站、网页、新闻、软件、游戏等查询服务。网站收录资源丰富，分类目录规范细致，遵循中文用户习惯。目前共有 16 大类目录，1 万多个细目和 20 余万个网站，是互联网上最大规模的中文搜索引擎之一。

新浪搜索为用户提供最准确、全面、翔实、快捷的优质服务，以网民需求为本，使用户获得最满意的服务是新浪永恒的追求。2000 年 11 月，新浪网推出新一代综合搜索引擎，这是中国第一家可对多个数据库查询的综合搜索引擎。在关键词的查询反馈结果中，在同一页面上包含目录、网站、新闻标题、新闻全文、频道内容、网页、商品信息、消费场所、中文网址、沪深行情、软件、游戏等各类信息的综合搜索结果，最大程度地满足用户的检索需要，使用户得到最全面的信息，这项服务在国内尚属唯一。

除了资源查询外，新浪搜索引擎推出了更多的内容和服务，包括：新浪酷站、本周新站、引擎世界、少儿搜索、WAP 搜索、搜索论坛等。

二、主要的英文搜索引擎

1．Google（http://www.google.com）

Google 成立于 1998 年，是由创始人拉里·佩奇和赛吉·布尔在斯坦福大学的学生宿舍内共同开发完成的。"Google" 是一个数学术语，表示 1 后面带有 100 个零。Google 公司对这个词做了微小改变，借以反映公司的使命，意在组织网上无边无际的信息资源。Google 拥有 100 多种语言界面和 35 种语言搜索结果，目前被公认为全球规模最大的搜索引擎，它提供了简单易用的免费服务，用户可以在瞬间得到相关的搜索结果。2010 年新开发的网络索引系统 Caffeine 提供的网络搜索结果比上一个版本索引的结果更新 50%，每秒钟 Caffeine 能平行处理几十万个网页，它能给用户提供更多、更及时的网络内容。

（1）主要搜索功能。

Google 提供网页搜索、新闻搜索、图片搜索、本地搜索、大学搜索、学术搜索、地图搜索、实验室搜索等搜索功能。

（2）基本搜索方法。

在搜索框内输入关键词，选择需要搜索的网页类型，然后按回车或者单击【Google 搜索】按钮即可得到检索结果。如果想得到更加准确的结果可以输入两个或两个以上关键词。

（3）检索结果：检索结果页面给出有关查询结果及搜索时间的统计数字，给出相关条目的详细信息（网页标题、网页摘要、文本大小等），搜索关键词以粗体显示，用户可以通过浏览网页摘要判断是否阅读原文。如果想进一步检索，用户可以在检索结果页面下方的输入框内输入检索词，然后选择【在此搜索结果内再搜索】。如果想重新检索，则单击页面上方的【搜索】。用户还可以选择【高级检索】对搜索范围进行控制。

（4）主要搜索语法：

① AND——默认连接符：用户输入的关键词之间如果不加其他修饰符号而只留空格，Google 会默认关键词之间为 "and" 的关系，就会对所有的关键字同时进行搜索并只返回那些符合全部查询条件的网页。注意：用户不需要在关键词之间加上 "and" 或 "+"，如果想缩小搜索范围，只需输入更多的关键词，并在中间留空格就行了。

② OR——搜索结果至少包含多个关键字中的任意一个：Google 用大写的"OR"表示逻辑"或"操作（也可以使用电脑编程里的管道符号"|"来表示 OR 的功能）。搜索"A OR B"，即搜索的网页中要么有 A，要么有 B，要么同时有 A 和 B。注意：必须用大写的"OR"，而不是小写的"or"。

③ 减号(-)——搜索结果要求不包含某些特定信息：Google 用减号"-"表示逻辑"非"操作。"A - B"表示搜索包含 A 但没有 B 的网页。例如想搜索所有包含"搜索引擎"和"历史"但不含"文化"、"中国历史"和"世界历史"的中文网页，检索式为：搜索引擎 历史 -文化 -中国历史 -世界历史。注意：减号前必须留有空格。

④ 双引号（""）——短语或句子搜索：在 Google 中，可以通过添加英文双引号来搜索短语。双引号中的词语（比如"like this"）在查询到的文档中将作为一个整体出现。这一方法在查找名言警句或专有名词时显得格外有用。例如想搜索关于第一次世界大战的英文信息，检索式为："world war I"。注意：另外一些字符也可以作为短语连接符，如"-"、"\"、"."、"="和"..."等。

⑤ site——对搜索的网站进行限制："site"表示搜索结果局限于某个具体网站或者网站频道，如"www.sina.com.cn"、"edu.sina.com.cn"，或者是某个域名，如"com.cn"、"com"等等。如果是要排除某网站或者域名范围内的页面，只需用"-网站/域名"。例如想搜索中文教育科研网站(edu.cn)上关于搜索引擎技巧的页面,检索式为:搜索引擎 技巧 site:edu.cn。

⑥ filetype——在某一类文件中查找信息：Google 不仅能搜索一般的文字页面，还能对某些二进制文档进行检索,如微软的 Office 文档(xls、ppt、doc)、.rtf、WordPerfect 文档、Lotus1-2-3 文档、Adobe 的 pdf 文档、ShockWave 的 swf 文档（Flash 动画）等。例如想搜索几个资产负债表的 Office 文档，检索式为：资产负债表 filetype:doc OR filetype:xls OR filetype:ppt。

⑦ inurl——搜索的关键字包含在 URL 链接中："inurl"语法返回的网页链接中包含第一个关键字，后面的关键字则出现在链接中或者网页文档中。有很多网站把某一类具有相同属性的资源名称显示在目录名称或者网页名称中，比如"MP3"、"GALLARY"等，于是可以用 inurl 语法找到这些相关资源链接,然后用第二个关键词确定是否有某项具体资料。inurl 语法通常能提供非常精确的专题资料。例如想查找 MIDI 曲"沧海一声笑"，检索式为：inurl:midi "沧海一声笑"。注意："inurl:"后面不能有空格，Google 也不对 URL 符号如"/"进行搜索。例如，Google 会把"cgi-bin/phf"中的"/"当成空格处理。

⑧ intile——搜索的关键字包含在网页标题中："intitle"的用法类似于"inurl"，只是后者对 URL 进行查询，而前者对网页的标题栏进行查询。网页标题就是 HTML 标记语言 title 中之间的部分。网页设计的一个原则就是要把主页的关键内容用简洁的语言表示在网页标题中。因此，只查询标题栏，通常也可以找到高相关率的专题页面。例如想查找小芳的照片集，检索式为：intitle:小芳"写真集"。

⑨ link——搜索所有链接到某个 URL 地址的网页：可以得到一个所有包含了某个指定

URL 的页面列表。例如想搜索所有包含华军软件园"www.newhua.com"链接的网页，检索式为：link:www.newhua.com。注意："link"不能与其他语法相混合操作，所以"link:"后面即使有空格，也将被 Google 忽略。另外还要说明的是，link 只列出 Google 索引链接的很小一部分，而非全部。除了上述功能，link 语法还有其他妙用。一般说来，友情链接的的网站都有相似的地方，这样用户可以通过这些友情链接，找到一大批具有相似内容的网站。

⑩ 通配符（*）——Google 支持的通配符是星号（*），代表完整的字词而不是单词中的某个或几个字母的键盘字符。例如，在 Google 上搜索"flower * pots"将返回包含"flower filled pots"、"flower power pots"等词组的结果而不会返回包含词组"flowering pots"或"flowerful pots"的结果，因为这些结果只是单词"flower"（花）的衍生词，不是完整的字词。

（5）特殊功能。

① 图书搜索。

2004 年，Google 启动了图书搜索项目，只需从主页面搜索框左上方的"更多"标签进入搜索服务显示页面单击"图书"即可，或直接访问 http：//books.google.com，可以对成千上万本图书的内容进行检索。对于已经超过版权保护期的图书，用户可以免费阅读并下载整本图书。如果所扫描的图书仍在版权保护期内（除著作权人特殊要求），在搜索结果中一般可以预览该书的部分内容，一般为整本图书的 20%。图书搜索按主题进行分类，可通过"浏览主题"按照分类查找图书，在每一个下一级类别页的左侧，可以根据需要进行进一步限定，如"部分预览、全部浏览"、"任何文档、图书、杂志"、"19 世纪、20 世纪、自定日期范围"、"按相关性排序、按日期排序"等。图书搜索还提供高级搜索，用户可以通过"标题、作者、出版商、出版日期、ISBN、ISSN"等进行限制检索。

Google 图书搜索按访问类型分 3 种，且分别对应不同的权限：受版权保护的在版图书、受版权保护但已经绝版的图书和不受版权保护的图书。不受版权保护的图书可以不受限下载，受版权保护的图书则提供可以购买或者可以借阅的途径。

② Google 学术搜索。

Google 学术搜索可以帮助用户从一个位置方便地搜索各种资源，包括学术著作出版商、专业性社团、预印本、各大学及其他学术组织的经同行评论的文章、论文和图书。Google 学术搜索可帮助用户在整个学术领域中确定相关性最强的研究，了解任何科研领域的重要论文。从主页面搜索框左上方的"更多"标签进入搜索服务显示页面单击"学术搜索"即可，或直接访问 http://scholar.google.com。Google 还提供"高级学术搜索"，检索结果页上方可通过对"时间限制、包含引用、至少显示摘要"等条件对结果做进一步限定。

③ Google 地图搜索。

Google 地图搜索是 Google 公司提供的电子地图服务，Google 地图可以搜索到全国各城市的街道、地址、单位、交通等信息，在部分大城市的地图上还可以查看实时的道路交通流量，包括局部详细的卫星照片。此款服务可以提供含有政区和交通以及商业信息的矢量地图、不同分辨率的卫星照片、可以用来显示地形和等高线的地形视图。从主页面搜索框左上方的"更多"标签进入搜索服务显示页面单击"地图搜索"即可，或直接访问。

Google 还推出手机地图服务，包括三项新功能：3D 地图、离线访问以及街景服务拓展。

④ iGoogle。

iGoogle 是用户个性化的 Google 网页。用户可以在自己的网页上添加各种方便实用的小工具。例如，谷歌资讯、日期和时间、计算器、人人网 Mini 版、豆瓣小工具、个人课程表、高校 BBS 热门话题、BBS 招聘信息、工作搜索、搜索浑天仪、国学阅读器、博客主题订阅、翻译/译典、英语学习（China Daily）、音乐、图书搜索等。只要用户把这些小工具定制到 iGoogle 主页内，Google 便会根据用户的需要自动推送信息，搜索也可实现一站式服务。

除以上功能外，Google 还提供类似网页、拉链接搜索、指定网域、计算器和度量衡转换、天气查询、货币换算等相关查询功能。

2．Excite（http://www.excite.com）

Excite 是由斯坦福大学 1993 年 8 月创建的 Architext 扩展而成的万维网搜索引擎，它能为简单搜索返回很好的结果，并能提供一系列附加内容，尤其适合经验不多的用户使用，是一个基于概念性的搜索引擎，它在搜索时不只搜索用户输入的关键字，还可"智能性"地推断用户要查找的相关内容来进行搜索。除美国站点外，还有中国及法国、德国、意大利、英国等多个站点。查询时支持英、中、日、法、德、意等 11 种文字的关键字。提供类目、网站、全文及新闻检索功能。目录分类接近日常生活，细致明晰，网站收录丰富，网站提要清楚完整，搜索结果数量多，精确度较高。有高级检索功能，支持逻辑条件限制查询（AND 及 OR 搜索）。

3．HotBot（http://www.hotbot.com）

HotBot 起源于美国加州大学伯克利分校 E.Brewer 教授和博士生 P.Gauther 建立的 Inktomi Corporation，后来与 HotWired 两家公司联合推出 HotBot 搜索引擎。HotBot 具有第一流的高级搜索功能和新闻论坛搜索功能、图形化的搜索工具以及一系列的过滤选项，无论对于初学者还是高级用户都是一种很好的工具。提供有详细类目的分类索引，网站收录丰富，搜索速度较快。有功能较强的高级搜索，提供有多种语言的搜索功能，以及时间、地域等限制性条件的选择等。另提供音乐、黄页、白页（人名）、E-mail 地址、讨论组、公路线路图、股票报价、工作与简历、新闻标题、FTP 检索等专类搜索服务。

随着时代的发展，搜索已经成为网络生活必不可少的一部分。工作需要搜索技术文档、客户信息；购物需要搜索商品信息和指南；娱乐需要搜索相关背景资料和图片。搜索已经变得无处不在，而百度、Google 等搜索引擎为我们搜索信息提供了一个非常好的工具。熟悉和掌握搜索引擎对我们的工作、学习、生活大有裨益。

第四节 网络免费学术资源

网络免费学术资源是指可以在线免费获得的、具有学术研究价值的信息资源，它能极大地方便网络用户对学术信息的获取，降低科研创作成本。随着广大网络用户对免费学术信息资源的不断深入了解和开发利用，免费学术信息资源的价值得到了前所未有的凸显。

一、开放存取学术文献

开放存取学术文献（Open Access Literature）是众多开放存取资源中很重要的一类，是指文献可以在公共因特网上免费获取，允许任何用户阅读、下载、复制、发布、打印和查找，或者提供对这些论文文本的链接、索引，或者将它们作为素材纳入软件，以及其他任何法律许可的应用，用户只需在存取时保持文献的完整性并注明引用信息。它是一种崭新的学术文献出版和学术交流方式，具有以下 4 个方面的特点：（1）数字化；（2）网络存档；（3）免费，几乎没有授权的限制；（4）使用者以免费方式存取信息，作者保留被存取之外的权利。其类型包括开放存取期刊（Open Access Journals）、开放存取图书（Open Access Books）、开放存取课件（Open Access Courseware）、开放存取学位论文（Open Access Thesis）、开放存取会议论文（Open Access Conference），以及学术机构收藏库（Repository）、电子印本系统（e-Print Archives）等。

1. 开放存取期刊

（1）Directory of Open Access Journal（DOAJ，www.doaj.org）。

DOAJ 是由瑞典隆德大学图书馆（Lund University Libraries）主办、OSI 和 SPARC 协办的一份开放存取期刊目录检索系统。DOAJ 目前免费提供 8 750 种期刊的篇目检索和 4 460 种期刊的全文检索，收录论文 104 多万篇（数据截至 2013 年 3 月），是开放存取（Open Access，OA）资源中最有影响的热点网站之一。学科范围涵盖农业与食品科学、生物与生命科学、商业与经济学、化学、健康科学、语言与文学、数学与统计学、物理与天文学、技术与工程学、一般工程、艺术与建筑学、地球与环境科学、历史与考古学、法律与政治学、综合类目、哲学与宗教学、社会科学等 17 个主题。提供检索期刊名（Find journals）、刊名浏览（Browse by title）和主题浏览（Browse by subject）3 种方式查找期刊，也可直接进行论文检索（Find articles）。

（2）Socolar（www.Socolar.com）。

Socolar 是中国教育图书进出口公司开发的一个 OA 资源一站式服务平台，旨在通过对世界上重要的 OA 期刊和 OA 仓储资源进行全面的收集和整理，为用户提供 OA 资源的统一检索和全文链接服务。Socolar 目前包含 11 739 种 OA 期刊、1 048 个 OA 仓储，总计 2 389 多万篇期刊全文（数据截至 2013 年 3 月）。学科范围涵盖农业和食品科学、艺术和建筑、生物学和生命科学、商学与经济学、化学、地球与环境科学、综合类目、健康科学、历史与考古、语言和文学、法律和政治学、数学与统计、哲学和宗教、物理学和天文学、一般科学、社会科学、工程与技术、图书情报学等 18 个主题。Socolar 可以通过学科主题和刊名字顺两种方式浏览期刊，支持简单检索、高级检索方式。

（3）High Wire Press（highwire.stanford.edu）。

High Wire Press 是提供全文免费的全球最大的学术文献出版商之一，于 1995 年由美国斯坦福大学图书馆创立。数据库目前已收录电子期刊超过 1 300 种，在免费注册之后即可使用。学科范围涵盖生命科学、医学、物理学、社会科学等主题。

（4）BioMed Central（BMC，www. Biomedcentral.corn）。

BioMed Central 是一家独立的非营利性学术出版机构，致力于提供生物医学文献的开放存取。BMC 目前共出版了超过 200 种生物医学开放存取期刊，内容涵盖生物学和医学的所有主要领域。BMC 可以通过刊名字顺和学科主题两种方式浏览期刊，支持简单检索、高级检索方式。

（5）PLoS（www.plos.org）。

PLoS 是美国一家非营利性组织出版商，致力于使全球范围科技和医学领域文献成为可以免费获取的公共资源。PLoS 目前共出版了 8 种生命科学与医学领域的开放存取期刊，用户可以对单本期刊进行浏览或对 PLoS 期刊进行文献检索。

（6）PubMed Central（www.pubmedcentral.nih.gov）。

PubMed Central（PMC）是美国卫生研究院（National Institutes of Health，NIH）与美国国立医学图书馆（National Library of Medicine，NLM）联合建立的一个生命科学期刊文献全文免费检索系统。PMC International 是一个致力于促进国际资源共享的合作项目，已有英国、加拿大两国的 PMC 加入，通过同一个检索系统实现数据共享。目前该系统共收录 1 000 多种期刊。

（7）Hindawi Publishing Corporation（www.hindawi.corn）。

Hindawi 出版公司创立于 1997 年，是继 PLoS、BMC 之后的第三大开放存取出版商，目前出版了超过 200 种开放存取期刊，涵盖科学、技术、医学等主要学科领域。

（8）OpenJ-Gate（www.openj-Gate.corn）。

OpenJ-Gate 是印度信息公司 2006 年创建的开放存取期刊门户，目前共收录 7 300 多种开放存取期刊，其中 4 300 多种是同行评审期刊。

2．开放存取图书

（1）The National Academies Press（www.nap.edu）。

The National Academies Press（NAP）是美国国家科学院下属的学术出版机构，主要出版美国国家科学院、国家工程院、医学研究所和国家研究委员会的报告，内容涵盖环境科学、生物学、医学、计算机科学、地球科学、数学和统计学、物理、化学、教育等诸多学科领域。根据 NAP 的政策，来自发展中国家的访问者在注册之后可以免费下载超过 600 本图书的 PDF 全文。

（2）eScholarship Editions（www.escholarship.org/editions）。

eScholarship Editions 由加州大学数字图书馆（California Digital Library）创立，目前网站上有近 2 000 种电子图书向加州大学师生开放，其中 500 多种可供公众免费在线阅读，内容涵盖艺术、科学、历史、音乐、宗教等学科领域。

（3）Project Gutenberg（www.gutenberg.org）。

Project Gutenberg 是世界上最早的一个电子图书项目，目前通过其主站点可以免费在线浏览、下载超过 3 万种电子图书。

3．开放存取课件

（1）中国开放教育资源协会（www.core.org.en）。

中国开放教育资源协会是一个以部分中国大学及全国省级广播电视大学为成员，旨在推广应用开放教育资源的高等学校联合体。中国开放教育资源协会网站上重点推出的中国精品课程是由教育部评审出的部分示范性课程，提供的课件有网页、PPT 文件、动画及视频等多种形式。中国开放教育资源协会还引进了以美国麻省理工学院为代表的国外大学优秀课件，并启动了国外开放课程的翻译项目，以方便国内广大学习者使用。

（2）MIT Open Course Ware（ocw.mit.edu）。

MIT Open Course Ware 是麻省理工学院公开发布其课件的专门网站，由 William and Flora Hewlett Foundation、Andrew W. Mellon Foundation 和 MIT 共同创办于 2002 年 9 月。该网站旨在为全世界教师、学生和自学者提供免费、开放的服务，使其能够直接获取和使用 MIT 的各种课件，同时建立可供其他大学仿效的发布课件的有效的、标准化模式。MIT 课件可免费使用、复制、分享、翻译和修改，但仅限于非商业化的教育目的，并且必须免费供给其他使用者使用。网站目前提供 2 000 多门课程的相关课件，包括讲义笔记、课程提纲、教学日程、阅读书目和专业课程分配表等内容。MIT 开放课件国内镜像站点网址为 www.core.org.cn/OcwWeb。

（3）World Lecture Hall（web.austin.utexas.edu/wlh）。

World Lecture Hall 由美国 Texas 大学创建于 1994 年，收录了世界范围内各个不同学科领域的课程，提供的资料包括课程进度表、书目、作业设置、多媒体教材等。

（4）Japan OCW（JOCW，www.jocw.jp）。

JOCW 目前有大阪大学、庆应义塾大学、东京大学、早稻田大学等 23 个正式成员（大学），除了提供网页和文本课件之外，还有不少大学将教师的讲课录制下来，利用 Podcast（播客）进行发布。

4．开放存取学位论文

（1）香港大学论文库（sunzil.1ib.hku.hk/hkuto/index.jsp）。

香港大学论文库收录了 1941 年以来的 18 000 多篇香港大学授予的硕士和博士论文，其中有 17 000 多篇电子全文，包含艺术、人文、教育，以及社会科学、医学和自然科学各学科。

（2）The Net worked Digital Library of Thesis and Dissertations（www.ndltd.org）。

The Net worked Digital Library of Thesis and Dissertations（NDLTD）是美国国家自然科学基金的一个网上学位论文共建共享项目，利用 Open Archives Initiative（OAI）的学位论文联合目录，目前包含全球 70 多家机构会员，学位论文多数有全文。

5．电子印本系统

电子印本（e-Print）是指以电子方式复制学术文献，一般包括预印本（Preprints）和后印本（Postprints）。预印本是指科研人员在其研究成果未在正式出版物上发表之前，出于和同行交流目的自愿先在学术会议上或通过互联网发布的科研论文、科技报告等文献。后印本是指内容已经经过出版部门审核达到出版要求的文献。

（1）中国预印本服务系统（prep.istic.ac.cn）。

中国预印本服务系统是中国科学技术信息研究所与国家科技图书文献中心联合建设的以提供预印本文献资源服务为主要目的的实时学术交流系统，是国家科学技术部科技条件基础平台项目的研究成果，于 2004 年 3 月 18 日正式开通服务。该系统由国内预印本服务子系统和国外预印本门户（SINDAP）子系统构成。中国预印本服务系统的学科范围涵盖自然科学、农业科学、医药科学、工程与技术科学、图书馆、情报与文献学等。

（2）奇迹文库（www.qiji.cn/eprint）。

奇迹文库是国内最早的中文预印本服务器，由中国年轻的科学、教育与技术工作者于 2003 年 8 月创建，主要收录原创科研论文、综述、学位论文、讲义及专著（或其章节）的预印本及电子书，内容涵盖自然科学、工程科学与技术、人文与社会科学等主要基础学科。

（3）中国科技论文在线（www.paper.edu.cn）。

中国科技论文在线是教育部科技发展中心建立的一个电子印本系统，旨在为科研人员提供一个方便、快捷的交流平台，提供及时发表成果和新观点的有效渠道，从而使新成果得到及时推广，科研创新思想得到及时交流。

（4）arXiv（arxiv.org）。

arXiv 是美国国家科学基金会和美国能源部资助，于 1991 年 8 月由美国洛斯阿拉莫斯（LosAlamos）国家实验室建立的一个电子预印本文献库，2001 年后转由美国康奈尔（Cornell）大学进行维护和管理，是世界上最大的电子预印本库。数据库内容涵盖物理、数学、非线性科学、计算机科学、数量生物学、数量金融学、统计学 7 个学科，我国在中科院理论物理研究所设有镜像站点，网址为 cn.arxiv.org。

（5）Cogprints（cogprints.org）。

Cogprints 是由英国南安普敦大学电子与计算机系开发的认知科学开放存储库，收录包括生物学、计算机科学、神经科学、语言学、医学、人类学、数学、哲学、心理学、社会科学等学科领域相关期刊论文或作者自己的学术研究。

二、学术资源搜索门户网站

1．Google Scholar（scholar.google.corn）

Google Scholar 是 Google 公司于 2004 年推出的一个专门面向学术资源的免费搜索工具，资料来源于学术著作出版商、专业性社团、预印本、各大学及其他学术组织的经同行评论的文章、论文、图书、摘要和文章等。

2．Scirus（www.scirus.corn）

Scirus 由爱思唯尔科学公司（Elsevier Science）于 2001 年推出，是互联网上最全面、综合性最强的科技文献搜索引擎之一。Scirus 收录了超过 3.7 亿条科学信息，研究人员在其中不仅能搜索到期刊内容，还能找到科学家的个人主页、课件、预印本资源、专利、机构库和网站信息等。

3．WorldWideScience（www.WorldWideScience.org）

全球科学门户网站（WorldWideScience）由美国能源部、大英图书馆和其他 8 个参与国在华盛顿于 2007 年 6 月 22 日共同开启。它可以为普通市民、研究人员及任何对科学感兴趣的人提供科学信息的搜索入口，以便他们能够轻松访问那些使用普通搜索技术不能访问的网站。

4．ipl2（www.ipl.org）

ipl2 启动于 2010 年 1 月，由美国德雷塞尔大学的信息科学与技术学院主办，是一个公共服务机构和学习及教学的网络平台。ipl2 由互联网公共图书馆（InternetPublicLibrary，IPL）与图书馆员的互联网索引（Librarians' InternetIndex，LID）合并而成，提供上万种经过图书馆员选择和评价的可检索的网络信息资源。

5．WorldCat（www.worldcat.org）

WorldCat 是由联机计算机图书馆中心（OCLC）组织世界上 1 万多个图书馆参加的全球联合编目数据库。

第五节　网络信息资源常用检索技巧

一、分析检索主题，明确检索目的和要求

即要确切了解查询的目的和要求，确定需要的信息类型（全文、摘要、名录，文本、图像、声音）、查询方式（浏览、分类检索、关键词检索）、查询范围（所有网页、标题、新闻组文章，FTP，软件，中文、外文）、查询时间（所有年份、最近几年、最近几周、最近几天、当天）等。不同目的的检索应使用不同的查询策略，不同的查询策略会产生不同的检索结果。尽可能多地了解检索目的，不仅能帮助用户确定所需要的信息类型、查询方式、查询范围、

查询时间及采用何种限制条件，而且能更好地理解查询结果，并准确地捕捉到它。

二、选择合适的网络检索工具

各种搜索引擎在查询范围、检索功能等方面各有千秋，不同目的的检索应选择不同的搜索引擎。选择合适的检索工具主要从工具的类型、收录范围、检索问题的类型、检索具体要求等方面综合考虑。例如，可以用下列一些方式。

（1）一般来讲，如果用户希望获得关于某个问题的广泛性信息，那么最好使用像 Yahoo 这样的目录式搜索引擎，而要获得关于该问题的细节性信息，则要利用像 A1taVista 这样的关键词检索工具。

（2）概念检索最好用 Excite，它可使用户在不知道如何使用确切的检索关键词时获得有关信息。

（3）用自然语言检索时，可用 Infoseek 和 AskJeeves。

（4）图像、声音、视频文件检索，最好用 Lycos。

（5）网络新闻组查询可用 DejaNews，用户可最快、最大地获取新闻组及文章全文有关的信息。

（6）中文信息查询，最好选用中文站点，如新浪、搜狐和网易等。

（7）对于查找较为稀缺的或线索不明的信息，可考虑使用多元搜索引擎。

在进行新的检索前，还应注意学术性信息检索工具与商业性信息检索工具的区别。最好首先了解如何使用这些网络检索工具，尤其要注意了解该系统所特有的检索方式，它具有的检索功能（布尔逻辑检索、字段限制检索、截词检索、短语检索等），同时，还应掌握检索结果有几种表达方式，所使用的搜索引擎的默认语法。不同的引擎，默认的运算符不同，如 Excite 为"OR"，有的引擎不支持某些运算符，如 Yahoo 不支持 NOT。

大多数搜索引擎使用各自的标准去排列检索结果，这些标准包括：关键词、标题、统一资源定位符和网页链接次数等，根据这些词在文件中出现的次数来排列检索结果，即依命中相关程度排列检索结果。第二代搜索引擎的检索结果依概念、网址、域名、声望和链接排列，而不是依相关性排列。例如，Direct Hit（http://www.directhit.com）是一个与其他的搜索引擎一起工作的搜索引擎，对检索结果进行精选，被称为大众引擎（popularity engine）。Google（http://www.google.com）以大量广泛地使用链接作为排列网址的主要方法，这些链接取自于搜索服务中排列在前的网页，这有助于找到好的网址。Inference find（http://www.infind.com/）按概念和网址来排列结果。Metafind（http://www.metafind.com/）依关键词、字母顺序或域名排列结果。

三、抽取适当的关键词

应尽量选择专指词、特定概念与专业术语作为关键词，避免普通词和太泛的词。像计算机、互联网、中国、世界等词，太多太泛，用作关键词，会反馈数以万计的检索结果，失去检索意义，被称为"禁用词"。

对关键词的选择可遵循以下建议。

（1）使用名词或物体做关键词；

（2）检索式中使用 2~3 个关键词；

（3）使用截词检索（可检索出词根相同的词或同一词的单复数形式），如 film＊；

（4）通过使用同义词、近义词、相关词或同一术语的不同表达方式，如 Internet OR Web OR www OR（the Net）；

（5）对专有名词，如人名、地名、机构名，使用大写字母指定检索，如 United States；

（6）对固定短语，用" "括起进行短语检索，如"World Wide Web"，以提高检索的精度；

（7）用括号将各个概念分开，如（Internet OR Web）AND（search＊OR retrieval＊）。

四、正确构造检索式

构造检索式时，要充分利用搜索工具支持的检索运算（网上一流的搜索引擎几乎都支持布尔逻辑检索）、允许使用的检索标识、各种限定，这是进行有效检索的基础。

许多搜索引擎提供简单查询和高级查询，建议使用后者，如组合使用布尔逻辑运算符 AND（+）、NOT（-）、双引号、使用日期与语种限定，可使检索结果控制在一定范围内。OR 可能是用处最小的，因为它检索出的信息太多，有许多网上服务器甚至不对带有这种运算符的请求进行加工，但当我们的检索术语有两种或两种以上的表达方式时，一般可用 OR。充分利用进阶检索，即某些工具提供的 Refine，Search within these results 等功能，在前一次检索产生的结果基础上做进一步的检索。如在"Refine"检索框内继续增补检索词或修改检索式，使检索范围缩小。

下面是对"information"与"retrieval"两个词使用不同的检索技术来表达不同的检索需求，这一实例旨在说明检索式不同，检索结果便会有很大差别。information AND retrieval 同时含有两个词，但不一定在一起。"information retrieval"比上述范围小，符合条件的只有 information retrieval 这一短语。information（N）retrieval 检索出 information retrieval 或 retrieval information。information（3N）retrieval 检索出 information retrieval 或 retrieval information 或 retrieval of the information 等，information 与 retrieval 两个词之间最多可插入 3 个词。

五、及时调整检索策略

1. 扩大检索范围

当检索结果为零或检索结果太少时，就需要扩大检索范围。

（1）使用同义词、近义词或相关词。或逐渐减少最不重要的概念词，或使用较普遍的词，或改用上位词。使用同义词或相关词时，用布尔逻辑操作符 OR 连接关键词。

（2）使用截断技术。可检索出以某几个字母开头的所有单词、某词的单复数形式、同根词。

（3）利用某些搜索引擎的自动扩检功能进行相关检索。如某些搜索引擎在检索结果页面上有"More Like This"键，或"更多结果"或"相关结果"键，在此可获得与检索式相关的一些推荐性网址，而这些站点可能是上述检索策略不能直接检索出来的结果，借此扩大与丰富检索范围。

（4）使用多个搜索引擎。因为没有哪两个搜索引擎是完全相同的，每一个搜索引擎都有自己的检索特色，都有自己的索引，都以不同的方式在网上搜寻网址，出现不同的检索结果。从不同的搜索引擎的检索结果中，可以综合出最符合要求的答案。

（5）使用元搜索引擎。当用户已知检索词，但对独立搜索引擎不熟悉或想节省在多个搜索引擎之间的转换时间，可选用元搜索引擎做试探性的起始检索，了解网上是否有相关信息以及在哪里可找到这些信息，再利用独立搜索引擎进行更全面、深入的检索。

2．缩小检索范围

检索时，如果得到的检索结果太多，或检索结果不相关，则需要缩小检索范围。

（1）使用逻辑"与"，用布尔逻辑操作符 AND（＋）连接几个关键词，或增加概念词。

（2）使用逻辑"非"。用布尔逻辑操作符 NOT 把不需要查找的关键词排除在检索结果之外。

（3）使用位置算符。使用邻近操作符把检索范围缩小到网页的某个部分。

（4）使用固定词组检索（短语检索）。

（5）使用缩写与全称。只用词组的缩写进行检索，会把那些和主题不相关的文献检索出来，产生误检，而使用全称则不会出现这一情况。

（6）利用某些搜索引擎的进阶检索功能（Refine，Revise，Search again，二次检索），限制查询范围。搜索引擎提供的范围限制类型大体有：类目的分类范围、地域范围、时间范围、网站类型范围（Web，Telnet，FTP，Gopher 等）及其他特殊类型范围，如域名后缀（.com，.gov，.org）、文件类型（文本、图形、声音等）。这些范围限制实现的方法不同，有些是通过在关键词前加特殊的符号，有些是通过下拉菜单。

六、加快检索速度，节省检索时间与费用

检索耗费包括时间耗费、精力耗费和经费耗费。提高检索速度，降低检索耗费是检索的一个重要目标。特别是对于面临着较高的通信费用、有限的带宽、过低的传输速度等多重困扰的国内网络用户来说，提高检索速度显得尤为重要，可采用如下一些措施。

1．建立书签体系，直接利用相关的站点

检索不一定每次都要从搜索引擎入手，可以利用平时积累的有用的网址，这就需要我

们注意搜集常用的网址，或利用浏览器的"书签"功能，将经常访问的网站加入"收藏夹"进行保存，再次使用时，直接单击便可进入，省去大量输入网址和利用工具搜索的时间。

即使手头没有确切的网址，还可按照有关网络域名的规律去推测。举个例子，假设不知道中央电视台的 URL，根据 URL 命名常识，猜测可能是 http://www.cctv.com 或 http://www. cctv.com.cn，结果均连接成功。在 Internet 上查找专业学会的常用方法是在 http://www 后面接学会名称的缩写，由于学会大多是非赢利组织，因此大多用 org 做域名。例如，美国国家标准学会 http://www.ansi.org；美国物理学会 http://www.zop.org 等。如果不是美国学会，则要在后面加上国别代码。我们可以用搜索引擎（如 Yahoo），在检索文本中输入"…society"进行查找。

另外，还可以利用网上书签。在互联网上，有许多网站提供已整理好的书签，有了它，就不必去自己找了。还有一些网站提供存放书签的地方，有了它，就不必担心系统崩溃书签丢失了。网上书签是随时随地的个人书签，不论上班还是在家中，不论在本地还是出差在外，也不论是用自己的电脑还是在网吧上网，都可以方便地调用书签。如碧海银沙网上书签（http://bookmark.silversand.net）便是个可以保存书签的地方，使用时，只需申请一个账号便可使用。申请非常简单，在该网站页面的左面"申请"选项，填上选定的用户名和密码，再写上联系用的 E-mail 地址，单击"申请"就可以了。有的书签具有导入/导出的功能，可以与浏览器进行交换，书签具有添加、删除、修改、移动及排序等功能，并且把这些功能直接列在了书签弹出窗口的下面，操作相当方便。

2．利用特殊型网络检索工具和一些特色站点

如新闻、天气、交通、黄页、会议、地图等。在遇到相关信息需求时，就可直接利用特种检索工具或特色站点的有关信息源，非常便捷地获得有用的信息。

3．多窗口检索

利用视窗系统多任务特性，可同时打开多个浏览器窗口，浏览、检索、下载同步进行，可相对缩短等候时间，降低检索费用。方法是：单击 Internet Explorer 中"File"菜单内的"New Window"以打开新窗口，在不同的窗口中输入不同的地址，同时进行检索或浏览。

4．只利用文本方式传输

网上多媒体信息，尤其是图像信息，数据量大，传输速度慢，为提高检索速度，可以只选用文本方式传输而不传输图片。方法是：在 Internet Explorer 中"查看"菜单下选择"Internet 选项"，再选"高级"，然后清除"显示图片"选项。这样，所有的图片不再显示，而只显示文字信息。

5．使用脱机工作状态

阅读网上信息用户可利用在线时间把网站的所有网页内容下载到本地机硬盘上，然后脱机浏览。

6．使用镜像信息资源

镜像服务就是把国外网址上的信息照搬到国内的网址上，并且及时地随着国外网点的变更而变更。在国内访问国外网点的镜像，获得的信息与国外的一样。在下载数据数量多的文件时，人们可查阅远程资源上的 RENAME 与 FAQ，寻找有同样信息且距离较近的站点。使用镜像信息资源不需要出国浏览，并可节省上网时间，提高信息获取速度。

7．选择最佳的上网时间

网络速度的快慢除受线路速度限制外，还受到网络拥挤程度的影响。上网人数越多，网络的拥挤程度越高，传输速度越慢。错开热点访问时间，选择流量较低时段访问网络会收到较满意的效果。一般来说，检索学术性较强的信息可选择在大部分人已经休息的深夜，这时上网人数少；检索娱乐或消费方面的信息，可选择大部分人正在工作的白天，等等。

思考题

1．某读者正在国家图书馆查阅资料，突然接到一位朋友打来电话约他去颐和园见面。请您为他设计一条合理的公交线路。

2．利用 Google 检索本专业课题的 PDF 格式论文一篇，要求输入的检索词出现在文章标题中，并写出检索步骤。

3．利用常见的开放存取资源网站查找一篇专业论文，列出网址并下载全文。

4．开启式场馆是国际上第三代体育建筑的发展趋势。目前世界上开启式场馆有数十座，2008 年北京奥运会主场馆的国家体育场（鸟巢）原先设计也采用开闭屋盖方案，但后来这个方案被修改了。请问国际著名的开启式体育馆有哪些？我国目前有没有开启式场馆？

5．搜索关于"就业面试指导"方面的视频，在线浏览或下载保存。

6．请给出 2008 年"金砖四国"GDP 总量和人均 GDP 在世界上的大致排位。

7．利用搜索引擎查找 5 个以上与专业相关的博客、论坛，并列出网址。

8．利用国家统计局网站查找河北省 2008 年接待旅游人数为多少，外国游客人数为多少，接待总人数在全国各省排第几名。

第六章

数据库信息检索

第一节　文献信息数据库概述

一直以来，人们都是从书刊、杂志等物理介质中获得知识和信息，因而这种以物理载体为基础的信息存储和传播方式占据着主导地位。

随着计算机技术的出现和发展，人们获取信息的方式和途径在改变。利用计算机获取信息的方式也在随着计算机技术的发展而进步。对计算机应用从科学计算进入数据处理是一个划时代的转折，它使计算机从只是少数科学家手中的珍品成为从事各种工作的广大群众的得力助手与工具。网络的迅速发展又将计算机的使用推向了一个更高的层面。从1968年9月美国IBM公司发表其信息管理系统IMS（Information Management System）以后，45年间数据库技术有了惊人的发展，对计算机信息处理具有巨大推动作用。网络与数据库技术的完美结合使科研工作者可以方便快捷地获取所需的文献资料。

目前，计算机信息检索呈现出多元发展的势头，各种机检方式互相竞争、互相补充，各自发掘和扩大自己的市场和用户对象。光盘信息检索通常采用菜单驱动的方式，操作简便易学，且光盘可随意携带，非常适合于专题图文信息或数据的信息检索。网络数据库检索面向一般的用户，检索方便、容易，但易受到网络的影响，检索结果存在一定随意性。随着网络技术的迅猛发展，网络数据库以其检索简单快捷的优势逐渐成为文献检索的主要途径。数据库检索的检索步骤实际上和手工检索是一样的。检索人员只需编制检索策略和处理检索结果，中间的步骤由计算机来完成，检索的速度大大提高，检索结果既全面又准确。因此，数据库检索得到越来越广泛的应用，而手工检索逐渐处于辅助地位。

一、文献信息数据库及其编排结构

1. 什么是文献信息数据库

国际标准化组织在其制定的国际标准《文献与情报工作术语》（ISO/DIS5217）中对文献的定义是：文献是"在存储、检索、利用或传递记录信息的过程中，可作为一个单元处理的，在载体内、载体上或依附载体而存储有信息或数据的载体"，凡是人类的知识信息以文字、图形、代码、符号、声频、视频等形式，用一定的技术手段记载在物质载体上，由此而形成的每一件记录，都可称为文献。包括纸质的图书、报刊等出版物和非纸质的录音资料、影像资料、缩微资料、计算机文档等。

数据库（Database）是结构化的数据集合。数据库是依数据之间的性质、联系，按照对数据实行统一的、集中的、独立的管理要求来设计和组织数据的。在《文献与情报工作术语》（ISO/DIS5127）中定义：数据库至少是由一种文档组成的，能够满足某种特定目的或特定数据处理系统需要的数据集合。数据库的本质是可以提供共享的有一定组织方式的相关数据。在计算机信息检索系统中，多数数据库为关系型数据库。当数据库记录的对象为文献信息时，就称为文献信息数据库。

2．文献信息数据库的结构

数据库主要由文档、记录和字段 3 个层次构成。

（1）文档。文档是书目数据库和文献检索系统中数据组成的基本形式，是由若干个逻辑记录构成的信息集合。从数据库的内部结构来看，通常一个数据库至少包括一个顺排文档和一个倒排文档。

① 顺排文档。顺排文档是将数据库的全部记录按照记录号的大小排列而成的文献集合，它构成了数据库的主体内容，类似于检索刊物中按文摘号排列文摘款目。每一篇文献为一条记录单元，一个存取号对应一条记录，存取号越大，对应的记录就越新。由于它存储记录最完整的信息，所以又称为主文档。如果在顺排文档中进行检索，计算机就要对每个检索提问式逐一扫描数据库中的每一条记录，存储的记录越多，扫描的时间越长，这样检索效率就会很低。

② 倒排文档。倒排文档是将顺排文档（主文档）中的可检字段（如主题词、著者）抽出，按某种顺序重新排列起来所形成的一种文档。不同的字段组成不同的倒排文档（如主题词倒排文档、著者倒排文档等）。倒排文档可以按主题词的字顺排，也可以按分类号的大小排。按表达文献内容特征的主题词排列的文档称为基本索引文档；按表达文献外部特征排列的文档称为辅助索引文档。倒排文档只有文献的标识、文献篇数及文献存取号。因此，在实施检索时，必须和顺排文档配合使用，先在数据库的倒排文档中查得文献篇数及其记录存取号，再根据存取号从顺排文档中调出文献记录。倒排文档类似于检索工具中的辅助索引。

（2）记录。记录是数据库文档的基本单元，是对某一实体属性进行描述的结果。在书目数据库中，被描述的实体是某一特定的文献，这类记录通常被称作文献记录。一个数据库可能包含几千条甚至几十万条记录。在全文数据库中，一个记录相当于一篇完整的文献；在书目数据库中，一个记录相当于一条文摘或题录。

（3）字段。字段是构成记录的最小信息单元。一条记录包含着若干个字段。这些数据字段就是手工检索工具正文部分的文摘款目中的若干著录项目，例如原始文献的篇名、著者、文献出处、出版时间、文摘、主题词、语种等。为了方便计算和检索，每一个字段都有自己特定的标识符，称为字段名，如 AB 代表文摘字段、TI 代表篇名字段、AU 代表著者字段等。数据库记录的著录项目（字段）往往比手工检索多得多，这就决定了计算机检索能够提供比手工检索更丰富的检索途径。

二、文献信息数据库的类型

文献信息数据库从不同的角度可以进行不同的分类，各种类型之间是相互交叉的。

1．按数据库所含信息内容的不同分类

（1）参考数据库（Reference Database）。包括两类数据库：①书目数据库（Bibliographic Database），是指存储二次文献信息的数据库，包括题录数据库、文摘数据库、目录数据库等；②指南数据库（Directory Database），是指存储机构、人物、地名、产品、物质和材料的特性、事件等信息的数据库，也称事实数据库（Factual Database）。

（2）源数据库（Source Database）。它是能够直接为用户提供原始资料或者具体数据的一类数据库。包括全文数据库（Full-text Database）：指存储文献全文或其中主要部分的数据库；数值数据库（Numerical Database）：指专门存储数值性信息的数据库；术语数据库（Terminological Bank）：专门存储名词、术语的数据库；图像数据库（Graphic Database）：专门存储图像信息的数据库。

（3）混合数据库（Mixed Database）。它是兼有源数据库和参考数据库特点的一类数据库，多媒体数据库（Multimedia Database）就属于这一类，它是存储声音、图像、文字、动画等多媒体信息的数据库。

2．按数据库的载体不同分类

（1）磁介质数据库。目前主要是磁盘数据库，文献信息内容记录在软盘（现在已经很少使用）或硬盘上，可以在计算机上直接读取。超大硬盘、磁盘阵列（Disk Array）的出现和普及，为大型磁盘数据库的发展提供了强大的技术支持。当某台计算机上的硬盘数据库允许通过网络进行远程访问时，通常也称为网络数据库。

（2）光盘数据库。文献信息内容记录在光盘上（一般是只读光盘），由于光盘容量大、成本低，越来越多的数据库以光盘的形式存储、制作和销售。图书馆通常使用光盘柜、光盘库、光盘塔、光盘镜像服务器等，将数十、上百张光盘放在局域网上供特定的用户共享使用。

磁介质数据库和光盘数据库根据访问的权限，又有单机版、网络版之分。

3．按数据库文献信息记录的详细程度分类

（1）书目数据库，包括图书或报纸、期刊的目录数据库、题录数据库、文摘数据库，是二次文献数据库，仅提供文献线索，读者根据所提供的线索查找文献原文。

（2）全文数据库，是一种源数据库，检索最终结果为文献原文。

4．按数据库记录的信息类型分类

这一标准下可分为文字型数据库（提供文本信息）；语言型数据库（提供录音资料）；影像型数据库（提供缩微资料、录像资料、影片资料等）；多媒体数据库（是集多种信息于一体的数据库）。

5．按数据库记录的对象不同分类

（1）文献数据库，是以文献为记录对象的数据库，包括书目数据库、全文数据库、期刊数据库、报纸数据库、法规数据库等。

（2）信息数据库是以文献数据库以外的信息为记录对象的数据库，事实数据库、数值数据库都属于信息数据库一类，如产品数据库、名录数据库、新闻数据库等。

6．按文献信息数据库收录信息的学科范围分类

这一标准下可分为专门性文献信息数据库（包括专科数据库、专题数据库）和综合性文献信息数据库。物理学文献信息数据库、生物学文献信息数据库、医学文献信息数据库等就属于专科数据库。

三、数据库的功能

1．检索功能

数据库检索系统的核心是检索功能，它需要从数据库所存储的大量文献中筛选出符合用户需要的文献。

（1）布尔检索。

见第三章第六节。

本书介绍的数据库都有布尔检索的功能，但值得注意的是，在不同的数据库中，布尔逻辑算符的表示方式是不一样的。

（2）截词检索。

所谓截词检索，是指在检索式中用专门符号（截词符号）表示检索词的某一部分允许有一定的词形变化，因此由检索词的不变部分加上截词符号，就可检索到各种代表前方一致或后方一致或中间不变而词有任何变化形式所构成的词汇，并视这些检索到的词都为合法检索词。截词可以用在词的词尾、词头和词的中间，常见的也是用途最广泛的截词用的是词尾截词。

不同的数据库的截词符号是不同的，最常用的截词符号是"＊"和"？"。例如，在美国的工程索引（EI）数据库中，comput？可以表示：computer，computerized，computation，computational，computability 等。截词检索可以提高文献的查全率。

（3）词组和短语检索。

词组和短语都是由两个以上的词来组成的，大部分的数据库都具备词组检索的功能，

主要的方式如下。

①　用特殊符号限定词组或短语。

在有些数据库中用引号来限定词组，在网络版工程索引数据库中就用双引号来限定词组，例如"computer，control"。

②　用位置算符来限定词组或短语。

在工程索引光盘数据库中，（nw）关系要求它所连接的两个检索词在结果中相互距离不超过 n 个词，而且前后顺序不能颠倒。

③　词组或短语按原样输入。

在有些数据库中，词组或短语按原样输入，不添加任何限制就可以被检索系统作为词组或短语来识别。

（4）同义词检索。

所谓同义词检索，是指当用户输入一个检索词后，检索工具不仅能检索出它含这个具体词汇的结果，还能检索出包含那些与该词汇同义的词汇的结果。例如，在本书介绍的 EBSCO 全文数据库中，经过设定，在检索"automobile"时，可以同时检索到含有"car"，"auto"，"bus"和"motorcar"等的文献。

（5）扩展检索。

所谓扩展检索，就是在基本确定检索式的情况下对检索做进一步的限定，例如限定文献的年代、文献的类型、文献的语种等。扩展检索可以使检索结果更加精确，检索更加快捷。

2．检索结果的浏览和输出功能

使用检索工具的最终目的是获得相关的文献，在执行检索后，文献结果的浏览和输出显得非常重要。在大多数的数据库中，文献都可以以题目、题录、文摘和全文的形式分级浏览。检索结果一般按相关度排列，用户也可以按照自己的要求选择其他的排列方式。文献的输出可以通过存盘、打印和 E-mail 等多种形式输出。

在全文数据库中，不同的数据库采用不同的浏览器，大多数数据库开发了自己的浏览器，目前应用最广泛的是 Acrobat Reader 浏览器。

总之，数据库的检索功能正在逐步完善和增多，检索过程越来越智能化。

四、数据库的访问控制

为了保护知识产权、维护数据库的安全和方便数据库的管理，数据库的使用受到各种方式的限制，目前较为常用的方式主要如下。

1．个人账户控制

集体或个人通过向数据库的所有方缴纳一定的费用获得特定的使用权，所有方通过用户名和密码来控制使用权，此种方法适用于用动态 IP 地址上网的用户。

2．IP 地址控制

数据库所有方规定一定范围的 IP 地址段，该段范围内 IP 地址上网的用户可以使用该数据库，此种方法适用于用固定 IP 地址上网的用户。

此外，网上还有一些部分或全部免费的数据库供用户使用。例如，维普中文期刊数据库免费向用户提供题录和文摘。中国知识产权局、欧洲专利数据库和美国专利数据库免费向用户提供专利文摘及说明书全文。

五、文献信息数据库的评价

文献信息数据库是文献信息检索系统的核心，它的质量决定了检索系统的质量。对文献信息数据库进行评价，一是数据库建库的需要，从设计数据库、建设数据库到改进和完善数据库，都离不开对数据库的评价要求；二是推销数据库的需要，作为商品的数据库，没有系统评价指标，就无法说明其功能和性能；三是购买数据库的需要，一般文献信息数据库的价格都很高，例如 BIOSIS Preview 数据库（BP）的使用价格是 27 800 美元/户/年，对于同类数据库，只有通过科学的评价才能做出正确的选择；四是用户选择使用数据库的需要，特别是当使用计时（或计下载量）收费数据库时，根据评价指标选择数据库就显得尤为重要。

对于文献信息数据库的评价是一项复杂的工作，需要专门人员按一定的程序使用专门软件进行。评价文献信息数据库一般要从以下几个方面考虑。

1．数据库的内容范围

即数据的完备程度，包括其收录的文献类型是否齐全，时间跨度有多长，相关的核心出版物、边缘出版物覆盖面有多大等。数据的完备性也反映在数据库的规模，如记录的总量、记录的增长速度等方面。如果数据的完备性差，无论检索系统再先进、检索策略再科学，也不能满足检索的需要。

2．数据库的质量

数据库的质量主要表现在数据描述的质量、数据标引的质量等方面。

（1）数据描述的质量，包括数据描述的准确性和数据信息的充分性。数据描述的准确性体现在与原始数据的一致性和描述的规范化、标准化方面。数据信息的充分性表现在字段的设置和提要、文摘的详略程度方面。

（2）数据标引的质量。首先，文献信息标引的工具是词表和分类表，它们本身的质量是制约标引质量的关键因素之一。其次，标引的专指度（切题程度）、标引的深度（描述的完备程度）、标引的一致性是衡量数据标引质量的主要指标，这取决于标引人员的素质、是否采用相应的国际或国家标准、标引程序及其管理等。最后，数据标引的差错率。如果采用自动标引或半自动标引，那么自动标引系统的质量将是一个决定因素。

3．数据库更新速度

数据库更新速度反映了数据库的及时性或新颖性。一是数据库与原始文献的时差，即从原始文献发表到纳入数据库之间的时间差距，时差越小用户越能及时检索到相关信息，这在信息时代尤为重要。二是数据库的更新频度或周期，更新的周期短，自然会缩短数据库的时差。光盘数据库的更新周期一般为数月，网络数据库的更新周期可以缩短到一周。

4．信息记录格式

数据库中的信息记录格式，对数据的传输、可交换性都非常重要。对于数据库的直接用户来说，信息记录格式又决定着利用信息的便利性。音乐（如 WAV、MP3、WMA、MIDI、OGG、Vorbis 等）、图像（如 BMP、JPG、GIF、PCX、PSD、TIFF、RAW 等）、视频（如 AVLMOV、MPEG、ASF、QuickTime 等）等都有不同的记录格式。就文字信息来说，信息记录格式繁多，如 HTML、TXT、WORD、EXCEL、CHM、CEB、PDF、RTF、OEB、PDG、ARJ 等，有些须用专门的阅读器浏览。因此格式的通用和实用性是一个重要的选择。对于全文数据库，用图形图像（扫描）格式记录文字信息不但占用很大的空间，用户使用起来也不方便（特别是在没有文本转换功能的情况下）。Adobe 的可携式文件格式 PDF 是电子发行文档的事实上的标准，国外全文数据库多采用这种格式，深受用户的欢迎。

5．数据库的检索与输入性能

实际上，现在作为商品的数据库都包括相应的数据库管理系统，如用户界面、检索系统等。数据库应提供多种检索途径，如用户可通过题名、关键词、分类号、作者、刊名等多种途径进行检索，还可通过几种途径交叉检索；应支持多种检索技术，如布尔逻辑检索、位置检索、截词检索、限制检索等；应有较高的检索响应速度、较高的检索效率（查全率与查准率）。另外，界面的友好性、"帮助"的完备性、是否支持个性化，以及检索结果的排序、显示、打印、保存功能是否完善等也都是评价的内容。

6．数据库的价格与服务

数据库的生产除了投入大量的人力、物力外，还涉及文献信息的知识产权、网络通信等方面的费用，因此购买或联机使用数据库也必须支付相应的费用。但价格的合理性、收费计算方式等是用户购买或使用数据库的重要因素之一。通常收费方式有包年，包月（不限流量），按用户数收费，按上网时间收费，按检索命中记录数量、下载记录数量、打印记录数量收费等。

数据库服务商的售后服务，如使用培训、系统调试、用户咨询、版本升级，以及对不同用户的优惠措施等也是评价数据库的因素。除此之外，社会对该数据库的评价、认同等也是在评价数据库时应予考虑的。

第二节 中国知识资源总库——CNKI 系列数据库

一、CNKI 系列数据库简介

中国知识基础设施工程（China National Knowledge Infrastructure，CNKI）是以实现全社会知识信息资源传播共享和增值利用为目标的国家信息化重点工程，被科技部等五部委确定为"国家级重点新产品重中之重"项目。"国家知识基础设施（National Knowledge Infrastructure）"的概念，由世界银行于 1998 年提出。CNKI 由中国学术期刊（光盘版）电子杂志社、清华同方知网（北京）技术有限公司主办，是基于"中国知识资源总库"的全球最大的中文知识门户网站，具有知识的整合、集散、出版和传播功能。CNKI 工程于 1995 年正式立项，在政府及社会各界多方努力下，经过 10 多年建成了世界上全文信息量规模最大的"CNKI 数字图书馆"。"中国知识资源总库"是中国知网的核心资源。

CNKI "中国知识资源总库"常用的数据库主要有：中国期刊全文数据库（CJFD）、中国优秀博/硕士论文全文数据库（CDMD）、中国重要会议论文全文数据库（CPCD）、中国重要报纸全文数据库（CCND）、中国工具书网络出版总库、中国年鉴网络出版总库、中国经济社会发展统计数据库等。

目前，"中国知识资源总库"已拥有国内 9 580 多种期刊，700 多种报纸，621 家培养单位的优秀硕士学位论文 160 万多篇，404 家培养单位的博士学位论文 20 多万篇，约 900 家全国各学会/协会重要会议论文，2 000 余种各类年鉴，数百家出版社已出版的图书、百科全书、中小学多媒体教学软件，专利，标准，科技成果，政府文件，互联网信息汇总以及国内外 1 200 多个各类中外加盟数据库等知识资源。下面就常用的几个重点数据库的内容做一简要阐述。

1. 中国期刊全文数据库

中国期刊全文数据库是目前世界上最大的连续动态更新的中国期刊全文数据库，收录国内 9 580 多种重要期刊，54%的核心期刊均已经独家收录。以学术、技术、政策指导、高等科普及教育类为主，同时收录部分基础教育、大众科普、大众文化和文艺作品类刊物，内容覆盖自然科学、工程技术、农业、哲学、医学、人文社会科学等各个领域，全文文献总量 3 500 多万篇。

2010 年中，推出了期刊的优先数字出版平台，目前，签定优先出版协议的期刊编辑部已有 1400 余家，网上发布的优先出版文献已有 10 万多篇。

2. 中国期刊全文数据库（世纪期刊）

该库基于对近 5 年来，期刊、学位论文、会议论文、图书等文献引文数据的分析，遴选出 4 195 种过刊引文数据较高的刊物，将其创刊以来的全文数据完整地进行回溯，累计回溯文献量达 500 多万篇，刊物最早回溯时间到 1887 年。

3．中国博士学位论文全文数据库

它是目前国内相关资源最完备、高质量、连续动态更新的中国博士学位论文全文数据库，至 2012 年 10 月 31 日，独家合作的博士培养单位 164 家，占全国博士培养单位的 51%，累积博士学位论文全文文献 20 多万篇。

4．中国优秀硕士学位论文全文数据库

它是目前国内相关资源最完备、高质量、连续动态更新的中国优秀硕士学位论文全文数据库，至 2012 年 10 月 31 日，累积硕士学位论文全文文献 160 万多篇。独家合作的硕士培养单位 140 家，占全国硕士培养单位的 51%。其中包括 985 高校 16 所，占全部 985 高校的 41%，211 重点高校 52 所，占全部 211 高校的 45%。

5．中国重要会议论文全文数据库

中国重要会议论文全文数据库收录我国 2000 年以来国家二级以上学会、协会、高等院校、科研院所、学术机构等单位的论文集，年更新约 10 万篇论文。至 2006 年 12 月 31 日，累积会议论文全文文献近 58 万篇。

6．中国重要报纸全文数据库

它是收录 2000 年以来中国国内重要报纸刊载的学术性、资料性文献的连续动态更新的数据库。主要为国内公开发行的 700 多种重要报纸。至 2012 年 10 月，累积报纸全文文献 1 000 多万篇。

7．中国工具书网络出版总库

中国工具书网络出版总库是精准、权威、可信且持续更新的百科知识库，集成了近 200 家知名出版社的 6 000 余部工具书，类型包括语文词典、双语词典、专科辞典、百科全书、图录、表谱、传记、语录、手册等，约 1 500 万个条目，70 万张图片。

8．中国年鉴网络出版总库

中国年鉴网络出版总库合计收录年鉴 2 507 种，稿件 19 980 册。收录年限为 1921 年至今，中国年鉴网络出版总库是目前国内最大的连续更新的动态年鉴资源全文数据库。内容覆盖基本国情、地理历史、政治军事外交、法律、经济、科学技术、教育、文化体育事业、医疗卫生、社会生活、人物、统计资料、文件标准与法律法规等各个领域。

另外，CNKI"中国知识资源总库"还有专利、标准、科技成果、文艺期刊、文化期刊、科普、党建、法律资源总库、汉语大辞典等 30 多个数据库资源。

CNKI 资源整合从宏观和微观两个方面入手，宏观层面通过跨库统一检索、跨库统一导航，将 CNKI 系列数据库期刊库、学位论文库、会议库、报纸库等整合为一个有机的资源整体，相当于在一个数据库内进行操作。微观层面通过对文献的外部特征和内部特征的挖掘整合，实现文献级别的链接、整合。

二、CNKI 数据库检索应用方法

1．登录数据库

登录 www.cnki.net，凭机构用户登录账号、密码或 IP 自动登录。

对于学校用户，可以先进入图书馆首页，从电子资源列表中选择"中国知网数字图书馆"或者"中国期刊全文数据库"等 CNKI 数据库，进入检索首页。

2．下载安装全文浏览器

第一次使用 CNKI 的产品服务，需要下载并安装 CAJViewer7.0，如图 6-1 所示，单击首页上方的"下载阅读器"，下载后，运行软件包，根据提示进行相应的选择，安装浏览器。CNKI 的所有文献都提供 CAJ 文件格式，期刊、报纸、会议论文等文献还同时提供 PDF 文件格式。我们推荐使用 CAJ 浏览器，速度更快，针对学术文献的各种扩展功能更强。

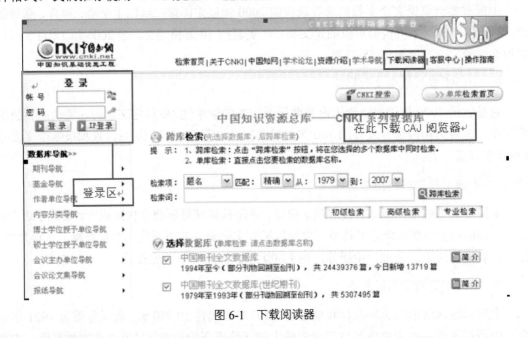

图 6-1　下载阅读器

3．具体检索方法

读者要获取自己所需要的知识和文献，可通过以下几种途径。

途径一：检索——查。

目标：最快、最方便地查到所有需要的信息，减少人工操作时间和系统等待时间，减少人工挑选的时间。

系列数据库有两种检索界面：单库检索和跨库检索。

（1）单库检索。在 CNKI 系列数据库中的任一单独的库内检索。

单库检索设置有初级检索、高级检索和专业检索 3 个界面，用户可根据检索条件与检索技术水平选择其中的一个界面操作。

（2）跨库检索。读者可选择多个数据库的资源进行检索，能够在同一个检索界面下完成对期刊、学位论文、报纸、会议论文、年鉴等各类型数据库的统一跨库检索，省却了原来需要在不同的数据库中逐一检索的麻烦。

跨库检索也包括初级检索、高级检索、专业检索 3 种方式。

（1）初级检索。读者登录 CNKI 跨库检索首页后，输入检索词即可进行初级检索，读者也可以单击数据库名称，进入单库检索，如图 6-2 所示。

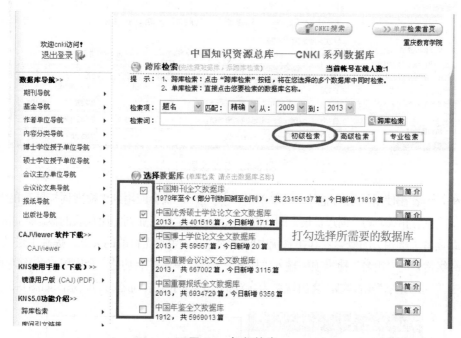

图 6-2　初级检索

（2）高级检索。供检索项之间的逻辑关系控制，如果要提高查准率，则可以添加多个逻辑关系，进行多种检索控制，如相关度排序、时间控制、词频控制、精确/模糊匹配等，适合于对检索方法有一定了解的用户，如图 6-3 所示。

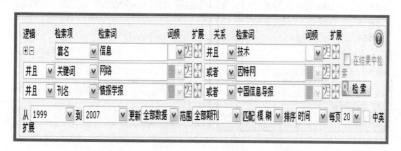

图 6-3　高级检索

（3）专业检索。专业检索需要在检索文本框输入检索表达式，如"作者=×××and 篇名=×××"，该检索方法使用于对检索非常熟悉的读者。例如：我们输入"作者=柯平 and 篇名=信息"，就会看到图 6-4 中的检索结果。

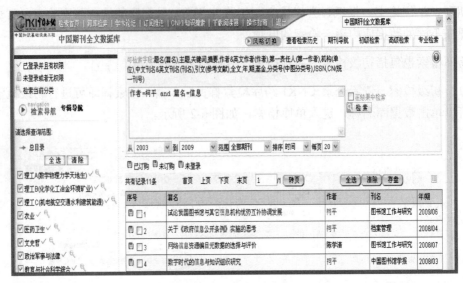

图 6-4 专业检索

另外，读者在使用检索功能时，只要单击"□扩展"，就会应用到"检索词扩展功能"，检索平台提供"概念相关"和"词形扩展"的功能，以揭示各学科专业词汇所代表的概念之间的关系，从而帮助读者了解相关的概念及其在系统中的表示，减少用户无目的的尝试，提高工作效率。例如：在高级检索的"篇名"检索项中输入"检索"一词，单击扩展功能，会出现与此相关的结果，如果单击"图形显示" □图形显示，会出现更为直观的图形显示检索词之间的联系，如图 6-5 所示。

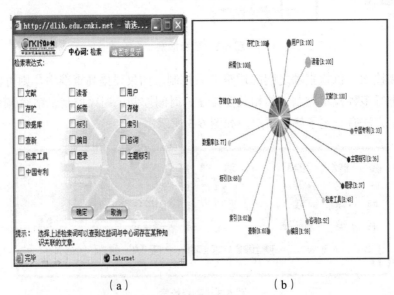

（a）   （b）

图 6-5 检索词扩展

　　在已有检索结果的基础上，可以重新设置检索式，进行二次检索，进一步缩小检索范围，逼近检索目标。

　　执行检索后，读者可以看到检索结果列表，单击文献题录，可以进入该文献的结果页面，检索结果可以进行分组浏览和排序等操作。图 6-6 和图 6-7 分别为检索结果及检索结果处理页面。

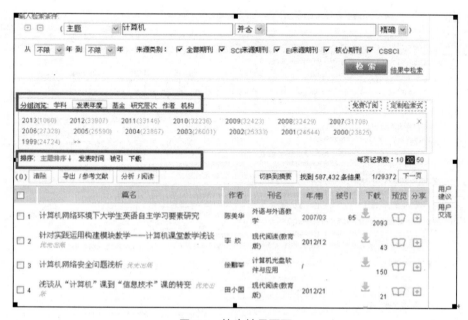

图 6-6　检索结果页面

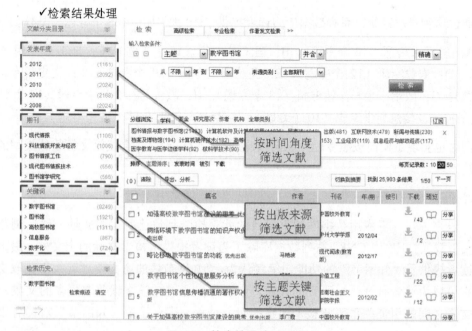

图 6-7　检索结果处理页面

途径二：导航——找。

导航目的在于为读者提供多种途径以找到所需要的文献，读者即使不具备检索知识，也可以根据传统的阅读习惯，找到目标信息。读者通过专辑导航浏览，逐层打开每个分类目录，能够直接查看最终分类目录下的文献，快速获得某一学科领域内的所有文献。图 6-8 为数据库导航的主界面。

图 6-8 数据库导航主界面

通过这种导航系统，系列数据库为读者提供了 10 大专辑、168 个专题，具体如下。

A：理工 A 专辑（12 个专题）；B：理工 B 专辑（16 个专题）；C：理工 C 专辑（12 个专题）；D：农业专辑（12 个专题）；E：医药卫生专辑（29 个专题）；F：文史哲专辑（26 个专题）；G：政治军事与法律专辑（13 个专题）；H：教育与社会科学专辑（14 个专题）；I：电子技术及信息科学专辑（10 个专题）；J：经济与管理专辑（24 个专题）。

同时也实现了横向按照专题，纵向按照期刊、学位论文、会议论文等载体类型的二维跨库检索。

途径三：知网节——推。

一般来说，读者应用数据库的重要目的就是检索到自己所需的文献，然后浏览该文献，或下载或打印等。CNKI 系列数据库除了为读者提供所检索文献的全文外，最重要的是为读者提供了"知网节"的功能。笔者认为，"知网节"的意义要远远大于获取文献本身，它可以为读者打开一扇研究的天窗，读者可以通过一篇文献获取更多的文献，通过这种文献之间的引证关系了解整个课题的研究过程，因此了解"知网节"对读者来说更为重要。

　　知网节以一篇文献作为其节点文献，知识网络的内容包括节点文献的题录摘要和相关文献链接。它提供单篇文献的详细信息和扩展信息的浏览页面，包含单篇文献的题录摘要，是该文献各种扩展信息的入口汇集点。这些扩展信息通过概念相关、事实相关等方法揭示知识之间的关联关系，达到知识扩展的目的，有助于对新知识的学习和发现，帮助实现知识获取、知识发现。知网节分为"单库知网节"和"跨库知网节"，单库知网节只能链接到同一库内的相关文献，跨库知网节实现多库相关文献的各种超链接。我们以图 6-9、图 6-10 为例说明"知网节"的功能。

图 6-9　知网节的基本信息

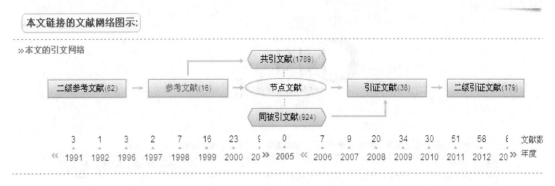

图 6-10　文章链接的文献网络

　　通过"知网节"，读者可以了解一个研究课题的研究背景、未来研究方向以及有哪些同行和机构在做该课题的研究等，给研究者以更多的启示。

　　途径四：机构馆、个人馆——送。

（1）机构数字图书馆。为机构提供全新的管理组织资源的方式，可以按需定制数字出版物超市的资源，组织各类自建资源，定制机构相关的文献、信息、情报，并可按需选择模板和检索平台的显示方式，直接满足机构的管理、生产、经营需要。

机构馆包含了功能强大的检索平台。用户可对馆内文献使用多种检索方式进行检索，并通过文献出版统计报表了解馆内各专业文献的出版现状和每日新增文献。

（2）个人数字图书馆。可按需定制资源、检索平台、功能、情报服务，按需配置显示模板和显示方式。个人馆提供了超越一般的资源订阅方式，为用户提供了个性化、交互式学习研究的空间。在资源方面，平台支持对数据库专辑、学科专业、整刊资源以及各种类型单篇文献的定制，使用户可以按不同需要定制网络出版总库的资源，在个人数字图书馆建构个性化资源馆。

个人数字图书馆提供了多种个性化服务栏目，用户可定制学者、机构、学术出版物、科研项日、检索式、投稿信息、学术论坛、学术趋势等；根据用户的定制自动推送一系列相关的情报信息，全面超越传统的 WEB RSS 定制功能；根据用户的需求不断推出更多个性化的服务栏目，全面满足用户学科调研及情报分析的需求。

途径五：知识搜索。

"知识搜索"是系列数据库推出的重要的以学术文献为搜索内容的搜索引擎。它的界面类似 Google 搜索，涵盖了更多的学术内容，体现了以学术为本的重要意义。搜索范围包括期刊文献、学位论文、会议论文、报纸文献、工具书、年鉴等。包括全文文献搜索、工具书搜索、数字搜索、学术定义搜索、翻译助手搜索、图形搜索等诸多功能，实现实时的知识聚类、多样化的检索排序和最丰富的知识链接。除了上面提到的功能外，如果单击"知识搜索"主页上的"更多"，读者将会看多更丰富的内容，如图 6-11 所示。

图 6-11　知识搜索

读者可以了解如新概念、表格搜索、学术资源和学术统计分析等更多内容。这无疑对开阔研究视野、把握课题的整体研究方向十分有益。

总之，CNKI 系列数据库是广大读者最为熟悉的中文数据库。掌握好它的使用方法对其他数据库的使用不无裨益。需要注意的是，对 CNKI 的学习和应用不能仅停留在下载文献这种表面层次上，应开阔眼界，多熟悉并关注它的各种新功能，并加以应用，使其更好地为研究服务。

第三节　维普信息资源系统数据库

一、维普信息资源数据库概况

重庆维普资讯有限公司是科学技术部西南信息中心下属的一家大型的专业化数据公司，前身是中国科技情报所重庆分所数据库研究中心。作为中文期刊数据库建设事业的奠基者，主要致力于对海量的报刊数据进行科学严谨的研究、分析、采集、加工等深层次开发和推广应用。

自 1993 年成立以来，公司的业务范围已涉及数据库出版发行、知识网络传播、期刊分销、电子期刊制作发行、网络广告、文献资料数字化工程以及基于电子信息资源的多种个性化服务。

重庆维普资讯有限公司主要提供以下数据库，服务逐步升级。

1. 中文科技期刊数据库

提供文献检索和全文保障，实现一次文献保障。收录 1989 年至今的 12 000 余种期刊，学科范围包括：社会科学、自然科学、工程技术、农业科学、医药卫生、经济管理、教育科学和图书情报。

2. 中文科技期刊数据库（引文版）

提供查询论著引用与被引情况、机构发文量、国家重点实验室和部门开放实验室发文量、科技期刊被引情况等，是进行科技文献检索、文献计量研究和科学活动定量分析评价的有力工具。

3. 中国科学指标数据库

提供关于学者、机构、地区、期刊的科研水平及影响力评价的查询，可以了解当前国内的科研动态、研究热点和前沿，是衡量国内科学研究绩效、跟踪国内科学发展趋势的有力分析工具。

4. 维普期刊资源整合服务平台

维普期刊资源整合服务平台是维普资讯推出的中文科技期刊资源一站式服务平台，系统全面地提升知识服务。该平台在结构上包括期刊文献检索、文献引证追踪、科学指标分析、搜索引擎服务 4 大功能模块。

二、检索途径和方法

目前维普数据库访问方式一般都提供远程包库方式访问、本地镜像方式两种服务形式。远程包库方式访问采用 IP 控制方式登录，本地镜像可在本机构局域网范围内共享使用。个人用户也可使用读书卡，登录维普资讯网（http://lib.cqvip.com/）。

下面介绍维普期刊资源整合服务平台的 4 个功能模块，各模块之间功能互联互通、数据相互印证。

1．功能模块之一：期刊文献检索

期刊文献检索功能模块是对原有中文科技期刊数据库检索查新及全文保障功能的有效继承，并在此基础上做了流程梳理和功能优化，提供多种灵活的检索方式，支持多途径的全文保障服务模式。

（1）登录方式。

在地址栏输入 http://lib.cqvip.com/或登录镜像站点，即可进入维普期刊资源整合服务平台。系统默认为"期刊文献检索"模块界面，如图 6-12 所示。

图 6-12　维普期刊资源整合服务平台

（2）检索方式。

"期刊文献检索"功能模块除提供基本检索、传统检索、高级检索外，还提供期刊导航和检索历史功能。

① 基本检索

基本检索为"期刊文献检索"模块的默认检索方式，简单快捷，可以增加多个检索框，输入检索条件，做由上至下的组配检索。

检索步骤如下。

a．限定检索条件。

使用下拉菜单可进行检索时间范围的限定，限定的时间范围是 1989 年至今；限定检索期刊的范围为全部期刊、核心期刊、EI 来源期刊、SCI 来源期刊、CA 来源期刊、CSCD 来源期刊、CSSCI 来源期刊；限定检索的学科范围包括管理学、经济学、图书馆学情报学等 45 个学科，利用复选框可进行多个学科的限定。

b．选择检索入口，输入检索词。

可实现对题名、关键词、题名或关键词、文摘、作者、第一作者、机构、刊名、分类号、参考文献、作者简介、基金资助、栏目信息和任意字段等 14 个字段进行检索，并实现对各个字段之间的逻辑组配检索。

c．进行检索。

直接输入检索词进入检索结果页，也可以重新检索，还可以在第一次检索结果基础上进行二次检索（包括在结果中检索、在结果中添加、在结果中去除 3 种方式），实现按需缩小或扩大检索范围，反复修正检索策略，得到最终检索结果。

d．检索结果操作。

提供细致到作者简介、摘要、相关文献等 20 余个题录文摘的输出内容。

e．获取全文。

在检索结果页或文献细览页都可以通过单击"下载全文"、"在线阅读"、"文献传递"按钮将感兴趣的文献下载保存到本地磁盘、在线进行全文阅读和申请文献传递。其中原文传递是对不能直接下载全文的数据通过委托第三方社会公益服务机构提供快捷的原文传递服务。总之，整合平台提供多途径全文保障模式。维普数据库提供的下载全文数据全部采用国际通用的 PDF 标准格式。

② 传统检索。

传统检索是中文科技期刊数据库创建伊始的检索方式，一直沿用至今，故称传统检索。在"期刊文献检索"功能模块界面，单击"传统检索"进入传统检索界面，限定检索范围，选好检索字段并输入相应的检索词或检索表达式即可实现传统检索，如图 6-13 所示。

③ 高级检索。

在"期刊文献检索"功能模块界面，单击"高级检索"。高级检索提供"向导式检索"和"直接输入检索式"两种方式，运用逻辑组配关系，查找同时满足几个检索条件的文献，使检索更加准确快捷。

a．向导式检索。

"向导式检索"为读者提供分栏式检索词输入方法，可选择逻辑运算、检索项、匹配度外，还可以进行相应字段扩展信息的限定，最大程度地提高了查准率。向导式检索的检索操作严格按照由上到下的顺序进行，用户在检索时可根据检索需求进行检索字段的选择，如图 6-14 所示。

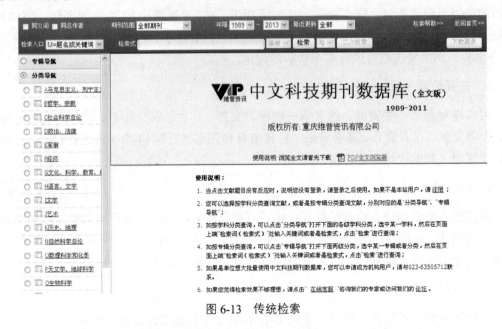

图 6-13　传统检索

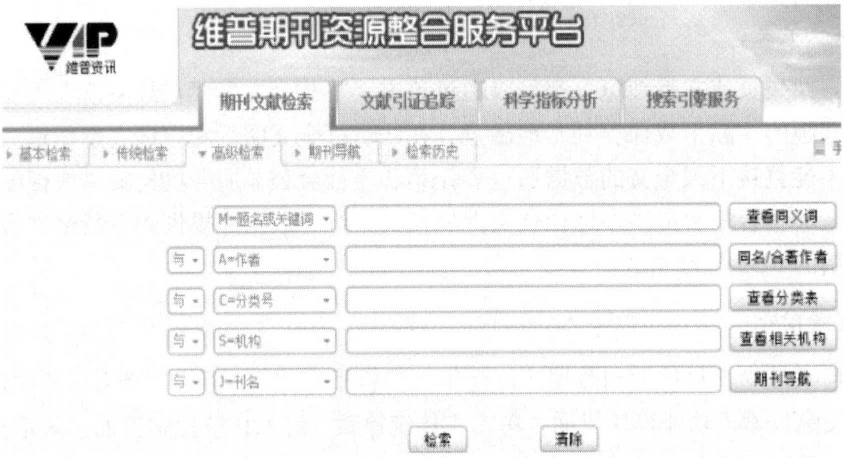

图 6-14　向导式检索

高级检索界面右侧的扩展按钮可提示与输入词相关的检索词,实现检索词的扩展功能,扩展按钮分别是"查看同义词"、"同名/合著作者"、"查看分类表"、"查看相关机构"、"期刊导航"。用户在扩展按钮左侧的输入框中输入相应检索词,再单击其对应的扩展按钮,系统即可给出与输入词相应的信息。

"查看同义词"可以查看用户输入词的同义词或近义词,比如用户输入"土豆",单击查看同义词,既可检索出"土豆"的同义词:春马铃薯、马铃薯、洋芋、洋蕃芋,用户可以全选或选择其中部分词,以扩大搜索范围。

"同名/合著作者"可供用户查看同名作者所在的不同单位,比如用户输入"李四",单击"同名/合著作者",即可以列表形式显示不同单位的同名作者,用户可以选择作者单位来限制同名作者范围。为了保证检索操作的正常进行,系统对该项进行了一定的限制:最多勾选数据不超过 5 个。

"查看分类表",可以直接单击按钮,弹出分类表页,操作方法同分类检索。

"查看相关机构"可查看与用户输入的检索机构相关的机构,比如用户输入"中华医学会",单击"查看相关机构",即可显示中华医学会所属全部机构的列表。为了保证检索操作的正常进行,系统对该项进行了一定的限制:最多勾选数据不超过 5 个。

"期刊导航",输入刊名单击"期刊导航"按钮,可链接到期刊检索结果页面,查找相关的期刊并查看期刊详细信息。

b. 直接输入检索式。

"直接输入检索式"的检索方式支持一次输入复杂检索式,查看命中结果,如图 6-15 所示。

图 6-15　直接输入检索式

④ 期刊导航。

期刊导航功能可以多渠道快速定位期刊,做年卷期的内容浏览及相关期刊或文献的漫游。

在"期刊文献检索"功能模块界面,单击"期刊导航"链接,即可进入"期刊导航"界面。期刊导航提供检索和浏览两种方式。

a. 检索方式提供刊名检索、ISSN 号检索查找某一特定刊,按期次查看该刊的收录文章,可实现刊内文献检索、题录文摘或全文的下载功能,同时可以查看期刊评价报告。

b. 浏览方式提供按刊名字顺浏览、期刊学科分类导航、核心期刊导航、国内外数据库收录导航、期刊地区分布导航,其中新增核心期刊导航,反映最新核心期刊收录情况,同时更新最新国内外知名数据库收录期刊情况。

⑤ 检索历史。

在"期刊文献检索"功能模块界面,单击"检索历史"链接,即可进入"检索历史"界面。整合平台在对检索式做自动保存基础上,还允许用户对保存的检索式做重新检索或者"与、或、非"逻辑组配,如图 6-16 所示。

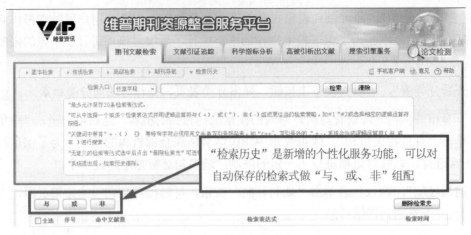

图 6-16　检索历史功能

（3）应用。

维普期刊资源整合服务平台"期刊文献检索"功能模块可获得某研究领域/某课题的相关研究内容概貌；了解课题相关研究的文献规模、学科分布情况及最新的研究期刊论文情况。

检索案例：大四学生小张在准备关于"转基因植物"的毕业论文。

在"期刊文献检索"的基本检索界面，选择学科范围为"生物和农学"。平台根据每篇文献的主题将其归属相关学科领域。限定学科领域检索可以排除掉大量相关度不高的文献。

检索文献"摘要"中包含"转基因植物"的文献。通过检索得到 1 147 篇，检索结果排序按"时间"倒排，排列在前的文献即为该课题最新的研究期刊论文，如图 6-17 所示。

图 6-17　检索结果

2．功能模块之二：文献引证追踪

"文献引证追踪"模块是文摘和引文索引型数据库。该模块采用科学计量学中的引文分析方法，对文献之间的引证关系进行深度数据挖掘，除提供基本的引文检索功能外，还提供基于作者、机构、期刊的引用统计分析功能。从引文分析角度帮助情报分析人员做相关查询主题的回溯和追踪检索。

（1）登录方式。

在地址栏输入 http://lib.cqvip.com/ 或登录镜像站点，即可进入维普期刊资源整合服务平台。单击"文献引证追踪"链接，进入"文献引证追踪"检索界面，如图 6-18 所示。

图 6-18 "文献引证追踪"检索界面

（2）检索方式。

"文献引证追踪"功能模块提供的检索方式有：基本检索、作者索引、机构索引、期刊索引。

① 基本检索。

基本检索为"文献引证追踪"模块的默认检索方式，针对所有文献按被引情况进行检索，快速定位相关信息。利用"基本检索"可以实现就某一检索课题按被引量排序析出有价值文献。

在该界面可选择时间、学科等检索限定条件；选择检索字段，输入检索词，检索对象不区分源文献或参考文献；可选择使用逻辑"与、或、非"的逻辑关系组配检索词；单击检索进入检索结果页，查看检索结果题录列表，反复修正检索策略得到最终检索结果；检索结果排序方式按被引量倒排，单击"显示文摘"在当前页展开文摘信息。

引用追踪：选中检索结果题录列表前的复选框，可以对一篇或多篇文献同时查看"参考文献"、"引证文献"等引用追踪功能。

查看细览：单击文献题名进入引文文献细览页，查看该引文的详细信息和知识节点链接；从一篇高质量的文献出发通过"参考文献"或者"引证文献"或者"耦合文献"的查询来获取科学研究的发展脉络。

查看其他类型有价值文献：通过切换标签到"被引学位论文"、"被引会议论文"、"被引专利"、"被引标准"、"被引图书专著"等，可以对其他类型的有价值文献进行查看。

② 作者索引。

作者索引提供关于作者的科研产出与引用分析统计，检索并查看作者的学术研究情况。

在"文献引证追踪"功能模块检索界面，单击"作者索引"检索方式，输入作者姓名进行检索或按拼音浏览、按学科浏览作者索引结果，列表按被引量倒序排列；在"作者索引"结果页中选择感兴趣的作者，单击"详细信息"进入作者细览页；在特定作者细览页查看发文量、被引次数及引用追踪、H 指数，可以进行基于作者的引文分析。

③ 机构索引。

机构索引提供关于机构的科研产出与引用分析统计，有助于全面了解机构的科研实力。

在"文献引证追踪"功能模块检索界面，单击"机构索引"检索方式，输入机构名称进行检索或按拼音浏览、按学科浏览机构索引结果，列表按被引量倒序排列；在机构索引结果页中选择感兴趣的机构，单击"详细信息"进入机构细览页；在特定机构细览页查看发文量、作者数统计及对发表论文做细分导读、发文学科分布等。

④ 期刊索引。

期刊索引提供关于期刊的科研产出与引用分析统计，全面展示期刊的学术贡献与影响力。

在"文献引证追踪"功能模块检索界面，单击"期刊索引"，输入期刊姓名进行检索或按拼音浏览、按学科浏览期刊索引结果，列表按被引量倒序排列；在期刊索引结果页中选择感兴趣的期刊，单击"详细信息"进入期刊细览页；在特定期刊细览页查看期刊每一年的发文量和文章的被引次数，按期刊出版年对文章做引用追踪。

（3）应用。

维普期刊资源整合服务平台"文献引证追踪"功能模块可跟踪某研究领域/某课题的最受关注的文献；追踪某研究领域/某课题最新的研究进展情况；获取相关研究课题的研究发展历程，预测未来研究发展方向；从一篇高质量的文献综述出发了解课题发展的全貌。

检索案例：大四学生小张在准备关于"转基因植物"的毕业论文？

在"文献引证追踪"的基本检索界面，选择学科范围为"生物学和农业科学"。检索文献"摘要"中包含"转基因植物"的文献。通过检索得到 1 176 篇，检索结果排序按"被引量"倒排，排列在前的文献即为该课题最受关注的研究论文，如图 6-19 所示。

在图 6-19 检索结果页中，若勾选前 3 篇文献，单击"查看引证文献"，结果如图 6-20 所示，可以做关于转基因植物为研究主题的引用追踪，可以追踪该研究主题最新的研究进展情况。

在图 6-19 检索结果页中，若勾选前 3 篇文献，单击"引用追踪"，可以同时查看这 3 篇文献的引证文献量、被引次数、H 指数，还可以做排除自引后的统计情况，如图 6-21 所示。利用文献引证关系全面获取相关研究课题的研究发展历程，预测未来研究发展方向。

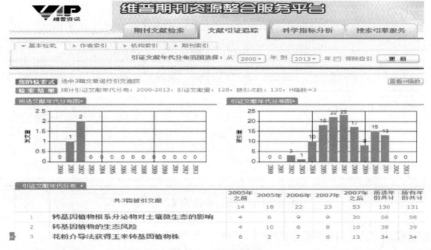

图 6-19 检索结果

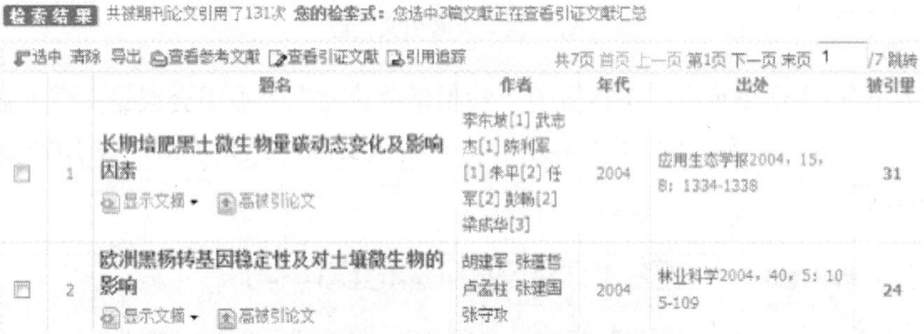

图 6-20 查看引证文献

图 6-21 引用追踪

在图 6-19 检索结果页中，若单击题名为《转基因植物的生态风险》论文，可以查看引文文献细览页。即从一篇高质量的文献出发，通过"参考文献"、"引证文献"、"耦合文献"的查询来获取科学研究的发展脉络、相关节点文献链接，帮助了解该篇文献的来龙去脉，回溯或发散查找更多文献。如图 6-22 所示。

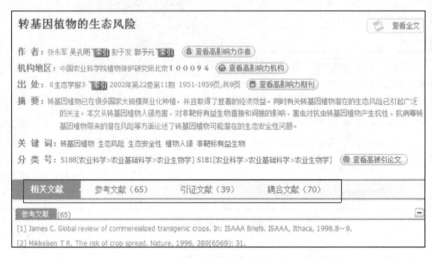

图 6-22 查看引文文献

在图 6-19 检索结果页中，可以查看"被引学位论文"、"被引会议论文"、"被引专利"、"被引标准"、"被引图书专著"等其他类型的有价值文献，比如单击"被引学位论文"，结果如图 6-23 所示。

图 6-23 "被引学位论文"页面

3．功能模块之三：科学指标分析

"科学指标分析"功能模块是一个动态连续分析型事实数据库，通过运用科学计量学的有关方法，以维普中文科技期刊数据库近 10 年的文献为计算基础，对我国近年来科技论文的产出和影响力及其分布情况进行客观描述和统计，揭示不同学科领域中研究机构的分布状态及重要文献产出，可辅助科研管理部门和科研研究人员等了解我国的科技发展动态，也适用于课题调研、科技查新、项目评估、成果申报等。

4．功能模块之四：搜索引擎服务

"搜索引擎服务"功能模块是一个为机构用户基于 Google 和百度搜索引擎面向读者提供服务的有效拓展支持工具，为广大的终端使用者提供方便；既是灵活的资源使用模式，也是图书馆服务的有力交互推广渠道——良好的网络访问速度，全天候免维护；使图书馆服务推广到读者环境中去——"读者在哪里，图书馆的服务就在哪里"，让图书馆服务无处不在。

第四节　万方数据知识服务平台

一、主要资源概况

万方数据知识服务平台（Wanfang Data Knowledge Service Platform）是在原万方数据资源系统的基础上，经过不断改进、创新而成的，集高品质信息资源、先进检索算法技术、多元化增值服务、人性化设计等特色于一身，是国内一流的品质信息资源出版、增值服务平台。

1．中国学术期刊数据库（CSPD，原数字化期刊群）

中国学术期刊数据库是万方数据知识服务平台的重要组成部分，集纳了多种科技及人文和社会科学期刊的全文内容，其中绝大部分是进入科技部科技论文统计源的核心期刊。内容包括论文标题、论文作者、来源刊名、论文的年卷期、中图分类法的分类号、关键字、所属基金项目、数据库名、摘要等信息，并提供全文下载。

资源收录自 1998 年以来国内出版的各类期刊 7 000 余种，其中核心期刊 2 500 余种，论文总数量达 23 093 721 条（截至 2013 年 3 月），每年增加约 200 万篇，每周两次更新。

2．中国学位论文全文数据库（CDDB）

中国学位论文数据库是万方数据知识服务平台的重要组成部分，收录我国 90%以上学位授予单位的博士后、博士、硕士及同等学历的学位论文，内容涵盖理学、工业技术、人文科学、社会科学、医药卫生、农业科学、交通运输、航空航天和环境科学等各学科领域，是我国收录数量最多的学位论文全文数据库，充分展示了中国研究生教育的庞大阵容，从一个侧面反映了中国科学研究的整体水平和巨大潜力，适合各大学和科研机构使用。

资源收录自 1980 年以来国内高校、科研院所等学位授予单位的硕士、博士论文，覆盖97%的 211 高校，论文总量 2 462 677 条（截至 2013 年 3 月），每年增加约 30 万篇。

3．中国学术会议文献数据库（CCPD）

中国学术会议文献数据库由中文全文数据库和西文全文数据库两部分构成，其中，"中文版"所收会议论文内容是中文;"英文版"主要收录在中国召开的国际会议的论文,论文内容多为西文。内容涵盖人文社会、自然、农林、医药、工程技术等各学科领域,以国家级学会、协会、研究会组织、部委、高校召开的全国性学术会议论文为主。采用受控语言进行主题标引,以《汉语主题词表》为叙词表,按照《中国图书资料分类法》分类,大部分记录附有论文文摘,是目前国内收集学科最全、数量最多的会议论文数据库,是了解国内学术动态必不可少的帮手。

资源收录了自 1985 年至今中文会议总量 2 181 169 条(截至 2013 年 3 月),每年增加约 20 万篇,每月更新。

4. 中外专利数据库(WFPD)

中外专利数据库包括中国专利文献、国外与国际组织专利两部分,收录了国内外的发明、实用新型及外观设计等,内容涉及自然科学各个学科领域,是科技机构、大中型企业、科研院所、大专院校和个人在专利信息咨询、专利申请、科学研究、技术开发以及科技教育培训中不可多得的信息资源。

资源收录了中国专利 500 余万项,外国专利 32 405 446 条,共计 2 700 余万项(截至 2011 年 3 月)。每年增加约 25 万条,每两周更新一次。

5. 中外标准数据库(WFSD)

中外标准数据库包括标准文摘数据库和标准全文数据库,综合了由国家技术监督局、建设部情报所、建材研究院等单位提供的中国国家标准、建设标准、建材标准、行业标准及国际标准、国际电工标准、欧洲标准以及美、英、德、法国国家标准和日本工业标准等各类标准题录,目前已成为广大企业及科技工作者从事生产经营、科研工作不可或缺的宝贵信息资源。

资源收录了各类标准题录 298 887 条(截至 2013 年 3 月)。

6. 中国法律法规数据库(CLRD)

中国法律法规数据库主要由国家信息中心提供,信息来源权威、专业,对把握国家政策有着不可替代的参考价值。包括 13 个基本数据库,内容涵盖国家法律法规、行政法规、地方法规、国际条约及惯例、司法解释、案例分析等,涉及社会各个领域。该库数据格式采用国际通用的 HTML 格式。关注社会发展热点,更具实用价值,被认为是国内最权威、全面、实用的法律法规数据库。

资源收录了自 1949 年新中国成立以来全国人民代表大会及其常委会、国务院及其办公厅、国务院各部委、最高人民法院和最高人民检察院以及其他机关单位所发布的国家法律、行政法规、部门规章、司法解释以及其他规范性文件等约 525 246 条(截至 2013 年 3 月)。

7. 中国科技成果数据库(CSTAD)

中国科技成果数据库是国家科技部指定的新技术、新成果查询数据库。数据主要来源于历年各省、市、部委鉴定后上报国家科技部的科技成果及星火科技成果。收录了国内的科技成果及国家级科技计划项目，范围有新技术、新产品、新工艺、新材料、新设计，涉及自然科学的各个学科领域。数据的准确性、翔实性已使其成为国内最具权威性的技术成果数据库，不仅可以用于成果查新和技术转让，还可以为技术咨询、服务提供信息源，为技术改造、新产品开发以及革新工艺提供重要依据。

资源收录了自 1980 年以来国内的科技成果及国家级科技计划项目总计 772 982 条（截至 2013 年 3 月），每月更新。

二、主要检索方法

1. 文献检索

万方数据知识服务平台提供了多种文献检索方式，以满足用户不同的检索需求，如图 6-24 所示。

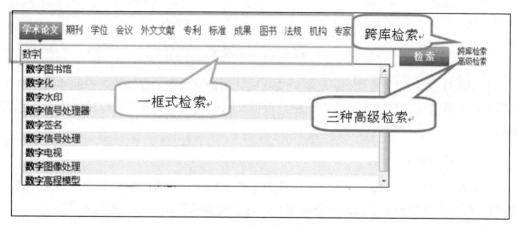

图 6-24　文献检索方式

（1）一框式检索。

利用系统提供的"一框式检索"，可以简单快捷地找到所需的文献。默认的资源类型"学术论文"，包含了期刊论文、会议论文、学位论文、外文文献（外文期刊和外文会议）以及 OA 论文。还可以选择某种文献类型在其中进行检索。

（2）高级检索。

高级检索功能是在指定的范围内，通过增加检索条件满足用户更加复杂的要求，实现精准检索，如图 6-25 所示。

① 标题中包含：可同时输入多个检索词，并支持逻辑表达式。"作者"、"关键词"、"摘要"字段同"标题"字段。

② 发表，出版日期：可以在限定年份内进行检索。（时间上限和下限可以省略掉一个，表示无上限或下限）。

③ 被引用次数：指文章被其他人引用的次数，通过设置的被引用数查找到领域内普遍

关注的文章。

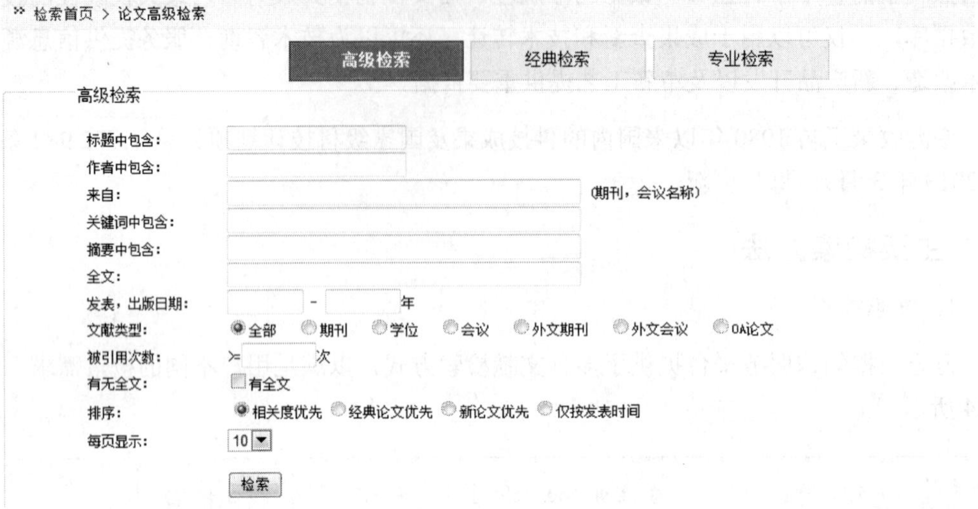

图 6-25　高级检索

④ 排序：方式相关度优先、经典论文优先、新论文优先、仅按发表时间 4 类，前 3 种排序方式为多指标加权排序，最后 1 种只根据文献的发表时间先后进行排序，不考虑其他指标。

（3）经典检索。

经典检索（见图 6-26）提供了五组检索条件（标题、作者、作者单位、中图分类、关键词），可对提供的检索字段进行自由组合，这些检索条件是"与"的关系。

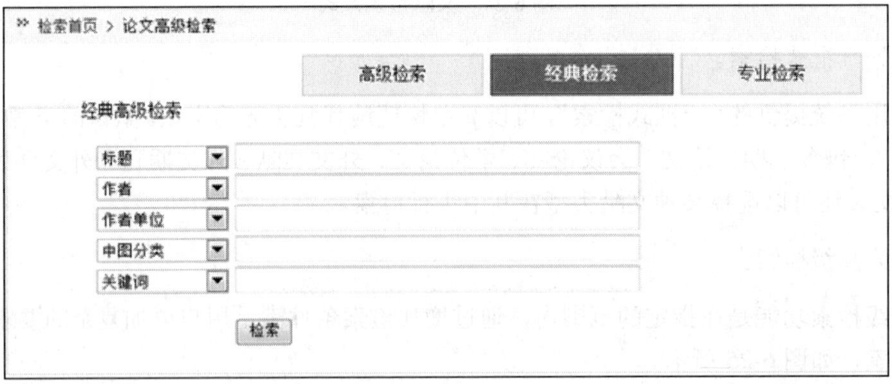

图 6-26　经典检索

（4）专业检索。

专业检索（见图 6-27）比高级检索功能更强大，需要检索人员根据系统的检索语法编制 CQL（Common Query Language）检索式进行检索，适用于熟练掌握检索语言的专业检索人员。

图 6-27　专业检索

2. 多维导航

系统提供不同类型资源的多维度导航浏览体系，如表 6-1 所示。

表 6-1　　　　　　　　　　　　多维度导航浏览体系

资 源 类 型	导 航 方 式
学术期刊	学科、地区、首字母
学位论文	学科专业、学校
会议论文	会议分类、主办单位
专利	国际专利分类
成果	行业、学科、地区
标准	标准分类
法规	效力级别、内容分类
新方志	地区、专辑
专题	内容分类

这里以期刊导航——情报学报为例。

（1）进入期刊浏览页面，在这个页面中，提供了 3 种期刊浏览方式（见图 6-28）。

① 学科分类导航：按期刊所属的学科分类导航。

② 地区分类导航：按期刊编辑部所在地区导航。

③ 首字母导航：按期刊名称的拼音首字母导航。

从学科分类导航-教科文艺-图书情报档案，单击进入期刊列表页面（见图 6-29）。

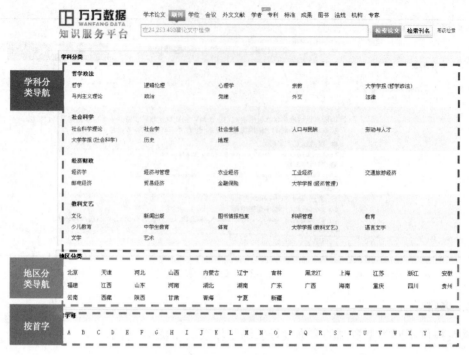

图 6-28　期刊导航

图 6-29　期刊列表

（2）单击"只显示核心刊"按钮进行排除限定。

（3）在期刊浏览页面（见图 6-30）中，可以进行如下操作。

① 刊内检索：可在万方数据知识服务平台收录的该期刊全部内容范围内检索，快速定位目标文献。

② 查看全文：单击目录列表中的 █ 图标即可查看全文。

③ 收录汇总：可在"收录汇总"中直接单击查看该刊某年某期的目录内容。

④ RSS 订阅：用户可将关注的期刊进行 RSS 订阅，及时了解该刊最新内容。

⑤ 同类期刊：提供同类期刊的链接，方便用户参考。

⑥ 期刊信息：揭示期刊封面、期刊简介、期刊信息、主要栏目以及获奖情况等。

图 6-30　期刊浏览页面

第五节　电子图书数据库

造纸术与印刷术的发明对推动科技进步、促进人类文明的发展起着非常重要的作用，而信息存储技术和互联网的发展又掀起了出版发行业的一场新的革命，"电子出版"、"网络出版"、"网上书店"已成为发行界广为流传的术语。在众多电子版的科技文献中，"电子图书"日益受到人们的关注。

电子图书又称 e-Book，是指利用计算机技术将一定的文字、图片、声音、影像等信息，通过数码方式记录在以光、电、磁为介质的设备中，通过计算机或类似设备来读取、复制、传输的数字化书籍。完整的 e-Book 概念应该包括内容和载体，内容涉及图书的电子版、网络电子文本的制作等，载体则要求具备支持电子文本内容呈现的软件系统和硬件阅读器。换言之，e-Book 是一个由 e-Book 网站、e-Book 版权和 e-Book 阅读器（软件系统和硬件结合）三位一体组成的系统产业。

与印刷版图书相比，电子图书具有以下特点。

（1）容量大：一张光盘可以存放上百部中外名著。

（2）价格低廉：《中国大百科全书》正版光盘才 50 元人民币，而印刷本则要几千元。

（3）使用方便：阅读时可以改变图书的外观，任意放大、缩小，并可进行编辑。

（4）传播过程中的非独占性和无损害性：电子图书可以同时被多人阅读而不受损害。

一、超星数字图书馆

1. 超星数字图书馆概况

超星数字图书馆（http：//www.ssreader.com.cn/pdg.html）是国家"863"计划中国数字图书馆示范工程项目，由中国北京超星公司研制。该公司主要致力于电子图书扫描、浏览、OCR 识别和远程传输技术的研究和应用。超星数字图书馆设文学、历史、法律、军事、经济、科学、医药、工程、建筑、交通、计算机和环保等几十个分馆，目前拥有数字图书 100多万册，存有大量免费电子图书，并且每天仍在不断地增加与更新，是目前最大的中文数字图书馆。超星数字图书馆是一个网络数字图书馆，每一位读者通过互联网都可以按作者、出版社、书名等进行检索，非常方便地从超星数字图书馆的图书资料中检索到所需要的图书并免费阅读，凭超星图书卡可将超星图书馆的数字图书下载到用户本地计算机上进行离线阅读。超星图书浏览器是阅读超星图书馆馆藏图书的必备工具，浏览器可从超星图书馆网站免费下载，也可从世纪超星公司发行的任何一张数字图书光盘上获得。

主要数据库如下。

（1）电子图书。读者可阅读、下载全文。

（2）读秀学术搜索。这是由大量中文图书资源组成的知识库系统，该数据库以 300 多万种中文图书资源为基础，为读者提供深入图书内容的章节和全文检索，部分文献的全文试读，以及通过 E-mail 方式获取文献资源，是一个真正意义上的知识搜索及文献服务平台。读者可进行图书每一页的搜索，而后根据需要，阅读图书片段、相关信息，进行文献传递、网上购书等。

（3）学术视频。该学术视频由超星名师讲坛委员会进行审核，汇集国内大学的大师、知名学者、专家的课程、学术讲座及访谈的视频，是高校学生学习的学术性数据库。

（4）Medalink。目前读者对获取知识的需求日益强烈，图书馆仅单纯地为读者提供电子资源数据库已不能适应读者的全方位资源需求。读者在使用各个数据库的时候要根据不同的需求登录各种数据库进行检索，下载不同的阅读软件，既耽误时间，又耗费大量精力，而随着图书馆服务的日益发展和进步，即使是世界上最大的图书馆，也不能保证所收录的资源是最全面的，很多读者在本校、本单位查不到所需要的资源，MedaLink 就是用来弥补这些缺陷的，它可将图书馆以前无法整合的外文资源全部整合，也可与其他图书馆实现资源共知、共建、共享。对读者而言，通过一个搜索框，便可"找到、得到"所需的文献资源。

2．阅读图书全文

超星数字图书馆主要有两个页面：一是包库主页（www.sslibrary.com），二是公共网站（www.ssreader.com）。如果是团体读者，可直接进入包库主页；如果是个人读者，可进入公共网站。

（1）下载、安装阅读器。阅读超星数字图书馆网站图书，需要下载并安装专用阅读器（Ssreader），方法如下。

①　直接单击主页上的"阅读器下载"栏目。

②　选择适合的镜像站下载。例如，读者可从"电信镜像下载"或"教育镜像下载"，单击后，在下载对话框中单击"保存"按钮即可。

③　下载完毕后，双击安装程序，将进入自动安装向导，依据向导，读者可完成阅读器的安装。

此时应注意：①阅读许可协议后，要单击"我接受"按钮；②选择阅览器安装"路径"时，不能安装到中文路径下；③检查上网方式，如果安装阅览器后无法阅读图书全文，首先确认是直接上网方式（例如电话拨号上网、ISDN 上网、ADSL 上网和网关路由上网等方式）还是代理服务器上网（例如小区代理服务器上网、多人共享上网和公司代理上网等，主要有 proxy 方式和使用配置脚本方式。使用 ISA 做代理服务器上网的网络，因 ISA 具有防火墙功能，会因限制过多导致无法使用阅读器，要进行代理服务器设置）。

（2）检索图书。

检索方式有 3 种：关键词检索、分类检索和高级检索，如图 6-31 所示。

图 6-31　检索

① 关键词检索：提供书名、作者和全文检索 3 种字段检索选择。分 3 步可完成关键词检索：输入关键词—查看检索书目—阅读全文。

② 分类检索：提供按照《中国图书馆图书分类法》所规定的 22 个基本大类的分学科检索。

③ 高级检索：给读者提供更加精确的检索方式，如图 6-32 所示。

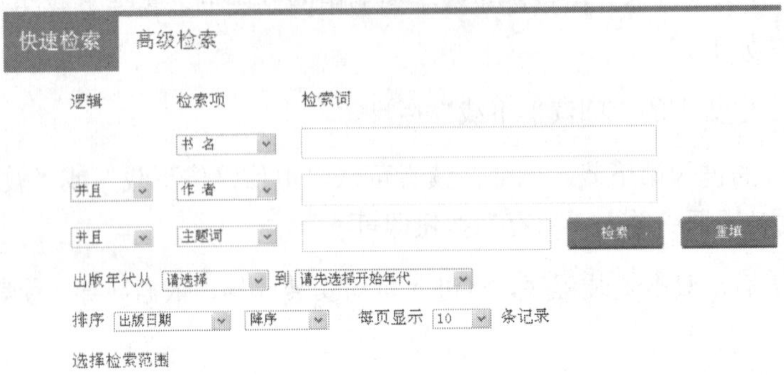

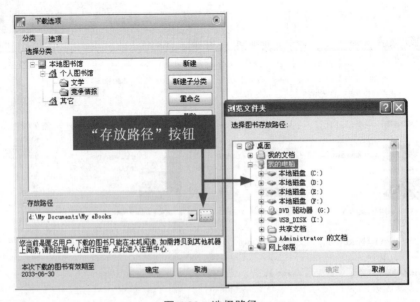

图 6-32　高级检索

（3）阅读图书。

单击书名即可在线阅读图书全文。

（4）下载图书。

打开图书全文后：

① 单击"下载"按钮。

② 自定义下载路径，如图 6-33 所示。

图 6-33　选择路径

a．在对话框中，单击"存放路径"按钮。

b．选择路径。

c．单击"确定"，开始下载。完毕后，可在自己选择的路径中找到下载的图书，进行离线阅读。

（5）阅读器的常用功能。

在阅读全文过程中，可以利用阅读器提供的功能来满足不同的需要。

① 阅读并翻页：每本书都有封面、版权页、目录和正文，阅读时可以逐页浏览，也可以直接到任意章节页面或目标页面浏览。

② 文字识别：有 OCR 识别功能，可对选中的区域进行 Word 文本编辑，还可将编辑好的字段插入到指定文档的指定位置并保存。

③ 标注：单击工具栏中的标注按钮，在弹出的菜单中可选择直线、下划线、圆圈、高亮等方式和颜色对重点字句段落进行标注。

④ 添加书签：若每次阅读的图书关闭后，下次再看时需要重新进行检索，这会比较麻烦。因此，该阅读器提供"添加书签"的功能。在阅读界面添加个人书签以后，能免去对已借阅图书每次进行检索的过程。

⑤ 书评：读者可对阅读图书发表书评并与其他读者交流。单击书目下方的"发表书评"按钮，弹出发表书评的信息栏，在其中输入读后感单击"提交"按钮即可。

3．读秀学术搜索

（1）概况。

读秀学术搜索是超星数字图书馆的产品之一，它是将知识点搜索和电子图书有机结合的一种搜索模式。它以海量的数据库资源为基础，提供深入目录和全文的知识点检索，以及使用图书馆文献传递来获取相关知识。

（2）搜索资源——通过读秀的深度搜索，快速、准确地查找图书资源。

读秀集成业界的先进搜索技术，突破以往传统的搜索模式，让搜索深入到内容的章节和全文。利用读秀的深度搜索，读者能在毫秒级的响应速度内获得深入、准确、全面的文献信息，如图 6-34 所示。

读秀给读者提供了三种不同的利用搜索方式。

① 图书搜索。

a．整合了中文图书资源，实现了文献服务单位纸质图书、电子图书的统一搜索。

b．提供了丰富的图书揭示信息（封面页、书名页、版权页、前言页、目录页、部分正文页），给用户提供了如同亲临图书馆（书店）现场翻书的环境。

c. 实现了图书的目次搜索，读者可通过搜索目次知识点来准确查找图书。

图 6-34　读秀学术搜索

② 知识（全文）搜索。

读秀的知识（全文）搜索功能，打破了文献的传统阅读使用方式，运用全文搜索手段，深入到内容和章节帮助读者直接查找、阅读到相关知识点。全新的文献利用方式，为研究型读者收集资料提供了方便快捷的工具，同时也为读者提供了更为丰富的查找结果。

a. 通过知识搜索，可获得任何文献中的一幅插图、一张图表、一项数据、一句话等各类知识。

b. 通过特定专题对搜索范围进行收缩，帮助读者快速达到特定搜索的目的。

③ 一站式搜索。

独有的一站式搜索功能，能够帮助读者搜索到所需的所有学术文献资源，如图 6-35 所示。

（3）获取资源——为读者提供多种阅读、获取资源的途径。

读秀的海量资源与文献服务单位资源整合，为用户搭建了一个丰富的学术文献资源库，同时还为用户提供了多种获取学术资源的捷径：阅读本馆电子书全文、查询馆内纸质图书及其他图书馆纸质图书、文献传递、按需印刷等，如图 6-36 所示，满足了读者快速获取知识的需求。

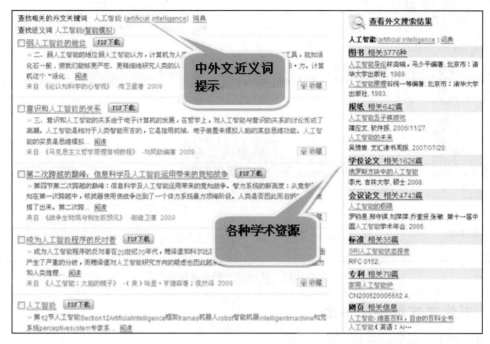

图 6-35　一站式搜索

图 6-36　多种获取资源的方式

（4）传递资源——为读者提供即时的参考咨询、文献传递服务。

通过 E-mail 快速高效地为读者提供最全面、最专业的文献资料，如图 6-37 所示。

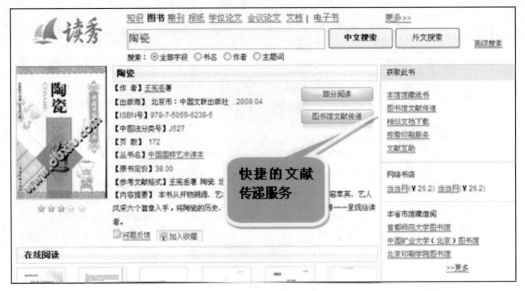

图 6-37　快捷的文献传递服务

二、书生之家数字图书馆

1. 书生之家数字图书馆简介

书生之家数字图书馆是由北京书生数字技术有限公司于 2000 年正式推出的中文图书、报刊网上开架交易平台。它集成图书、期刊、报纸、论文、CD 等各种载体的资源，下设中华图书网、中华报纸网、中华期刊网、中华资讯网和中华 CD 网等多个子网，资源内容分为书（篇）目、提要、全文三个层次，提供全文、标题、主题词等十余种数据库检索功能，还提供印刷版图书、期刊、报纸、光盘数据库以及其他数据库的网上订购功能。

书生之家数字图书馆主要提供 1999 年以来中国内地出版的新书的全文电子版，涉及社会科学、人文科学、自然科学和工程技术等所有类别，如文学艺术、经济金融、语言文化、法律政治、哲学历史等；数学、物理、生物、化学等；农业、医学、电子电工等。

书生之家数字图书馆镜像站点是书生之家数字图书馆的主要使用形式，其各项功能、数据内容与书生之家数字图书馆主网站（http://www.21dmedia.com）完全一致。读者在镜像站点上进行检索、读书、摘录与其在主网站上完全一样，根本感觉不到二者的差异。镜像站点是在单位内部的局域网上使用，读者不需要另外支付上网费用；同时在某些情况下，镜像站点的传输速度比主网站快，因此，镜像站点成为书生之家数字图书馆的主要使用形式。到目前为止，书生之家数字图书馆 99% 的用户都是通过设立镜像站点的方式为读者提供服务的。

2. 检索方法

书生之家数字图书馆除了提供分类检索、单项检索（字段检索）、组合检索（高级检索）、二次检索等通常的检索功能之外，还利用业界领先的 TRS 搜索引擎实现了海量数据的全文检索。

（1）分类检索：书生之家数字图书馆将收录图书分为 31 个大类。利用分类进行检索时，首先根据所要查找的图书内容确定其所属类别，然后按分类体系逐级选择相应类目，会出现该类目所包含的全部图书。

（2）字段检索：书生之家提供6种字段检索功能（图书名称、出版机构、作者、ISBN、丛书名称、提要）。检索时，根据需要从字段下拉菜单中选择。

（3）高级检索：也叫多条件检索，是可以实现多个检索条件的逻辑组合检索。

3．图书全文阅读

阅读图书之前，必须先下载并运行书生阅读器（reader），下载运行一次即可。以后再阅读时，会自动启动 reader 读书。

阅读图书可以从两个接口进入：一是直接单击检索结果"翻看"栏目下的"全文"进行阅读；二是先单击"图书名称"，进入后可以看到书的作者、价格、出版社、开本、出版日期和内容提要等信息，然后单击"全文"就可以进行图书的阅读了。

在阅读页面，能够进行显示、放大、缩小、拖动版面、提供栏目导航、顺序阅读、热区跳转、打印、设置书签等操作。

书生阅读器提供拾取文本功能：当用户需要对某段文字进行摘录时，可以选中"工具"菜单中的"拾取文本"菜单项，或在工具条中选中第三组中带有"abc"字样的按钮，此时鼠标指针变为"I"形式，拖动光标选中相应的文字，被选中的文字显示成蓝色，其文本被自动存入剪贴板，即可粘贴到其他文字处理程序的文档中编辑使用。

三、方正 Apabi 数字图书馆

1．Apabi 诞生的历史背景

电子图书的优点引起了出版发行单位的注意，对出版社而言，网络出版能简化出版程序、降低出版成本，没有"物流"、没有库存、节约社会资源，不需纸张印刷、没有环境污染，对于印数少但具有学术价值和文化积累价值一类图书的出版，大大降低了经营风险，不受印数限制、修订和更正迅速。预计未来15年内，电子图书将占据50%的图书市场。

然而，电子图书的版权得不到有效保护，已经成为制约网络出版业进一步发展的瓶颈。随着中国加入WTO，如何保护信息原创者的知识产权这个问题凸现出来。由北京大学方正电子有限公司于2001年春季开发的方正 Apabi 数字图书馆，凭借其雄厚的技术实力，利用其独有的激光排版技术在出版行业十多年形成的良好客户基础，同出版社携手配合，通过获得著作权人及出版社的直接授权，确保了其电子资源的权威性和可靠性，妥善地解决了制约数字图书馆发展的瓶颈问题，使方正 Apabi 制作的电子图书全都拥有真正合法的版权。

2．Apabi 简介

Apabi 中的五个字母 A、p、a、b、i 分别是 Author、publisher、artery、buyer、internet 的第一个字母，分别代表作者、出版社、分销渠道、读者（购买者）和因特网。整合起来理解，即以因特网为纽带，将传统出版社和图书馆连接起来，以电子图书为基本元素，在数字版权保护技术基础上发展起来，应用于数字图书馆、安全文档、商业领域的光盘资料发行等诸多领域的一种解决方案。换言之，方正 Apabi 系列产品以数字版权保护（DRM）技术为核心，在保护作者、出版社、发行者、图书馆和读者的共同利益基础上，为整个 e-Book 运动过程中的各个角色提供所需软件。其中包括电子书制作出版软件、电子书安全发行软件、电子书交易处理软件、电子书的阅读软件、数字图书馆支持软件以及按需印刷支持软件等系统。

作为 Apabi 方案的核心——数字版权保护（DRM）技术，通过 168 位高新加密技术，实现对拷贝、粘贴次数以及借书、还书、打印的控制，从而有效地实现了对电子出版物的版权保护。而方正安全发行软件（方正 Apabi Rights Server）是方正 Apabi 网络出版整体解决方案的组成软件之一，经过方正出版制作软件（Apabi Maker+Writer）生成的 CEB 文件，可以提交到方正 Apabi Rights Server，方正 Apabi Rights Server 自动对提交的 CEB 文件进行加密，保护电子图书（e-Book）的版权，并管理相应的元数据（作者、书名、书号、定价、出版社名和摘要等信息）。方正 Apabi Rights Server 还提供了数据查询和数据管理的功能，可以像印刷书一样把握电子书的销售和借阅。

通过方正 Apabi 产品，出版社可以很方便地制作和出版电子书，并且保护作者及出版社的版权；数字图书馆可以很容易地建立逻辑资源、实现网上借阅；读者可以通过互联网买书、借书、还书，在本地机器上阅读，但所买或所借的电子书只能通过授权传播。

3．Apabi 数字图书馆

方正 Apabi 数字图书馆实际上是一个电子图书资源管理平台，可采购到数百家出版社生产出版的各种高质量电子图书，并可永久拥有所购买的完全正版、高质量的电子图书。目前，方正 Apabi 数字图书系统拥有 4 万本最新、正版的电子图书资源库。此外，通过方正 Apabi 数字图书馆的整体解决方案，可实现数字图书馆的系统管理、图书打包、入库、全文检索、读者下载浏览等功能，有效管理图书馆的自有资源；对于读者，方正 Apabi 数字图书馆提供了方便的网络借阅服务，提供了支持计算机、手持阅读器等硬件平台的阅读。

4．检索界面

方正 Apabi 在其检索界面上集成了整个系统的浏览、检索与显示等功能。同其他的数字图书馆一样，方正 Apabi 有两个可供用户使用的检索界面，即主网站上的检索界面和专用图书阅读器中的检索界面，两个界面的检索功能基本一致。在方正 Apabi 的检索界面上，具有分类（按《中图法》分类）浏览功能，以及书名、责任者、出版社、年代等检索入口及组合检索方式，其页面显示具有翻页功能及跳转页的功能。在专用图书阅读器检索界面上，除具有网上阅读器功能外，还增加了全文检索、对检索结果一次显示等功能。为方便用户，还设置了相关信息的链接，如出版社、网上书店、图书馆、使用帮助功能的设置。方正 Apabi 采取先进的数据加密技术，用户在阅读和使用时，必须使用由方正 Apabi 提供的专用阅读软件（即阅读器或浏览器）。

5．浏览器功能

方正 Apabi 在阅读器的功能设置方面不仅考虑到了电子图书资源在使用时的特性，也成功借鉴了传统阅读方式的经验，除设置了页面缩放旋转、图书章节导航、书上内容查找、有限制的文字拷贝、打印（由出版单位规定权限）、全文下载等电子图书的功能外，还设置了上下翻页、目录页/正文页、指定页/指针定位页、自动滚屏、加书签、批注、划线、加亮、目注、显示比例调整、更换背景颜色等比照传统阅读方式的功能，使读者在使用电子图书时仍然可沿用在进行传统方式阅读时的习惯，有利于读者快速接受电子阅读方式。

第六节 国外著名数据库

一、Ebsco 系列数据库

Ebsco host 数据库是美国 Ebsco 公司三大数据系统之一（另外还有 Ebsco online 和 Ebsco net），也是目前世界上比较成熟的全文检索数据库之一，共包括 60 多个专项数据库，其中全文库 10 个。

1．数据库简介

（1）Academic Source Premier（多学科全文学术期刊）。它是当今世界最大的多学科学术期刊全文数据库，专为研究机构所设计，提供丰富的学术全文期刊资源。Academic Search Premier 提供的许多文献是无法在其他数据库中获得的。这个数据库提供了 8 373 种期刊的文摘和索引；4 711 种全文出版物，其中 100 多种全文期刊回溯到 1975 年或更早；大多数期刊有 PDF 格式的全文；很多 PDF 全文是可检索的 PDF（Native PDF）或彩色的 PDF。这个数据库几乎覆盖了所有的学术研究领域，包括：社会科学、人文科学、教育学、计算机科学、工程学、物理学、化学、语言学、艺术、文学、医学、种族研究等。

（2）Business Source Premier（商业、管理、财经全文）。这个数据库是为商学院和与商业有关的图书馆设计的，收录了 7 400 多种学术性商业类全文期刊，文摘和索引的收藏超过 8 380 种期刊。学科领域包括：管理、市场、经济、金融、会计、国际贸易等。Business Source Premier 包括世界上最著名的商业类期刊，特别是在管理学和市场学方面。这个数据库还包括 EIU、DRI-WEFA、ICON Group 和 Country Watch 的国家经济报告。EBSCO 正在与出版社合作制作的 300 种著名商业学术期刊的全文回溯数据也包括在这个数据库中，其中 200 种期刊有 PDF 格式的全文，这些回溯期刊可回溯到 1965 年或期刊创刊年，其中部分期刊更可提供过去 50～100 年的全文。Business Source Premier 的用户可查阅由 Data monitor 所提供的 5 000 家公司的概况和 1 600 个产业报告。

（3）ERIC（教育学文摘）。ERIC（Educational Resource Information Center）是由美国教育部、国家教育图书馆和教育研究与发展办公室资助的国家信息系统。ERIC 提供 2 200 个文摘和来自于 1 000 多种教育学和与教育有关的期刊的索引和摘要。EBSCO 的 Premier

版数据库用户可通过 ERIC 连接到 500 种期刊的全文。

（4）MEDLINE（医学文摘）。即美国国家医学图书馆（National Library of Medicine）制作的医学文献数据库。收录 4 600 余种现刊的索引和摘要，包含 Index Medical、International Nursing Index、Index to Dental Literature、PREMEDLINE、AIDSLINE、BIOETHICSLINE 和 HealthSTAR。提供 MeSH（Medical Subjet Headings）检索。EBSCO 的 Premier 版数据库用户可通过 MEDLINE 连接到 1 150 种期刊的全文。

（5）Newspaper Source（综合性全文报纸）。包含 217 种国际性知名报刊的摘要、索引、全文及专栏文章。这个数据库完整收录了包括 The Christian Science Monitor、USA Today、The Times（London）在内的报纸；部分收录了 Boston Globe、Detroit Free Press、Houston Chronicle、Miami Herald、San Jose Mercury News 等报纸。另外还包括由 CBS News、FOX News、NPR 等新闻机构提供的广播和电视新闻稿。

（6）Professional Development Collection（教育学全文）。即为专业教育人员提供的高度专业化的电子信息。此数据库包括从儿童健康与发育到教学理论及其实践的各个方面。全文包括：Chronicle of Higher Education、Educational、Leadership、Journal of Education、Journal of Learning Disabilities、Theory Into Practice 等 500 多种专业期刊、167 种教育手册和即将提供的教育学专著。

（7）Regional Business News（地区商业新闻）。这个数据库覆盖了美国国内所有大城市和乡村地区的 75 家商业杂志、报纸和新闻专线。这个数据库每日更新。

（8）MasterFILE Premier（综合性数据库）。此多学科数据库专门为公共图书馆而设计，它为 2 100 多种普通参考出版物提供了全文，全文信息最远可追溯至 1975 年。MasterFILE Premier 几乎涵盖每个综合性学科领域，并且还包括近 650 本全文参考书、84 074 本传记、86 135 份主要来源文献和由 107 135 张相片、地图和标志组成的图片集。此数据库通过 EBSCO 主机进行每日更新。

（9）History Reference Center（历史数据库）。它提供了 750 多部历史参考书和百科全书的全文以及近 60 种历史杂志的全文，并包含 58 000 份历史资料、43 000 篇历史人物传记、12 000 多幅历史照片和地图以及 87 小时的历史影片和录像。

（10）Vocational and Career Collection（技职教育数据库）。它为服务于高等院校、社区大学、贸易机构和公众的专业技术图书馆而设计，提供了 400 种与贸易和工业相关的期刊的全文收录。

2. 数据库特点

（1）海量数据的高度整合，集题录、文摘、全文文献信息于一体；

（2）设有包括全文检索在内的众多检索入口，用户可以通过某个检索入口进行初级检索，也可以运用布尔算符等灵活组织检索提问式进行高级检索；

（3）具有引文链接功能；

（4）全文信息完全数字化，可通过 PDF 下载，并有清晰的画面图片；

（5）提供了国内馆藏全文链接；

（6）更新频率快，收录年限从 1984 年始。

3．检索方法

（1）数据库选择。

单击图 6-38 中 EBSCOhost Web 链接进入 EBSCO 全文数据库选择页面。

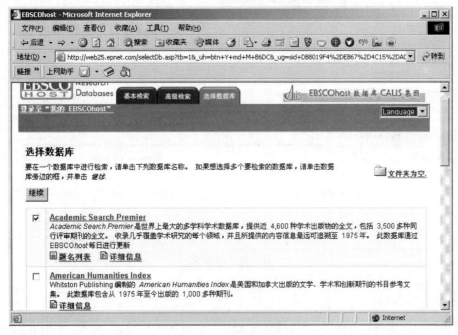

图 6-38　选择数据库

首先选择 Language 语言文字以方便检索，如简体中文。

接着选择数据库，有多个数据库可供选择，可以全选也可以单选，然后按 Continue 按钮继续。

① 对单个数据库进行检索。

如果要对某个数据库单独进行检索，只需用鼠标单击这个数据库的名称，也可以在这个数据库前的方框内打钩，然后按 **Continue** 按钮。

② 对多个数据库进行检索。

在所有欲同时检索的数据库前的方框内打钩，然后按 **Continue** 按钮。请注意：同时对多个数据库进行检索可能会影响某些检索功能或数据库的使用。比如，如果所选的数据库使用了不同的主题词表，则无法使用主题检索功能；又如，单独检索 Business Source

Premier 数据库时，可以使用 Company Profiles 数据库，而对 Business Source Premier 和其他数据库进行检索时，则无法使用此数据库。

（2）基本检索。

选择 Academic Source Premier 数据库，单击"继续"按钮进入图 6-39 所示界面。

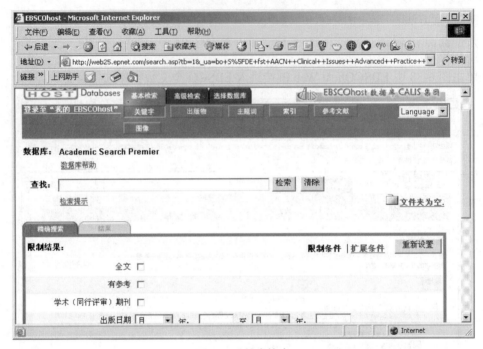

图 6-39　基本检索

① 输入检索词。

搜索途径可选择：关键字、出版物、主题词、索引、参考文献、图像。采用 Refine Search 精确搜索。可以加上搜索限制，也可以扩张搜索范围。

出版物检索提供了名称导航。要检索"Dance Magazine"直接单击字母"D"即可。并提供了 4 个检索点：按字母顺序、按主题、按主题和说明、按匹配任意关键字。如图 6-40 所示。

② 使用运算符。

a. 逻辑运算符："and"、"or"、"not"。

b. 优先级："（"和"）"，在默认情况下，逻辑运算的优先级次序是"非"、"与"、"或"。如果要改变默认的优先级次序，则需要使用"（"、"）"。括号可以嵌套。

c. 通配符（"？"、"*"）：用于关键词中。"？"用来替代任何一个字母或数字，"*"用来替代多个字母或数字。但用通配符替代的字母或数字仅限于一个关键词内。

d. 位置运算符号（"Wn"和"Nn"）：用以指定关键词出现的顺序和位置关系。

图 6-40　名称导航

③ 限定选项，如图 6-41 所示。

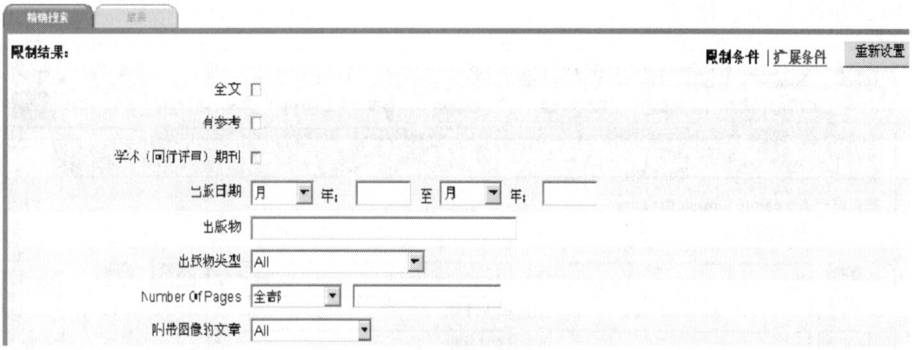

图 6-41　限定选项

使用限定选项可以得到较少的检索结果。限定选项会因选用的检索方式（基本检索、高级检索）和检索的数据库的不同而不同。

常用限定选项如下。

a．全文"Full Text"：只检索有全文的文章，没有全文的文章则不会在检索结果中出现。

b．学术（同行评审）期刊"Scholarly（Peer Reviewed）Journal"：有专家评审的期刊中的文章。

c．出版物 "Publication"：在限定的出版物中检索。

d．出版日期 "Published Date"：限定文章的出版时间范围。起、止时间可以填一个也可以两个都填，以表示：在一个时间之前、在一个时间之后、在两个时间之间。

④ 扩展选项：扩展选项使检索结果变多。如图 6-42 所示。

图 6-42　扩展选项

常用扩展选项如下。

a．在全文中检索：在未选定此选项的情况下，系统会在文章名、作者、期刊名、摘要等默认检索字段中做检索。选定这个选项后，系统会在默认检索字段和全文（如果有全文）中都检索。

b．检索相关词：相关词指同义词。如 bike 和 bicycle。

（3）高级检索。

高级检索提供更多检索方式和检索选项，如图 6-43 所示。其适合有各种需求的读者使用，使检索更加便捷、准确。

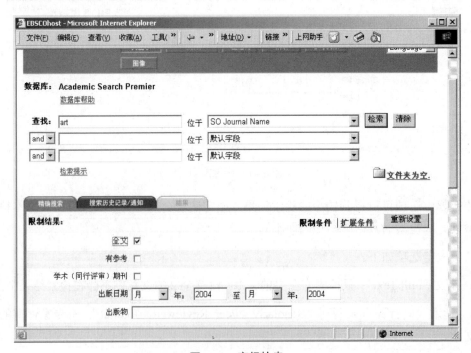

图 6-43　高级检索

① 检索途径。

直接在检索词栏中输入检索词及每个检索词的搜索途径。检索途径有：TX——全文，AU——作者，TI——篇名，SU——主题，KW——关键词，AB——文摘，IS——ISSN，SO——期刊名，PE——人物，CO——公司。比如：AU Smith 就将在 Author 字段中搜索 Smith。每个检索词之间可用 And、Or、Not 连接。

② 搜索限制，如图 6-44 所示。

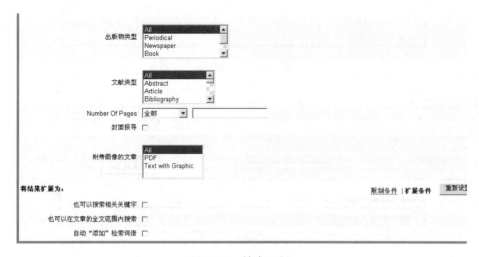

图 6-44　搜索限制

高级检索提供更多的检索选项，检索选项会因检索的数据库的不同而不同。常用选项如下。

a. 出版物类型（Publication Type）：只检索发表在指定类型的出版物上的文章。可多选。

b. 全文页数选项（Number of Pages）：可限定全文的页数范围。如："1-3"表示全文的页数为 1 页到 3 页之间；"10+"表示全文的页数大于 10 页；"-5"表示全文的页数小于 5 页。

c. 封面故事（Cover Story）：封面故事是在期刊封面上着重介绍的文章。通常封面故事是在期刊出版当时发生的比较重要的事件或比较重要的文章。选择此选项则只在封面故事中进行检索。

d. 检索图片（Articles With Images）：检索有图片的文章。可选择 PDF 格式的图片、HTML 格式的内嵌的图片，或两者都选。

③ 检索历史。

在高级检索中单击"Search"按钮进行新的检索，会在历史记录表中产生一条新的检索历史记录。每一条历史记录有一个编号，可以用这个编号代替检索命令用于构建检索表达式。单击"Search History"进入检索历史，如图 6-45 所示。

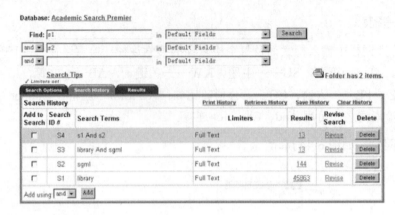

图 6-45　检索历史

4．检索结果

（1）结果清单，如图 6-46 所示。

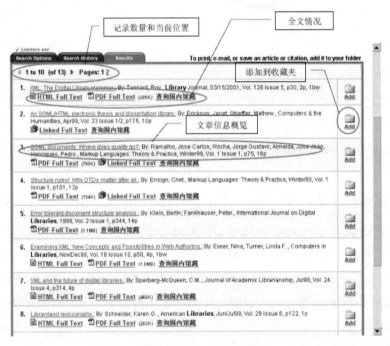

图 6-46　检索结果

① 记录数量和当前位置：这一区域显示符合检索条件的记录数、现在显示的记录范围、翻页按钮、快速翻页按钮。

② 文章信息概览：这一区域显示文章的信息——文章题名、编著者、来源刊、出版时间、页码页数、图片图表情况等。

③ 全文情况：这一区域显示数据库中收录这篇文章的全文的情况。全文的格式可能有：HTML、XML、PDF。另外，还提供了国内馆藏查询功能。当看到有"Linked Full Text"图

标时，说明这篇文章在其他 EBSCO 数据库（指当前检索者拥有使用权的数据库）中有全文。

④ 添加到收藏夹：将文章存入用于临时保存文章的文件夹。

（2）收藏夹：数据库检索系统中有一个临时的个人收藏夹。在一次检索的过程当中，检索者可随时将需要进一步处理的文章存入收藏夹中，以便检索完成后集中处理。如图 6-47 所示。

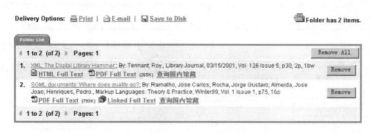

图 6-47　收藏夹

（3）详细信息。单击文章题名或全文按钮，打开详细信息页面，如图 6-48 所示。该页面可按其功能分为 3 个区域。

图 6-48　详细信息页面

① 导航区：有翻页按钮、检索按钮、存档按钮、显示切换按钮等。

② 引文信息区：显示详细文章信息，包括文章摘要。

③ 全文信息区：显示可以提供的全文格式。如果有 HTML 或 XML 格式的全文，则直接显示在此区域中；如果要浏览 PDF 格式的全文，需事先安装 Acrobat Reader 等 PDF 浏览器，之后单击 PDF 全文的链接，浏览器会自动打开。

（4）下载全文。单击图 6-48 中 PDF Full Text 或 HTML Full Text，打开相关文章。图 6-49 为数据库提供的 PDF 格式的全文。

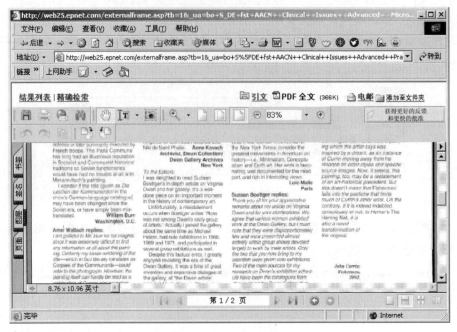

图 6-49　PDF 格式全文

（5）引文链接。单击该链接得到该篇引文信息，包含主题语、摘要、ISSN、入藏号、国内馆藏全文链接等，如图 6-50 所示。

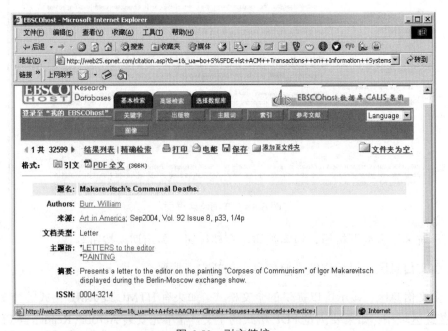

图 6-50　引文链接

（6）保存全文。

① E-mail 发送。可以选择用 E-mail 发送引文信息、全文。也可以选择用 E-mail 发送可以链接到数据库中的文章的链接地址。如果选择发送文章链接地址，E-mail 中还可以包括一条 HTML 命令，可用于在个人网站上发布。

② 存盘。可以保存文章、保存链接和保存数目信息。

③ 打印：PDF 的全文请用 PDF 浏览器提供的打印功能打印。文本格式的全文可使用数据库提供的打印管理器打印。打印管理器会对全文进行格式化，并将结果显示在单独的窗口中供打印。

5．其他检索

（1）主题检索：可以按字母顺序和相关性对主题词表进行检索。单击高级检索下主题检索按钮，进入主题检索页面，如图 6-51 所示。

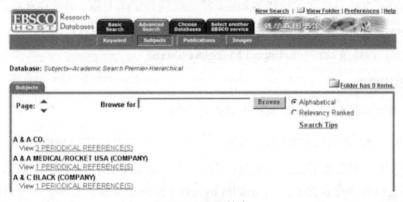

图 6-51　主题检索

（2）出版物检索。单击高级检索下出版物检索按钮，进入出版物检索页面，如图 6-52 所示。

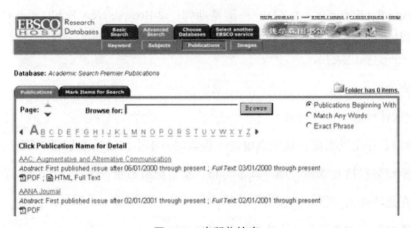

图 6-52　出版物检索

（3）公司概况数据库。在单独检索商业资源（Business Source 系列）数据库时，可以使用公司概况数据库。它可以提供较详细的公司情况报告。单击按钮即可打开公司概况数据库的检索画面，然后可以浏览或检索公司名称。

（4）参考图片数据库。一个可检索的图片资料库。单击按钮可打开参考图片数据库的检索画面，然后可以检索图片的说明文字。

二、Springer Link 外文期刊数据库

1．数据库简介

Springer 是国际著名出版公司，Springer Link 是 Springer 公司的电子期刊数据库，包括 1 900 多种期刊，其中绝大多数是英文期刊，学术价值较高。Springer Link 涵盖 13 个学科：建筑与设计，行为科学，生物医学和生命科学，商业和经济，化学和材料科学，计算机科学，地球和环境科学，工程学，人文、社科和法律，数学和统计学，医学，物理和天文学，专业计算与网页设计以及 2 个特色数据库：中国在线科学图书馆、俄罗斯在线科学图书馆。

Springer-Verlag 和 EBSCO/Metapress 公司在清华大学图书馆联合设立了国内唯一的 Springer Link 镜像站点，网址是 http：//Springer.lib.tsinghua.edu.cn。

2．数据库检索

用户可通过 search、browse 两种方式进行检索。

（1）search。search 具有检索功能（可输入检索词），分一般性检索（快速检索）和高级检索。

高级检索有 3 种检索方式。分别是：①Articles by citation（根据引文检索文章）——直接输入引文检索词检索文献；②Articles by text（根据全文检索文章）——直接输入全文检索词检索文献；③Publications（检索期刊）——直接输入检索词检索期刊。后面将重点介绍 articles by text 和 publications 两种检索方式。

（2）browse。browse 仅具有浏览功能，不能输入检索词检索，只能浏览查找，分别是：①Browse Publications（A-Z）——浏览期刊；②Browse New Publications——浏览最新期刊；③Browse by Online Libraries（subject areas）——浏览在线图书馆；④Browse Publishers——浏览出版社。

3．检索方法

（1）一般性检索（快速检索）。

快速检索是在主页上部快速检索框输入检索词，单击快速检索按钮"GO"进行检索。

① 检索结果包括文章名、期刊基本信息、检索结果数量。

② 可在此基础上进行二次检索。

③ 可通过翻页键查看其他页中的文章列表。

④ 可单击文章名进一步查询。

一般性检索的检索结果利用与其他检索方法得到的结果基本相同。

（2）根据全文检索文章。

单击主页上的"高级检索"按钮，进入高级检索界面，如图 6-53 所示。

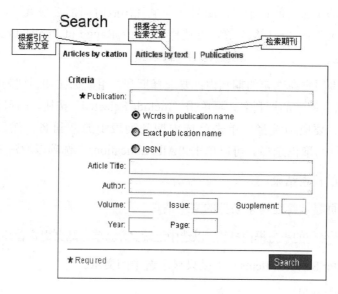

图 6-53 高级检索

① 关键词检索的选项。

a．关键词：在"Search For"后的文字输入框内输入关键词。关键词可以是一个单词也可以是多个单词。

b．关键词之间的逻辑关系：根据检索者选择的检索策略，可以在关键词之间输入逻辑运算符；也可以让系统用检索者选择的默认逻辑关系进行检索（当选择"All Words"时，检索全部关键词；当选择"Any Words"时，检索任意一个或多个关键词；当选择"Exact Phrase"时，全部输入的内容按词组进行精确查找）。

c．逻辑运算符：当选择"Boolean Search"为检索策略时，输入"AND"表示逻辑"与"、输入"OR"表示逻辑"或"、输入"NOT"表示逻辑"非"。

d．"*"截词符——前方一致：用于关键词的末尾，以代替多个字符。

e．优先级运算符"（"、"）"：可使系统按照检索者要求的运算次序，而不是默认的逻辑运算优先级次序进行检索。

f．"Order By"选项：用于设置检索结果的排序方式。选择"Recency"，检索结果将按出版时间排序，新近出版的排在前，较早出版的排在后。选择"Relevancy"，检索结果将按照与检索关键词的相关度（或称符合度）排序，相关度高的排在前。

g. "Within" 选项：设置检索范围。选择 "Full Text" 时，在全文、文摘和篇名中检索；选择 "Abstract" 时，在文摘和篇名中检索；选择 "Title" 时，只在篇名中检索。

② 文章检索中的高级检索选项。

a. 单击 "Show Advanced Options" 按钮可显示高级检索选项。

b. 限定文章的出版时间：最早出版时间和最晚出版时间都必须填写。格式为：月/日/年。如 "12/01/2001" 或 "6/1/02" 等。可选择 "Entire Range of Publication Dates" 选项以取消出版时间限定。

c. 将检索范围限定在选定的期刊内：要选择期刊，用鼠标在期刊列表中（按刊名的字母顺序排列）单击要检索的期刊名，再单击 "Include Selected" 按钮，即可将期刊添加到已选中期刊列表中。要取消选择，单击已选中期刊列表中的期刊名，然后单击 "Exclude Selected" 按钮，即可取消选择。可以单击 "All Publications" 选项以取消期刊范围限定。

③ 文章检索的检索结果。

a. 检索结果页显示符合检索条件的文章清单。

b. 可以在文章名前的小方框内打钩，以选中这篇文章。单击翻页键查看其他页的文章列表。

c. 单击 "Filter Selected Items" 可以只显示选中的文章。

d. 可以对检索结果进行二次检索。

e. 检索结果中只显示文章的简要信息，单击文章名可查看文章的详细介绍。

f. 单击翻页键，可以查看前后文章，如果已经选择了 "Filter Selected Items"，翻页时只能翻看已选中的文章。

g. 在文章详细信息画面中有全文下载提示，它说明全文收录情况。对于有全文的文章可以看到下载按钮——"Open Fulltext" 按钮。

h. 单击 "Open Fulltext" 按钮可以打开 PDF 格式的全文。

i. 用 Acrobat Reader 提供的功能可以对 PDF 文件进行操作。

④ 文章检索的二次检索。

在 "Search Results" 中二次检索框 "For:" 之后输入检索关键词，对检索结果进行二次检索。

（3）检索期刊。

① 检索期刊的基本检索方法。

a. 检索期刊的方法与文章检索类似，但要简单些。

b. 可以用 "Within" 选项限定检索期刊的检索范围，在期刊简介和期刊名中检索或只在期刊名中检索。

② 检索期刊的检索结果。

a. 输入检索词（如 chemistry）进行检索，得到的期刊检索结果页面只显示期刊名，要获得详细的期刊信息，需单击期刊名进入该期刊详细信息页面。

b. 可以在期刊名前方的小方框内打钩以选中这种期刊，并用"Filter Selected Items"按钮过滤已选中的期刊，期刊名前方的"🔓"符号表示该期刊提供全文。

c. 可以对检索期刊结果进行二次检索。

d. 可以单击"More…"翻页浏览符合检索条件的期刊清单。

③ 期刊详细信息。

a. 期刊详细信息中包含可以通过镜像站获取全文的全部卷次信息。

b. 单击卷次前的图标或卷次下的"More…"可以查看该卷中已经出版的所有期次。

c. 单击期次可以查看该期中所有文章的清单，单击文章名进入文章的详细介绍页面。

d. 可以在期刊详细信息页面中检索在这种期刊中发表的文章。

e. "Online First"标识表示文章首先以电子方式出版，毋须等待以卷期为出版标准的印刷版，内容并不是本期的全部。

④ 检索期刊的二次检索。

可以对检索期刊的结果进行二次检索，也可以对检索到的一种期刊中的文章进行检索。在"For:"之后的输入栏中输入要检索的关键词并按"Search"键进行检索。

三、EI（工程索引）

1. EI 概况

EI（The Engineering Index，工程索引）由美国信息工程公司出版发行，是世界著名的检索工具，创刊于 1884 年，距今已有 100 多年的历史，是世界上最悠久的一部大型综合性检索工具。

作为一部世界著名的工程技术领域的综合性检索工具，EI 所收录文献的学科范围十分广泛，涉及工程技术领域的各个方面，包括机械工程、机电工程、船舶工程、制造技术、矿业、冶金、材料工程、金属材料、有色金属、陶瓷、塑料及聚合物工程、土木工程、建筑工程、结构工程、海洋工程、水利工程、化工、农业、生物工程、环境、地质、燃料工程、石油、仪表数据、工业管理，以及一些新兴学科如核能、航空和宇航技术、人机工程等。其所报道文献的种类多种多样，有期刊论文、技术图书、技术报告、学位论文、标准、政府出版物等。地理范围覆盖广泛，收录了 50 多个国家的 5 000 多种工程类出版物，其中绝大多数为英文文献，1992 年开始收录中国期刊。

EI 创建初期为年刊，1962 年发行月刊，1969 年开始提供 EI Compendex 数据库服务，

1988 年又推出了 Compendex Plus 数据库的只读光盘。随着计算机技术的迅速发展，进入 20 世纪 90 年代之后，EI 开始推出 Web 版集成信息服务系统。

EI 以收录工程技术领域的文献全面且水平高为特点，且其所附文摘直接按字顺排列，由专家编写，质量较高，索引简便实用。它对纯理论性的文献和专利文献不予收录。

2．EI Village 简介

1995 年以来，EI 公司开发了称为"EI Village"的系列产品。EI Village 将各种工程信息资源集成在一起，形成网上统一的检索平台，集成的信息资源包括世界上最全面的工程类文摘数据库 Compendex（计算机化工程索引）及其他 200 多个数据库。1998 年，EI 公司在清华大学图书馆建立了 EI Village 中国工程中心镜像点。2000 年，EI 推出新版本 Engineering Information Village-2，对其文摘录入格式进行了改进，并且首次将文后参考文献列入 Compendex 数据库。

3．数据库检索

（1）检索字段。检索字段包括：摘要（Abstract）、题目（Title）、翻译的题目（Translated Title）、作者（Author）、作者单位（Author Affiliation）、编辑（Editor）、编辑单位（Editor Affiliation）、刊名（Serial Title）、卷标（Volume Title）、专论题目（Monograph Title）、图书馆所藏文献和书刊的分类编号（CODEN）、国际标准期刊编号（ISSN）、国际标准图书编号（ISBN）、出版商（Publisher）、Ei 编录号（Accession Number）、EI 分类号（EI Classification（CAL）Code）、会议代码（Conference Code）、会议名称（Conference Title）、会议日期（Meeting Date）、会议地点（Meeting Location）、主办单位（Sponsor）、EI 受控词（EI Controlled Terms）、EI 主标题词（EI Main Heading）、自由词（Uncontrolled Terms）、语言（Language）、文件类型（Document Type）。

"所有字段（All Fields）"为检索数据库时的默认值。

（2）检索方式。

① 快速检索（Quick Search）。能够进行直接快速的检索，其界面允许用户从一个下拉式菜单中选择要检索的各个项目。

开始一个检索时，Engineering Informantion Village-2 将跟踪用户在检索中所输入的检索式，而且用户有一个在检索过程中所选择文件的列表。检索结束后，用户可以将检索式和检索结果保存在个人账户中，下次检索可以调用。

② 高级检索（Expert Search）。提供更强大而灵活的功能，与快速检索相比，用户可使用更复杂的布尔逻辑检索，该检索方式包含更多的检索选项。

四、SCI（科学引文索引）

1．SCI 和 ISI Web of Science 简介

SCI（Science Citation Index，科学引文索引）于 1961 年由美国科学技术信息研究所

（Institute for Scientific Information，ISI）在美国费城创办。它是一种大型的使用引文进行统计的综合性索引检索出版物，其范围涵盖 40 多个国家的 6 500 多种重要期刊，涉及数学、工程技术、物理、化学、生物、环境科学、天文、地理、材料等 150 多个学科领域，时间跨度从 1900 年至今。

SCI 是第一个使用引文检索的检索工具。引文分析法是一种重要的文献分析方法，对于评价文献质量、揭示文献之间的关系以及明晰学科发展脉络具有重要作用。引文检索，简而言之就是"谁在什么作品中引用了谁的文献"，即可以向上追溯此文献的引文，向下检索引用此文献的文献。

SCI 也是通过著者途径查找文献的检索工具，它的最大特点是提示了著者之间、文献之间引用和被引用的关系。这种关系可衡量一篇文献的学术价值，即一篇文献的被引用率越高，其学术价值就越大，同时也可以分析学科之间的交叉渗透关系和发展动向，进行人才预测等。

SCI 由三部分组成。

（1）引文索引（Citation Index），这种索引的编排以被引用文献的作者姓名顺序排列，因此也称为"著者引文索引"。使用这种索引可以从被引作者找到引用作者的文献，从而查找到最新的文献资料。

（2）来源索引（Source Index），这是从引文作者的姓名着手查找其文章题目的索引。

（3）轮排主题索引（Permuterm Subject Index），这种索引以来源文献的关键词进行轮排，由关键词出发查到来源文献的作者姓名，再使用来源索引就可以查到文献的具体著录信息。

正是基于 SCI 以上的文献分析方法以及其审核文献的严格作风，使得 SCI 不仅可以作为一种检索工具来使用，而且成为对科研机构和个人进行评价的重要依据之一。其不足之处在于，偏重于对英文文献以及英美两国刊物的收录。

随着科技的发展，SCI 除印刷版外，还陆续推出了光盘和联机数据库。1997 年，ISI 推出了其网络版的数据库 Web of Science。ISI Web of Science 是 Thomson scientific 建立的三大引文数据库的 Web 版，由三个独立的数据库组成，分别是 Science Citation Index Expanded（SCI Expanded）、Social Sciences Citation Index（SSCI）和 Arts & Humanities Citation Index（A&HCI）。内容涵盖自然科学、工程技术、社会科学、艺术与人文等诸多领域的 8 000 多种学术期刊。Web of Science 不仅是 SCI 的网络版，与 SCI 的光盘版相比，Web of Science 的信息资料更加可靠，其中的 Science Citation Index Expand 收录全球 5 900 多种权威性学术期刊。

2. 检索要求

（1）在检索框中根据字段要求输入关键词、著者姓名、刊名及专利号等。

（2）支持 AND、OR、NOT、SAME 的逻辑组配，SAME 要求检索词必须出现在同一个句子中，其运算次序为：SAME>NOT>AND>OR。

（3）截词符："？"代表单个字符，"*"代表多字符。

五、ISTP（科学技术会议录索引）

1. ISTP 数据库介绍

ISTP（Index to Scientific &Technical Proceedings，科学技术会议录索引）数据库由美国科学信息研究所（ISI）编辑出版。它是一部综合性的科技会议文献检索刊物，1978 年创刊，每年报导的会议文献占世界会议录出版总量的一半，75%～90%的著名会议文献在 ISTP 中有所报道，内容涉及社会科学、人文科学、生命科学、物理、化学、生物、农业、环境科学、工程技术、医学等各学科领域。该刊每隔 6～8 周出版一期，年度累计索引与年末最后一期月刊的出版时间仅隔 3 个月。

ISTP 原来在 ISI Web of Knowledge 平台被称为 ISI Proceedings 数据库的自然科学版。在产品升级中，这个数据库被整合在 Web of Science 数据库之中，成为其中的一个子库，并更名为 Conference Proceedings Citation Index-Science，即会议录引义索引，简称 CPCI，因此此数据库的检索方法同 SCI 类似，完全可以参考其使用方法。

2. ISTP 检索

ISTP 提供 Full Search 和 Easy Search 两种检索界面。

（1）Full Search 提供较全面的检索功能，通过主题词、作者名、期刊名、会议或作者单位等检索途径，可限定检索结果的语种、文献类型、排序方式，可存储/运行检索策略。

（2）Easy Search 检索功能相对简单，可以对感兴趣的特定主题、人物、地点进行检索。

六、CA（美国《化学文摘》）

CA（Chemical Abstracts，美国《化学文摘》）是世界上著名的检索刊物之一。创刊于 1907 年，由美国化学协会化学文摘社（CAS of ACS，Chemical Abstracts Service of American Chemical Society）编辑出版。CA 自称是"打开世界化学化工文献的钥匙"，在每一期 CA 的封面上都印有"KEY TO THE WORLD'S CHEMICAL LITERATURE"。

CA 收摘世界上 150 余个国家和地区 60 多种文字的文献，近 2 万种科技期刊论文、政府出版物、会议文献、图书及综述、专利等文献，占全世界化学文献总量的 98%，其中 70% 的资料来自美国以外的国家和地区。从文献内容看，CA 收录的主要是纯化学和应用化学各领域的科研成果和工艺成就，而不报道化工经济、市场、化学产品目录、广告及化工新闻方面的消息。

CA 检索系统无论从报道文献数量、编排体系、文献著录格式方面看，还是从文摘质量、索引体系及其辅助检索手段上看，都独具特色。

CA 网络版（SciFinder Scholar）在充分吸收原书本式 CA 精华的基础上，利用现代机检技术，进一步提高了化学化工文献的可检性和速检性，整合了 Medline 医学数据库、欧洲和美国等 30 几家专利机构的全文专利资料，以及《化学文摘》1907 年至今的所有内容。它涵盖的学科包括应用化学、化学工程、普通化学、物理、生物学、生命科学、医学、聚合体学、材料学、地质学、食品科学和农学等诸多领域。它使用户可以通过网络直接查看《化学文摘》1907 年以来的所有期刊文献和专利摘要，以及 4 000 多万化学物质记录和 CAS 记录号。

思考题

1．数据库有哪些类型？

2．数据库具有哪些基本的检索功能？

3．利用 CNKI 中国学术期刊全文数据库，检索 2007 年以来"国家自然基金"或"国家社会科学基金"资助的与所学专业相关的论文。写出检索的时间范围、专辑、检索式、检索过程，并下载一篇文章的全文。

4．利用 CNKI 中国期刊全文数据库的期刊导航，查询被收录的本专业的核心期刊。

5．如何利用维普期刊资源整合服务平台查找有关"计算机"主题内容的中图分类号？

6．在维普期刊资源整合服务平台中检索本校教师 2000 年以来发表的论文收录情况，并统计 SCI 来源期刊、EI 来源期刊、CA 来源期刊、CSSCI 来源期刊、CSCD 来源期刊的发文情况。

7．利用万方数据资源系统检索与所学专业相关的文献（期刊论文、科技成果、专利文献等）。

8．利用万方数据资源系统检索与所学专业相关的某一地区的企业情况。

9．纸质图书和电子图书的优缺点有哪些？

10．如何实现外文数据库对词组的"精确检索"？

11．Ebsco host 数据库中最著名的两个数据库是什么？简述其收录文献的学科内容。

12．Springer or Link 高级检索界面可以实现的检索内容有有哪些？

第七章

特种文献信息检索

特种文献是专利文献、标准文献、会议文献、科技报告和学位论文的总称。它们发行渠道特殊、形式各异，具有其他文献所不能取代的特殊价值，在信息检索方法方面也有别于图书报刊的检索工具。它们在传递科技信息方面发挥的作用往往比常规文献还要大。下面介绍几种主要的特种文献的检索。

第一节　专利文献检索

专利文献是专利制度的产物。专利制度是当生产力及科学技术发展到一定的水平时，为了确保智力劳动成果的价值得到充分地肯定和承认而形成与建立的。专利权的雏形可以追溯到 13 世纪，英国国王以颁发诏书的形式，对新发明或将新技术引进到英国的人授予一定期限内的垄断权。1474 年，威尼斯公布了世界第一部专利法，使专利作为一种正规的制度以法律的形式出现，其后，欧洲各国争相效仿。19 世纪后期，专利制度开始向国际化方向发展，1883 年，以法国为首的 11 个国家发起签订了《保护工业产权巴黎公约》，1970 年成立"世界知识产权组织"。到 2008 年，全世界已有 170 多个国家和地区实行了专利制度。我国于 1980 年 6 月参加该组织，1985 年 4 月 1 日起正式实施专利法。

一、专利概述

1. 专利的基本含义

"专利"一词从不同的角度具有不同的含义：一是指专利权，即国家授予的对某项发明创造的独占支配权，这是专利最基本的含义；二是指专利发明，即取得专利权并受到专利法保护的发明创造，这是其最核心的含义；三是指专利文献，即记载发明创造内容的专利说明书等。通常说的"查专利"就是指查阅专利文献。

由于各国的专利法不同，专利种类的划分也不尽相同。美国分为发明专利、外观设计专利和植物专利。中国、日本、德国等国分为发明专利、实用新型专利和外观设计专利。

2．专利的基本特征

专利权是一种知识产权，是一种无形的产权，同有形物的产权有某些相似之处，专利所有权人对专利权具有保留、转让、抵押、变换、继承、放弃等权利。概括地说，专利具有以下几个特征。

（1）专有性。

专利中最重要的特性就是专有性。专利权被授予后，任何单位或个人在法律保护期限内未经专利权人许可，都不能实施其专利，否则就是侵犯专利权，要负法律责任。

《中华人民共和国专利法》（以下简称《专利法》）第十一条规定，发明和实用新型专利权被授予后，除本法另有规定的以外，任何单位或者个人未经专利权人许可，都不得实施其专利，即不得为生产经营目的制造、使用、许诺销售、销售、进口其专利产品，或者使用其专利方法以及使用、许诺销售、进口依照该专利方法直接获得的产品。外观设计专利权被授予后，任何单位或者个人未经专利权人许可，都不得实施其专利，即不得为生产经营目的制造、许诺销售、销售、进口其外观设计专利产品。否则，构成专利侵权行为。

（2）地域性。

一般情况下，专利权的有效范围仅限于专利权授予国的领土，这是世界各国普遍遵循的一项准则。

专利权的地域性是指专利权只在一定地域范围内有效，而不像有形财产的所有权那样不受空间限制。各国专利法对专利权的程序和授予条件的规定不尽相同，依照某国专利法取得的专利权，只能在该专利法管辖的地域范围内有效。如果专利申请人希望发明创造在其他国家也获得专利权，就必须依照其他国家专利法的规定提出专利申请。

（3）时间性。

专利权的时间性是指专利权人对其发明创造的专有权在专利法规定的期限内有效，期限届满后，专利权失效，原来享有专利权的发明创造则成为社会公共财富，全体社会成员都可以无偿使用。《专利法》第四十二条规定，发明专利权的期限为二十年，实用新型专利权和外观设计专利权的期限为十年。

3．专利的基本类型

我国《专利法》规定的专利类型有三种：发明专利、实用新型专利、外观设计专利。

（1）发明专利。发明专利是指对产品、方法或者其改进所提出的新的技术方案，是三种专利中最重要的一种。发明专利分为产品发明、方法发明和用途发明。

（2）实用新型专利。实用新型专利是指对产品（包括机器、设备、用具等有形物）的形状、构造或其组合所提出的适于实用的新技术方案。这种新的技术方案能够在工业上制造出具有使用价值和实用用途的产品。由于实用新型专利的创造水平低于发明专利，人们常称之为"小发明"或"小专利"。

（3）外观设计专利。外观设计亦称为工业品外观设计，是指对产品的外形、图案、色彩或其结合做出的富有美感而又适于工业应用的新设计。

实用新型专利主要涉及产品的功能，外观设计专利只涉及产品的外表。如果一件产品的新形状、功能和外表均有关系，申请人可以申请其中一个，也可分别申请。

4．专利授予的条件

《专利法》第二十二条规定，授予专利权的发明和实用新型，应当具备新颖性、创造性和实用性。而外观设计专利只具备新颖性并且没有与他人在先的合法权利发生冲突就授予专利权。

（1）新颖性。新颖性是发明和实用新型能否获得专利权的首要条件。《专利法》第二十二条对新颖性定义为：新颖性是指该发明或者实用新型不属于现有技术；也没有任何单位或者个人就同样的发明或者实用新型在申请日以前向国务院专利行政部门提出过申请，并记载在申请日以后公布的专利申请文件或者公告的专利文件中。

（2）创造性。创造性指发明的内容与申请日以前已有的技术相比，该发明有突出的实质性特点和显著进步，而不是简单的比例大小的改变，数量的增加，颜色、外形、位置的改变，或材料的简单替换。

（3）实用性。实用性指发明或实用新型能够用于工业生产、制造或使用，并能产生积极效果，即带来更好的经济效益。

5．我国专利审批程序

我国专利法对专利实行"早期公开、延迟审查制"。

（1）受理。

对决定受理的申请，专利局给予一个顺序号，这个编号叫申请号。

（2）形式审查。

① 专利申请文件的形式条件。

② 是否属于专利保护范围。

③ 是否符合单一性要求。

（3）早期公开。

形式审查合格后自申请日或优先日起 18 个月内，不管申请人是否请求实质性审查，其申请内容予以公开，出版专利申请公开说明书，给予公开号。

（4）请求实质性审查。

自申请日起三年内，专利局应申请人请求，随时对申请案进行实质性审查。

（5）实质性审查。

审查专利是否符合新颖性、创造性、实用性。实质性审查合格后，即发公告，授权公告号延用公开号，出版专利申请审定说明书。

（6）授予专利权。

给予专利号，我国专利局对此号没有另行编排，沿用其相应的专利申请号。

（7）授权后的撤销程序。

实用新型专利申请和外观设计专利申请经形式审查合格后，专利局便做出授权决定，发给相应的专利证书，并予以登记和公告。不再进行上述（3）、（4）、（5）项程序。

6. 专利的优先权

优先权是由《保护工业产权巴黎公约》规定的一项优惠权利。它是指同一发明首先在一个缔约国正式提出申请后，在一定期限内再向其他缔约国申请专利时，申请人有权要求将第一次提出的申请日期作为后来提出的申请日期。

公约规定，发明和实用新型专利为一年，外观设计专利为六个月。优先权的规定可以使申请人在向国外申请时不至于因为其他人在优先权期限内公开和利用该发明创造或提出相同的申请而丧失申请专利的权利。

我国于 1985 年加入《巴黎公约》，我国专利申请人向其他缔约国提出专利申请时享有优先权。

二、专利文献概述

专利文献是专利制度的产物，是实行专利制度的各国专利局（知识产权局）及国际性专利组织在审批专利过程中产生的官方文件及其出版物的总称。它囊括了专利技术、法律和经济三大重要信息源，包含最新颖、最系统的科技信息，是一个巨大的知识信息宝库。狭义地讲，专利文献是指专利说明书，包括申请批准有关发明的其他类别的文件，如发明证书等。从广义上说，除了上述的说明书外，也包括不公开发行的有关专利申请、审批中的各种文件及专利局出版的各种检索工具，如专利公报、专利文摘、专利分类表和各种专利索引等。

1. 专利文献的特点

（1）新颖性。

新颖性是获得专利的首要条件，《专利法》规定，申请专利的内容，必须是在国内外没有公开发表过的和在本国没有公开使用过的，因此专利文献包含最新的技术内容。

（2）广泛性。

专利文献涉及的技术领域非常广泛，几乎涉及所有的应用技术领域，从日常生活的小用品到复杂的高精技术无所不包。

（3）规范性。

专利文献按一定原则进行分类或编号，有统一的著录项目格式，查阅信息十分便利。我国与大多数专利立法国一样采用国际专利分类法，这使得我国的专利文献更具有国际化标准，具有统一的规范性。

（4）快速性。

大多数国家的专利法都规定，对于内容相同的发明，专利权授予最先提出申请的申请人。因此，发明人往往在其技术构思成熟或其研究项目即将成功时就力求抢先提出专利申请。近十多年来，许多国家都相继采用"早期公开"的制度，这也加快了报道新技术的速度。

（5）重复性。

专利制度的特点决定专利文献量随着科学技术的迅速发展而日益增多。一件发明若想在多个国家获得专利权，就必须同时在多个国家申请专利，便有可能使用多国文字在不同国家公开，造成重复公布。重复公布给专利文献的收藏单位增加了负担，但对于专利文献的使用者却提供了方便，读者可选择自己熟悉的语言进行检索和阅读。

（6）局限性。

各国专利法几乎都规定了专利申请的单一性原则，即一项发明申请一件专利，单件文献只解决局部问题，如要了解某项产品或某项技术，必须查阅该项目涉及的各环节的专利说明书。专利说明书中有一定的保密内容，发明人会尽量避免一些技术细节。

2．专利说明书

专利说明书是申请人向政府递交说明其发明创造的书面文件，上面记载了发明的实质性内容和付诸实施的具体方案，并有专利权的范围，是专利文献的主体。我国专利说明书包括《发明专利申请公开说明书》、《发明专利申请审定说明书》、《发明专利说明书》、《实用新型专利申请说明书》、《实用新型专利说明书》等多种。

专利说明书是专利文献的主体。专利说明书一般由扉页、权利要求书、正文和附图三部分构成。

（1）扉页。

扉页位于说明书首页，著录本专利的分类号、申请号、专利说明书编号、专利权人及地址、发明创造的名称、内容摘要等内容。

（2）权利要求书。

依次写明主权项和其他权利要求。这是专利保护的范围，是排斥他人无偿占有的具体内容，具有直接的法律效力。

（3）正文和附图。

概述该专利的特征及技术要点、所属技术领域及现有技术水平等，具体叙述该专利的实施细节，指出最佳实施方案并列举具体的例子，给出示意图，设计方案还应结合附图加以说明。

根据我国专利法，发明专利自申请日起满 18 个月即行公布，出版发明专利申请公开说明书单行本，在实质审查合格授予发明专利权后，由知识产权出版社出版发明专利说明书。对初步审查合格的实用新型专利申请和外观设计专利申请，在授予专利权后公告出版实用新型专利说明书，外观设计专利则仅在专利公报上进行公告。我国的专利说明书采用国际通用的专利文献编排方式。

3．我国专利文献的分类法（编号）

专利文献的编号、专利编号是相应专利说明书的索取标志，对于专利申请人与专利局进行专利事务联系和专利文献检索都有重要作用。

我国专利文献编号体系与其他类型的文献相比有一个显著的特点，就是其文献编号令人眼花缭乱，也使初次使用专利文献的读者无所适从。因此，掌握专利文献编号的分类法很有必要。专利文献的编号从形式上看是一些简单的阿拉伯数字的排列，但是这些简单的数字排列有着严格的使用方法，各个数字有不同的作用和意义。

我国专利编号的种类如表 7-1 所示。

表 7-1　　　　　　　　　　　　　中国专利编号的种类

专利编号	申请号				
	文献号	公开号			
		公告号	申请公告号		
			审查公告号	公告号	
				展出公告号	
				审定公告号	
			授权公告号		
		专利号			

申请号——申请注册号，是各工业产权局在受理专利申请时编制的序号。它是确定发明创造申请受理的标志，不仅用于工业产权局内部各类申请和审批流程中的文件管理，也是申请人与其进行有关专利事务联系的依据。

公开号——对发明专利申请公开说明书的编号。

公告号——对实用新型专利申请说明书的编号和对公告的外观设计专利申请的编号。

审定公告号——对发明专利申请审定说明书的编号。

授权公告号——对发明专利说明书的编号；对实用新型专利说明书的编号；对公告的外观设计专利的编号。

根据我国《专利法》的发展变化和修订情况，我们将专利编号体系分为五个阶段：1985

—1988 年为第一阶段；1989—1992 年为第二阶段；1993—2003 年 9 月为第三阶段；2003年 10 月至 2007 年 6 月为第四阶段；2007 年 7 月至今为第五阶段。

自 2004 年 7 月 1 日开始出版的所有专利说明书文献号均由表示中国国别代码 CN 和 9位数字以及 1 个字母或 1 个字母加 1 个数字组成。3 种专利按各自的流水号序列顺排，逐年累计；最后一个字母或 1 个字母加 1 个数字表示专利文献种类标识代码。3 种专利的文献种类标识代码如下所示。

发明专利文献种类标识代码如下。

A：发明专利申请公布说明书。

A8：发明专利申请公布说明书（扉页再版）。

A9：发明专利申请公布说明书（全文再版）。

B：发明专利说明书。

B8：发明专利说明书（扉页再版）。

B9：发明专利说明书（全文再版）。

C1—C7：发明专利权部分无效宣告的公告。

实用新型专利文献种类标识代码如下。

U：实用新型专利说明书。

U8：实用新型专利说明书（扉页再版）。

U9：实用新型专利说明书（全文再版）。

Y1—Y7：实用新型专利权部分无效宣告的公告。

外观设计专利文献种类标识代码如下。

S：外观设计专利授权公告。

S9：外观设计专利授权公告（全部再版）。

S1—S7：外观设计专利权部分无效宣告的公告。

S8：预留给外观设计专利授权公告单行本的扉页再版。

4. 国外专利文献的分类

目前，世界上主要的专利分类体系有四种，即国际专利分类表、美国专利分类表、英国专利分类表和英国德温特出版公司编制的专利分类简表。其中，起核心作用并且应用范围最广的是国际专利分类表（IPC），2006 年 1 月 1 日开始使用第八次修订版。现将 IPC 介绍如下。

（1）概况。

为了促进欧洲在经济、技术、文化等方面的协调和统一，1949 年 5 月，英、法、意等

10 个国家成立了欧洲理事会，总部设在法国斯特拉斯堡。以后，希腊、土耳其等国也相继参加，欧洲理事会成员国增加到 16 个，1954 年 12 月 19 日各成员国在巴黎签发了《关于发明专利国际分类法欧洲协定》。

（2）IPC 的分类体系结构。

IPC 是分类专利文献和通过主题来检索专利文献的工具。IPC 体系包括了与发明创造有关的全部知识领域，以等级的形式将技术内容分为部（section）、大类（class）、小类（subclass）、主组（main group）、分组（subgroup），组成一个完整的分类体系。

第一级：部，用大写拉丁字母 A～H 表示，共有 8 部。其内容如下。

A 部：人类生活必需（human necessities）。

B 部：作业（operations），运输（transporting）。

C 部：化学（chemistry），冶金（metallurgy）。

D 部：纺织（textiles），造纸（paper）。

E 部：固定建筑物（fixed constructions）。

F 部：机械工程（mechanical engineering），照明（lighting），采暖（hearting），武器（weapons），爆破（blasting）。

G 部：物理（physics）。

H 部：电学（electricity）。

第二级：大类，在"部"之后，是"部"下的细分类目，用两位阿拉伯数字表示。

第三级：小类，在"大类"之后，是"大类"下的细分类目，用 1 个拉丁字母表示，但不能用 A、E、I、O、U、X 这 6 个字母。

第四级：主组，在"小类"之后，是"小类"下的细分类目，用 1～3 位阿拉伯数字表示。

第五级：分组，是"主组"下的细分类目，在"主组"之后隔以斜线，再加两位阿拉伯数字表示一个完整的分类号。此外，各小组还可以细分成若干下级小组，用圆点数目表示。

综上所述，一个完整的 IPC 分类号由代表部、大类、小类主组、分组的符号组成。例如：一个完整的分类号 A01B1/02 分解表示如下。

A——"部类"：生活必需。

A01——"大类"：农业、林业、畜牧业、狩猎、诱捕、捕鱼。

A01B——"小类"：农业或林业整地，一般农业机械或农具的部件、零件或附件。

A01B1——"主组"：手动工具。

A01B1/02——"分组"：锹、铲。

下面将 A01B1/ 02 的 IPC 分类号分解表示如下。

A   01   B   1/   00（分解至主组级）

↑   ↑   ↑   ↑

部   类   小类 主组

A   01   B   1/   02（分解至分组级）

↑   ↑   ↑   ↑   ↑

部   类   小类 主组 分组

（3）IPC 使用方法及注意事项。

① 使用 IPC 分类表时，应选择与所查文献年代相对应的分类表版本。

② 注意使用相应分册和《使用指南》。IPC 分为八个部，每个部出一个分册，第九个分册是《使用指南》。《使用指南》是使用 IPC 的指导性工具，它除了有部、大类、小类、主组、分组索引之外，还对 IPC 的编排、分类原则、分类方法和分类规则等做了解释和说明，可帮助读者正确使用 IPC。

③《IPC 关键词索引》是使用 IPC 的辅助性检索工具，该索引包括 7 000 多个关键词，按字母顺序排列，并用大写字母印刷。在每一词下列出一些限定性、修饰性词组，都标注出相应的 IPC 分类号。它是一种与 IPC 分类表同步出版的单独出版物，用途是帮助不熟悉 IPC 分类表的用户选取合适的 IPC 分类号。例如：

瓶：B65D。

花瓶：A47G7/06。

胡椒瓶：A47G19/24。

药瓶：A61J。

墨水瓶：B43125/00。

三、专利文献检索

1. 专利文献检索的意义

（1）新颖性检索。

一方面，一项发明在申请专利前，一般要进行新颖性的检索，避免无效申请。另一方面，专利局审查员在受理并审查专利申请时，也要进行新颖性检索，以确认是否授予其专利权。

（2）防侵权检索。

新产品或新技术在应用或实施前，应先查阅有关的专利文献，以防侵权。

（3）技术引进检索。

在技术引进过程中，应通过专利文献检索查清引进技术的先进性、可行性、有效性、适用性以及经济上的合理性，做出正确的决策。

（4）技术攻关检索。

在新产品的开发和研制过程中，经常会遇到技术难题，检索有关专利文献可从中获得启发和帮助，少走弯路。

（5）技术评价与预测检索。

通过对某一技术领域专利文献的检索，可了解该领域的现状、水平、技术发展的动向，为新产品的开发、研制以及改进现有产品和工艺提供依据。

2．国内专利文献的传统检索

（1）《中国专利公报》。

《中国专利公报》是中国专利局的官方出版物，专门公布和公告与专利申请、审查、授权有关的事项和决定。它是查找中国专利文献，检索中国最新专利信息和中国专利局业务活动的主要工具书。

《中国专利公报》分为《发明专利公报》、《实用新型专利公报》和《外观设计专利公报》3 种。这种公报均为周刊。

《发明专利公报》的主体是报道申请公开、申请审定（1993 年 1 月 1 日前）、专利授权和专利事务的内容及索引。申请公开部分，著录每一件专利申请的 IPC 分类号、申请号、公开号、申请日、优先权、申请人、发明人、发明名称、摘要及附图等内容，也就是说明书扉面上的内容。款目按 IPC 号字母、数字顺序编排。申请审定和专利授权部分无文摘，其他著录项目除个别变动外，与申请公开部分相同。这 3 部分分别编制了 IPC 索引申请号索引和申请人（专利权人）索引，以及公开号（公告号）/申请号对照表，提供从国际专利分类、申请人（专利权人）和公开号（公告号）检索中国专利的途径。专利事务部分，还通报实质审查，申请的驳回与撤回、变更，专利权的继承和转让，强制许可、专利权的无效宣告和终止等事项。

《实用新型专利公报》和《外观设计专利公报》只有申请公告（1993 年 1 月 1 日前）、专利授权和专利事务等部分以及相应的索引。编排体例与《发明专利公报》相似。

（2）《中国专利索引》。

《中国专利索引》是《中国专利公报》中索引的年度累积本，分为分类年度索引和申请人、专利权人年度索引两个分册。各分册都包括发明专利、实用新型专利和外观设计专利 3 部分。

① 分类年度索引的款目按 IPC 顺序排列。检索者根据检索课题所属的国际专利分类号，可由此索引查出有关专利的公开号（公告号）、申请人（专利权人）、发明名称及《中国专利公报》刊登的卷期号。

② 申请人、专利权人年度索引按申请人或专利权人姓名或译名的汉语拼音字母顺序排列。检索者根据申请人或专利权人的姓名或译名，可由索引检索出其专利申请的公开号（公告号）、IPC 号、发明名称及《中国专利公报》刊登的卷期号。

根据年度索引的检索结果，可以在《中国专利公报》中找到文摘或者向专利说明书收藏单位索取专利说明书。

3. 国内专利文献的网络检索

专利的检索除了用传统手工检索工具和方法进行，在计算机技术和网络技术的发展现状下，更多的用户可以通过专利网络检索来检索专利信息的线索，再结合传统的检索工具和专利说明书来获得专利的全部信息。目前，在网上获取中国专利信息的途径比较多，每一个系统各具特色，提供的查询功能也比传统检索工具强大得多。主要如下。

（1）中国专利信息网（http://www.patent.com.cn/）。

中国专利信息网由国家知识产权局专利检索咨询中心于 1997 年 10 月开发建立，是国内最早通过互联网向公众提供专利信息服务的网站。该网站的中国专利数据库收录了中国 1985 年以来公开的全部发明、实用新型和外观设计专利的题录和文摘信息。可通过简单检索、逻辑检索、菜单检索 3 种方法检索题录（包括法律状态）、文摘和权利要求信息，并浏览和打印发明、实用新型专利全文扫描图形。访问该网站需先进行用户注册。

（2）中国知识产权网（http://www.cnipr.com.cn/）。

中国知识产权网是由国家知识产权局专利文献出版社于 1999 年 10 月创建的知识产权信息与服务网站。该网站的专利数据来源于每周出版的电子版《中国专利公报》。数据库收录了中国 1985 年《中国专利法》实施以来公开的全部发明、实用新型和外观设计专利，设有发明、实用新型、外观设计专利数据库和法律状态数据库。该数据库提供"基本检索"和"高级检索"两种方法。数据库每周三更新。

（3）中华人民共和国国家知识产权局网站（http://www.sipo.gov.cn）。

中华人民共和国国家知识产权局网站是国家知识产权局建立的政府性官方网站，是国家知识产权局对国内外公众进行信息报道、信息宣传、信息服务的窗口。该网站提供多种与专利相关的信息服务，包括概况、要闻动态、法律法规、专利管理、政策理论、国际合作、信息化工作、教育培训、公告、统计信息等栏目。该网站提供了有关专利申请、专利审查、专利保护、专利代理、PCT 介绍、集成电路布图设计、文献服务、图书期刊、专利信息产品、专利培训、专利知识与专利工作问答等方面的详细信息，并建立了与知识产权相关政府网站、国内政府网站、地方知识产权局网站、知识产权服务网站、国外知识产权网站、知识产权司法网站的链接，是用户通过 Internet 查找专利信息的重要途径。

这些网站中绝大部分只提供题录和文摘，如果需要得到专利说明书则必须付费。目前在国家知识产权局的网站上可以免费检索专利说明书的全文。

（4）CNKI 专利数据库。

CNKI 专利数据库收录中国 1985 年《中国专利法》实施以来公开的发明、实用新型、外观设计专利的题录、文摘信息。CNKI 镜像站的中国专利数据库提供初级检索、高级检索两种检索方法。在初级检索界面左侧的检索字段可选择下拉式菜单提供的 16 个检索字段，分别是发明名称、发明人、法律状态、通讯地址、申请人、申请号、公告号、审定公告号、申请日、公告日、审定公告日、授权日、授权公告日、代理人、代理机构地址、文摘。在检索对话框中输入相应的检索词即可获得相应专利的文摘信息。高级检索界面提供 6 个检索对话框，每个对话框同样提供 16 个检索字段选择，各对话框之间可进行"与"、"或"、"非"的布尔逻辑运算。用户也可以按照专利分类逐级获得所需的专利信息。

（5）万方数据资源系统专利数据库。

万方数据资源系统专利数据库收录中国 1985 年《中国专利法》实施以来公开的发明、实用新型、外观设计专利的题录、文摘信息。万方数据资源系统专利数据库在检索界面上方提供发明专利、实用新型专利、外观设计专利及全选 4 种数据库选择。数据库提供 3 个检索对话框，每个对话框提供包括全文、专利名称、申请人、发明人、通讯地址、申请号、申请日期、审定公告号、审定公告日、分类号、主权项、文摘、代理机构、机构地址、代理人 15 个检索字段选择，各对话框之间可进行"与"、"或"、"非"的布尔逻辑运算。

4．国外专利文献检索

（1）《世界专利索引》。

德温特出版公司（Derwent Publication Ltd.）是英国一家专门从事专利文献情报服务的私营机构，成立于 1951 年。

《世界专利索引》（World Patent Index，WPI）是德温特出版的一套报道世界专利文献的检索工具，包含题录和文摘两种形式，均为周刊，在全世界享有盛誉。其中题录型检索工具为《世界专利索引公报》（World Patent Index Gazette，WPIG）；文摘型检索工具为《工程专利索引》（Engineering Patents Index）、《电气专利索引》（Electrical Patent Index）、《化学专利索引》（Chemical Patents Index）。

《世界专利索引》的主要特点如下。

① 专利文献来源广泛，报道数量大。目前报道 30 多个国家、2 个国际组织的专利文摘或专利题录以及两种出版物（英国的《研究公开》和美国的《国际技术公开》）上的专利文献，年报道量 90 余万件，占全世界专利文献总量的 70%。

② 报道内容完整，著录项目多。它既按自己的分类体系分类，也提供国际专利分类体系分类；既可了解专利现状，也可了解专利变化过程；专利文摘既提供法律状况，更重视技术内容，同行技术人员阅读后能理解其技术概念。

③ 报道语言通用性好，统一用英语报道各国的专利文献。

④ 出版速度快。题录周报的时差为 4～5 周，文摘周报的时差为 5～8 周。

⑤ 对基本专利和相同专利均做通报，便于了解专利申请情况，并根据熟悉的语种选择阅读专利说明书。

⑥ 专利题目经过改写，比原专利说明书更确切，更符合发明内容。专利题目的用词规范，查准率高。

⑦ 出版形式多样，能够满足不同用户的需求。

（2）欧洲专利局网站（http://ep.espacent.com）。

欧洲专利局网站是由欧洲专利局、欧洲专利组织成员国及欧洲委员会共同研究开发的专利信息网上免费检索系统。该网站提供了自 1992 年以来世界上 50 多个国家公开的专利题录数据库及 20 多个国家的专利说明书。该网站是检索世界范围内专利信息的重要平台。该系统中各数据库收录专利国家的范围不同，各国收录专利数据的范围、类型也不同。

EPO 各成员国数据库收录欧洲各成员国最近 24 个月公开的专利。EP 数据库收录欧洲专利局最近 24 个月公开的专利。WO 数据库收录世界知识产权组织最近 24 个月公开的专利。以上数据库使用原公开语言检索近两年公开的专利，提供专利全文扫描图像。在此之前的专利文献可通过世界范围专利数据库检索。

JP 专利数据库收录 1976 年 10 月以来的日本专利，首页扫描图像始于 1980 年。专利名称和文摘为英文。由于翻译方面的原因，数据库的更新较慢，一般在专利公开 6 个月内上载到数据库中。

世界范围专利数据库收录 71 个国家的 5 000 多万件专利。在世界范围专利数据库所收录专利的国家中，收录题录、摘要、全文扫描图像、IPC 及 Ecla 分类信息的只有英、德、法、美少数几个国家，大部分国家只收录题录数据而未提供全文扫描图像。

（3）美国专利商标局网站（http://www.uspto.gov）。

美国专利商标局网站是美国专利商标局建立的政府性官方网站，收录美国自 1790 年实施专利法以来至最近一周的所有专利。其中，1976 年 1 月至目前的专利提供全文检索功能，可获得 HYML 格式的专利说明书及权利要求书，并提供专利全文扫描图像链接。1790 年至 1975 年 12 月的专利只能通过专利号和美国专利分类号检索，并通过链接查看专利全文扫描图像。

（4）世界知识产权数字图书馆网站（http://ipdl.wipo.int）。

世界知识产权数字图书馆网站简称世界知识产权数字图书馆（Intllectual Property Digitan Library，IPDL）由世界知识产权组织于 1998 年建立，主要收录有 PCT 国际专利公报数据库、PCT 国际专利全文图形数据库、马德里快报数据库、海牙快报数据库、健康遗产测试数据库和专利审查最低文献量科技期刊数据库。系统中不同信息的更新时间不同，有的每天更新，有的每周更新，有的每月更新。

（5）加拿大专利数据库网站（http://patentsl.ic.gc.ca/pntro-e.html）。

该网站是由加拿大国家知识产权局（http://cipo.gc.ca）建立的政府官方网站，可通过英语、法语免费检索加拿大专利信息。该数据库收录了 1920 年以来的加拿大专利说明书文本及扫描图形信息。

1978 年 8 月 15 日以前授权的专利未收录文摘和权利要求书，只能通过专利号、标题、发明人、分类号进行检索。

（6）澳大利亚知识产权局网站（http://ipaustralia.gov.au）。

该网站提供澳大利亚 1975 年以来公开的专利申请的免费检索。网站主页上的"Search Database"系统提供 4 个数据库：新专利方案数据库（New Patents Solution Datebase）、专利主机题录数据库（Patents Mainframe Bibliographic Datebase）、澳大利亚公开专利数据库（AU Published Patent Date Searching）和专利说明书全文数据库（Patent Specifications）。

第二节　标准文献检索

标准是科研、生产与管理的重要指导性文件，大量的工作需要各类标准来规范。随着科学技术和经济的发展，各种标准也随之不断补充、修订和更新。因此，获取和使用准确的标准成为科技工作以及管理工作者的基本技能之一。大学生在大学学习期间应该树立标准化意识，充分利用标准文献提供的技术成果，以减少重复劳动；利用标准文献提供的技术指标，作为规范工程设计的技术依据。在设计、绘图、完成作业、撰写毕业论文的过程中，都要从标准文献中寻找相关依据。

一、标准文献概述

1．标准文献的概念

为在一定的范围内获得最佳秩序，对活动或其结果规定共同的和重复使用的规则、导则或特性的文件，称为标准。该文件经协商一致制定，并经一个公认机构的批准，应以科学、技术和经验的综合成果为基础，以促进最佳社会效益为目的。

为在一定的范围内获得最佳秩序，对实际的或潜在的问题制定共同的和重复使用的规则的活动，称为标准化。它包括制定、发布及实施标准的过程。标准化的重要意义是改进产品、过程和服务的适用性，防止贸易壁垒，促进技术合作。标准化是开展国际技术合作和国际贸易的技术依据，为了提高我国在国际市场上的竞争力，我们应该熟悉各种国际标准和国家标准，现在很多国家都十分重视标准管理和标准文献的利用。

2．标准文献的特点

标准文献主要是指与技术标准、生产组织标准和管理标准相关的文献，包括国家颁布的《环境保护法》、《森林法》、《消费品安全保障法》、《药典》、政府标准化管理机构的有关文件以及与标准化工作相关的其他文献。标准文献的主体是标准。

标准文献除了以"标准"命名外，还常以"规范"、"规程"、"建议"等名称出现。国外标准文献常以 standard（标准），specification（规格、规范），rules、instruction（规则），practice（工艺），bulletin（公报）等命名。

标准文献的特点如下。

（1）标准具有一定的法律约束力。

（2）一个标准一般只解决一个问题。

（3）编辑格式、叙述方法明确专一，措辞准确。

（4）不同级别的标准，在不同的范围内执行。

（5）时效性强，需要随着技术发展不断修订、补充。

（6）标准有自己的检索系统。

3．标准文献的类型

（1）按照标准的使用范围划分。

① 国际标准：即由国际标准化组织批准的标准，或经国际标准化组织认可的各种国际专业学会、协会等组织制定的标准，是国际通用的标准，如国际标准化组织的标准（ISO标准）、国际电信联盟的标准（ITU 标准）、国际电工委员会的标准（IEC 标准）等。

② 区域标准：又称地区标准，泛指经该地区若干国家标准化机构协商一致颁布的标准，如全欧标准（CEN）。

③ 国家标准：指各国的标准化机构制定的在本国范围内使用的标准，如中国国家标准（GB）、美国国家标准（ANSI）。

④ 行业标准：指行业主管部门或著名学术团体制定的一些适用于本行业、本专业的标准。在我国，行业标准也叫部颁标准，其代号由国务院标准化行政主管部门审定确定。

⑤ 企业标准：即由企业或其行业主管部门批准并适用于某企业（系统）的一种标准。我国企业标准代号为"QB"。

（2）按照标准的性质划分。

① 技术标准：具体包括基本标准，产品标准，方法标准，工艺标准，设备标准，原材料、半成品和外购件标准，安全、卫生、环保标准。技术标准由标准级别、标准名称、标准号（由标准代码+序号+年代号组成）、标准提出单位、审批单位、批准单位、实施日期、标准内容等若干项构成。

② 工作标准：其范围不仅包括企业的生产、经营、服务全过程的各项活动，还包括公共事业及政府机关工作中的有关内容。

③ 管理标准：其主要内容包括管理目标、管理项目、管理程序、管理方法和管理组织方面的标准。管理标准按其对象可分为：管理基础标准、技术管理标准、生产经营管理标准、经济管理标准、行政管理标准五大类。

（3）按照标准的成熟程度划分。

① 法定标准：即国家以法律条文或国际组织之间以缔结条约的形式而颁布的一种标准。

② 推荐标准：指行业协会或国际组织为适应某种趋势或发展而推荐使用的标准。

③ 试行标准：指由于标准内容本身存在缺陷，为慎重起见而暂时使用的标准。

二、国内标准文献检索

1. 我国标准的分级及代号

我国标准分为国家标准、行业标准（部颁标准）、地方标准和企业标准四级。从 1983 年起，我国不再制定部颁标准，原有的部颁标准向国家标准和行业标准过渡。行业标准代号仍采用部颁标准代号。

我国标准的标准号由"标准代号（两个大写的汉语拼音字母）+序号+年代号"组成。例如：

国家标准：GB 4658—99

GB——国家标准代码；4658——顺序号；99——年代号。

部颁标准：NY11—98

NY——部颁标准代码（农业部）；11——顺序号；98——年代号。

地方标准：DB 980—99

DB——地方标准代码；980——顺序号；99——年代号。

企业标准：Q/HR—98

Q——企业标准代码；HR——企业名称；98——年代号。

2. 国内标准文献的传统检索

标准文献常以单行本发行，主要的检索工具是标准目录，一般采用专门的分类体系。中国标准文献的分类主要采用《中国标准文献分类法》，这是目前国内用于标准文献管理的一部工具书。该分类法由 24 个一级大类目组成，用一位英文大写字母表示。每个一级类目下，又进一步分为二级类目，二级类目由两位数字表示。一级类目包括：A 综合；B 农业、林业；C 医药、卫生、劳动保护；D 矿业；E 石油；F 能源、核技术；G 化工；H 冶金；J 机械；K 电工；L 电子技术、计算机；M 通信、广播；N 仪器、仪表；P 建筑；Q 建材；R 公路与水路运输；S 铁路；T 车辆；U 船泊；V 航空、航天；W 纺织；X 食品；Y 轻工、文化与生活用品；Z 环境保护。

标准文献一般由专门机构集中出版发行，标准代号规律性较强，所以标准文献的检索比较简单。除可以利用专用检索工具进行检索外，还可以利用各种标准汇编直接进行检索。这也是标准文献检索的一个重要特点。下面介绍几种比较常用的国内标准文献检索工具。

（1）《中华人民共和国国家标准目录》。

该目录由国家质量监督检验检疫总局标准化司编辑，中国标准出版社出版。《中华人民共和国国家标准目录》收录了上一年度公开发布的国家标准，著录内容包括：分类号、标准号、标准名称、制定日期、实施日期等信息，正文按《中国标准文献分类法》分类编排。该目录除了可从分类途径检索外，还可通过目录后附的"标准号索引"进行检索。

（2）《中华人民共和国国家标准和行业标准目录》。

该目录由国家质量监督检验检疫总局标准化司编辑，中国标准出版社出版。该目录是查找我国国家标准和行业标准的重要工具。通常用目录型的标准检索工具查到标准号和标准名称后，还必须查有关的馆藏目录，以便进一步索取标准原件。

（3）《中华人民共和国国家标准目录及信息总汇》。

它由国家质量监督检验检疫总局标准化司和中国质量监督信息研究所联合编制，由中国标准出版社按年度出版，分上、下两册，全文都有中英文对照，收录对象包括强制性国家标准、推荐性国家标准和行业标准，适用于我国除军工外的全部标准文献。

该检索工具的正文按《中国标准文献分类法》的分类顺序编排，分类由一级和二级类目组成。正文前的分类目录给出分类、类目及标准著录的页码。标准条目著录有：专业分类、标准号、标准名称、提出部门、标准类别、标准水平、与国际标准的关系、发表日期、实施日期、代替标准等。正文后附有"标准顺序号索引"，它按标准顺序号编排，给出标准所在页码。

（4）《中国国家标准分类汇编》。

这是一部大型的国家标准全集，中国标准出版社出版。它按照专业类别分卷，其一级类设定为卷（按《中国标准文献分类法》分类），二级类按类号编成若干分册，二级类号下按标准号排列。该汇编权威性高、类别全、专业性强。

（5）《中国国家标准汇编》。

它是一部大型综合性的国家标准全集，中国标准出版社出版。本汇编在一定程度上反映了新中国建立以来标准化事业发展的基本情况和主要成就。汇编按照国家标准顺序号排序，收录了我国公开发布的现行国家标准，是查阅国家标准原件的重要检索工具。

（6）《中国标准化年鉴》。

该年鉴由国家质量监督检验检疫总局标准化司主编，由中国标准出版社出版，每年出版一卷。其主要内容是阐述前一年标准化工作的情况，包括标准化工作的发展情况、管理机构、法规建设、科学研究工作的现状及一年内发布的新国家标准目录等。它是以《中国标准文献分类法》分类编辑的国家标准目录，每个专业内再按标准顺序号排列，最后附有以顺序号编排的国家标准索引。该年鉴提供了分类检索和标准号检索两个途径。

3．国内标准文献的检索方法

标准文献的检索方法比较简单，主要检索途径有分类途径和标准号途径，也可利用标准名称目录进行检索。选择标准的检索工具时，要注意根据自己检索的需要选择各种形式的标准出版物，以便节省时间。除上述手工检索工具外，我国标准文献还可利用计算机检索，如中华人民共和国强制性国家标准全文数据库系统，包含全部正式出版的强制性国家标准，为光盘数据库。检索途径包括：标准号、分类号、发布日期、中文或英文标准名称、中英文主题词等，利用该系统可方便快捷地检索中国有关标准。

综上所述，我国标准文献的检索路线图如图 7-1 所示。

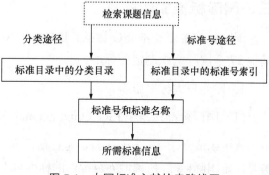

图 7-1　中国标准文献检索路线图

4．国内标准文献的网上检索

（1）中国标准服务网（http://www.cssn.net.cn/）。

中国标准服务网站是国家级标准信息服务门户，是世界标准服务网的中国站点，由中国标准化研究院标准馆负责网站的日常维护。网站提供用户检索的数据库有：中国国家标准、国家建设标准、中国七十余个行业标准、中国台湾地区标准、技术法规；ISO、IEC 以及其他国际组织的标准；德国标准（DIN）、英国标准（BS）、法国标准（NF）、日本工业标准（JIS）、美国标准（ANSI）、澳大利亚国家标准（AS）、加拿大标准协会标准（CSA）、加拿大通用标准局标准（CGSB）、美国行业标准等。

（2）中国标准化信息网（http://www.china-cas.org/）。

该信息网由中国标准化协会主办，内容包括标准查询、标准与标准化、法律法规、杂志出版等。其中标准查询系统可提供目录查询和标准摘要两种服务。互联网上的任何用户都可从主页的"目录查询"入口进入系统，进行免费目录查询，而"标准摘要"服务则必须是该系统的高级会员才可使用。

（3）中国标准咨询网（http://www.chinastandard.com.cn/）。

在该网站上可查询国际、国内的有关标准，如 ISO 标准、IEC 标准、美国 ASTM 标准、ASME 标准、UL 标准、IEEE 标准、日本 JIS 标准、德国 DIN 标准、英国 BS 标准和中国 GB 标准等。

（4）万方数据资源系统标准文献检索（http://www.wanfangdata.com/）。

万方数据资源系统中的"中外标准数据库"由国家质量技术监督局等单位提供数据，收录了中国国家标准、中国行业标准、中国建材标准、中国建设标准、国际标准化组织标准、国际电工委员会标准、欧洲标准、英国标准学会标准、法国标准协会标准、德国标准化学会标准、日本工业标准调查会标准、美国国家标准、美国行业标准等国内外各种标准共计 16 个数据库，22 万多条记录，每个季度更新一次。

万方数据资源系统的中国国家标准数据库（GBBASE）包含了国家发布的全部标准。每项记录包括：标准的中英文名称及原文名称、标准号、起草单位、发布日期、分类号、标准分类号、主题词、上网日期等信息。

三、国际标准文献检索

国际标准主要是指 ISO 标准、IEC 标准和 ITU 标准，此外还包括国际标准组织认可的其他 27 个国际组织制定的标准。

1. 国际三大标准组织

（1）国际标准化组织 ISO（International Organization for Standardization）。

该组织成立于 1947 年 2 月，是目前世界上最大的标准化机构，有 100 多个成员国，任务是制定国际标准，协调世界范围内的标准化工作，促进标准的开发及有关活动。我国于 1978 年 1 月加入该组织。ISO 负责除电子领域外的一切国际标准化工作，具体由其下设的技术委员会（TC）和分技术委员会（SC）负责制定。ISO 标准每隔 5 年就要重新修订和审定一次。

国际标准的类型有正式标准（ISO）、推荐标准（ISO/R）、技术报告（ISO/TR）、技术数据（ISO/DATA）、建议草案（ISO/DRAFT）、标准草案（ISO/DIS）等。

（2）国际电工委员会 IEC（International Electrotechnical Commission）。

IEC 是世界上最早的非政府国际电工标准化机构，是联合国经济理事会（ECOSOC）的甲级咨询组织，成立于 1906 年。IEC 的工作涉及电工技术的各个领域，负责电气和电子领域中标准化组织的协调工作，制定电子、电力、电信及原子能学领域的国际标准。

IEC 制定标准的范围大致分为名词术语、电路用的图形、符号、单位、文字符号等。在实验方法方面制定产品质量或性能标准，以及有关人身安全的技术标准。1975 年以前，IEC 以推荐标准形式发布，1975 年以后改为 IEC 国际标准。

（3）国际电信联盟 ITU（International Telecommunication Union）。

ITU 成立于 1865 年 5 月 17 日，是由法、德、俄等 20 个国家在巴黎会议上为了顺利实现国际电报通信而成立的国际组织。1947 年 10 月 15 日成为联合国的一个专门机构，总部设在瑞士日内瓦。1920 年中国加入国际电信联盟。1972 年，国际电信联盟理事会承认中国的合法席位。1973 年，中国被选为电联理事国。

ITU 的实质性工作由三大部门承担：国际电信联盟标准化部门、国际电信联盟无线电通信部门和国际电信联盟电信发展部门。其中，国际电信联盟标准化部门由原来的国际电报电话咨询委员会（CCIR）和标准化工作部门合并而成，主要职责是完成国际电信联盟有关电信标准化的目标，使全世界的电信标准化。ITU 目前已制定了 2 000 多项国际标准。

2．主要数据库

（1）美国 IHS 标准数据库（http://www.ihs.com/）。

美国 IHS（Information Handling Services）公司创建于 1959 年，当时专门为航空宇宙业工程师收集相关的销售商目录，现已发展成为拥有 90 多个国家的 55 000 多家客户，收集、组织、编制索引，分销、管理供广大专业技术人员使用的工程文献信息的国际化跨国公司。IHS 公司是 ISO 9001 注册公司，总部位于美国科罗拉多州，IHS 香港有限公司为公司在亚太地区的总部。

IHS 是全球最大的标准索引系统开发商和标准数据库制造商，能提供全球 95%以上的各类标准，并出版相应的数据库，其产品于 20 世纪 20 年代中后期引入我国。

（2）美国国家标准学会（http://www.ansi.org/）。

美国国家标准学会（ANSI）是美国标准化中心，美国各界的标准化活动都围绕它进行，由它负责制定美国国家标准，或将其他团体制定的专业标准经审查后作为 ANSI 标准，可提供 ANSI 机构标准化活动、业务信息等。ANSI 提供美国国家标准的检索。

（3）ISO 网站（http://www.iso.org/）。

ISO 是世界上最大的非政府性标准化专门机构，在国际标准化活动中占主导地位，负责制定国际标准。在 ISO 的主页上可搜索到 ISO 的活动、标准工作进展、新标准的制定、标准文献、有关管理和质量保证的 ISO 9000 标准和有关环境保护管理的 ISO 14000 标准系列。

（4）IEC 网站（http://www.iec.ch/）。

在 IEC 的网站上，除可检索 IEC 标准外，还可以搜索大量的 IEC 的相关信息，了解电气、电子工程领域中标准化及有关方面的国际合作。IEC 标准的检索主要通过标准号、主题词和 TC 分类号进行。

第三节　会议文献检索

一、会议文献概述

1．会议文献的定义

会议文献是指在国内外各种大型学术会议上宣读和交流的信息总和，包括论文、报告、资料和文件等。科技学术会议是传递科技信息的重要方式之一。学术界经常要召开各种学术会议，全世界每年召开科技会议近万次，出版的各种会议录达万种以上。在学术会议上要讨论、公布有关学术领域的新成就、新发展及学科进展情况。学术会议文献能及时反映科学技术的发展趋势，是报道科学技术研究成果的一种主要形式。因此，阅读会议文献是了解世界科技发展水平和获得科技信息的重要途径。

2．会议文献的特点

内容新颖、及时性强、学术水平高、专业性强、数量庞大、内容丰富、可靠性强、出版形式多种多样。

许多重要会议的组织常将有关文献整理编辑成图书、期刊特刊等形式正式出版。会议文献有许多不同的名称：会议录（Proceeding）、会议论文集（Symposium）、学术论文集（Colloquium）、会议论文汇编（Transactions）、会议记录（Records）、会议报告集（Reports）、会议出版物（Publications）、会议辑要（Digest）等。

二、国内会议文献检索

1. 中国学术会议论文全文数据库（PACC）

PACC 由万方数据股份有限公司制作出版，主要收录 1998 年以来国家级学会、协会、研究会组织召开的全国性学术会议论文，每年涉及 600 余个重要的学术会议，每年增补论文 15 000 余篇。数据范围覆盖自然科学、工程技术、农林、医学等领域，是了解国内学术动态必不可少的帮手。

PACC 依照《中图法》将所收会议论文分为 24 个大类。其检索方法既可以从会议信息查找，也可以从论文信息查找，包括会议地点、会议名称、会议时间、主办单位、论文题名、著者、关键词、文摘等字段。

2. 中国重要会议论文集全文数据库（CPCD）

CPCD 由清华同方光盘股份有限公司制作出版，收录我国各级政府职能部门、高等院校、科研院所、学术机构等单位的论文集，内容覆盖理工、农业、医药卫生、文史哲、经济政治法律、教育与社会科学综合等各方面。

3. 国内专业学术会议资料数据库

该数据库由上海数字图书馆提供，现提供 1986 年至今约 20 万件资料的网上篇名免费检索服务。读者可按篇名、作者、会议名称、会议地点、会议时间等进行检索，用户可根据查得会议文献的索引号和篇名向上海图书馆请求原文复制服务（收费）。

4. CALIS 的会议论文数据库

该数据库收录了国内几十所重点高校每年主持召开的国际会议。数据库提供基本检索和高级检索两种方式。基本检索只能在一个字段检索，可选择的检索字段有：题名、主题、主办单位、个人著者名、会议名称。系统支持左右截断检索、模糊匹配和精确检索。高级检索可在多个字段同时进行，可检字段增加了摘要、全面检索 ISBN 号、本地分类号和著者单位等项。除"精确匹配"检索外，在四个检索框之间，系统允许使用"逻辑与"或"逻辑或"组配检索。基本检索和高级检索都支持时间限制检索。

三、国外会议文献检索

检索国外会议文献的工具有美国《科学技术会议录索引》（Index to Scientific and Technology Proceedings，ISTP）、《社会科学及人文科学会议录索引》（Index to Social Science and Humanities Proceedings，ISSHP)、美国《会议论文索引》(Conference Papers Index，CPI)。

1. ISI Proceedings

ISI Proceedings 是美国汤姆逊科学信息研究所（Thomson ISI）1997 年创办的，包括 ISTP 和 ISSHP 两大会议录索引的 Web 版。ISI Proceedings 汇集了世界上最新出版的会议资料，包括专著、丛书、预印本以及来源于期刊的会议论文，提供综合全面、多学科的会议论文资料，是唯一能够通过 Web 直接检索 12 000 多种国际上主要的自然科学、工程技术、社会科学和人文学术方面会议录文献的多学科数据库，汇集了全球学术领域内的会议、座谈会、研讨会及其他各种会议中发表的会议录文献，提供会议文献的书目信息、著者摘要（提供 1997 年以来的摘要），从 2002 年底开始提供 1999 年以来会议文献的参考文献列表、会议录，时间回溯到 1991 年。

ISI Proceedings 数据库通过 ISI Web of Knowledge 平台提供检索，每周更新。在 ISI Web of Knowledge 平台的支持下，ISI Proceedings 建立了与许多文献资源的链接，比如 ISI Web of Science、INSPEC、BIOSIS Previews、CAB Abstracts 以及其他出版机构的全文数据库、图书馆馆藏的 OPAC 系统等。ISI Proceedings 还提供了论文所引用的参考文献，以及与 ISI Web of Science 整合的参考文献链接与浏览。

ISI Proceedings 提供了简单检索和高级检索两种途径。

2. CSA-Conference Papers Index

Conference Papers Index 数据库是由美国 Cambridge Scientific Abstracts（剑桥科学文摘社）提供的世界范围内的主要科学会议论文、引文和会议预告。自 1995 年以来，其重点为生命科学、环境科学和水生科学，同时也包括物理学、工程学和材料科学。该数据库记录包括完整的订购信息（包括论文题名和论文的著者资料），以便得到预印本、文摘、会议录以及来自会议的其他出版物。该数据库收录了 1982 年至今的数据，两个月更新一次。该数据库通过 CSA Illumina 平台提供检索，有简单检索和高级检索两种方式。

第四节　科技报告检索

一、科技报告概述

1. 科技报告的概念

科技报告是科学技术研究工作成果的正式报告，或是对研究进程中各阶段的进展情况的记录、总结所形成的技术文件。

科技报告一般由科研机构，包括科研单位、学术团体和高等院校所附设的研究部门提供，其中有研究成果报告和研究过程的实际记录。科技报告一般都编有号码，供识别报告本身及其发行机构使用。

科技报告是随着科研活动的广泛深入而不断发展成为科技文献的一大门类的。它及时地反映了科学研究的发展动态，是科研成果交流和传播的重要媒介。许多最新的研究课题，特别是尖端科学的最新探索，往往先反映在科技报告中。科技报告的内容与政府的科技政策、国防及尖端科学技术领域有关，反映了一个国家的科技水平，是一种重要的信息来源，很多大型综合性检索系统都将其作为重要的文献类型加以收录。

2. 科技报告的特点

（1）出版形式。每份科技报告自成一册，单独出版。每篇技术报告有一个特定的编号，不定期出版，间隔时间长短不一。科技报告的篇幅长短不等，有的三五页，有的多达上千页，装帧简单。

（2）报告内容。科技报告的研究内容大都涉及尖端科学领域，题目专深、详尽、新颖，常常附有大量数据、图表和原始实验记录，注重详细记录科研进展的全过程，包括成功和失败两方面的经验、各种研究方案的选择和比较等，技术上具有较高的可靠性和参考价值。

（3）出版时间。科技报告的出版发行比较迅速，许多最新研究课题和尖端学科的资料往往首先在科技报告中发表，在传递时间上比其他类型的文献要早。

（4）索取途径。大部分科技报告在流通范围上有一定的控制，有些是需要保密或限制发行的。由于多数报告不公开发行，印数一般也较少，因而科技报告文献的索取比较困难，故报道科技报告的检索工具和可检索到的科技报告显得更加重要。

3. 科技报告的类型

（1）按技术内容分。

① 技术报告（Technical Reports，TR）：公开出版发行，内容完整的正式技术文件。

② 技术札记（Technical Notes，TN）：研究过程中的临时性记录或小结。

③ 技术备忘录（Technical Memorandum，TM）：只供专业或机构内部人员沟通和交流信息用的资料。

④ 技术论文（Technical Papers，TP）。

⑤ 技术译文（Technical Translations，TT）。

（2）按研究阶段分。

① 初期报告（Primary Report）：研究机构对研究项目的一个计划性报告。

② 中期报告（Interim Report）：中期的研究工作小结。

③ 进展报告（Progress Report）：提供研究项目的进展情况。

④ 最终报告（Final Report）：项目完成后的总结报告。

（3）按密级分。

① 机密报告（Secret Report）。

② 秘密报告（Confidential Report）。

③ 非密限制报告（Restricted/Limited Report）。只能在规定范围内发行，数量也有限定。

④ 解密报告（Declassified Report）。经过一段时间后失去了保密意义，解密为对外公开的科技报告。

⑤ 非密公开报告（Unclassified Report）。解密报告和非密公开报告是检索的主要信息源。

二、国内科技报告检索

我国从 1963 年起正式开展全国科技成果的统一登记和报道工作。取得科研成果的单位按照规定上报登记，经原国家科委（现科学技术部）调查核实后，发出科研成果公报和出版《科学技术研究报告》。自 1977 年 11 月起，由中国科技信息所出版《中国科技成果数据库》（CSTAD），1986 年创建网络版。中国科技信息所是我国收录国内外科技报告的主要单位。

1．中国科技成果数据库（http://c.wanfangdata.com.cn/Cstad.aspx）

中国科技成果数据库（CSTAD）由中国科学技术信息研究所万方数据中心制作，始建于 1986 年。收录了自 1964 年以来的历年各省（市）、部（委）鉴定后上报国家科委（现科学技术部）的成果及星火科学技术成果。该库是国家科学技术部指定的新技术、新成果查新数据库。收录范围包括新技术、新产品、新工艺、新材料、新设计等技术成果项目，内容涉及自然科学各个学科领域及部分社会科学领域。

2．国家科技成果网（http://www.nast.org.cn/）

国家科技成果网（NAST）是由国家科学技术部创建的以科技成果查询为主的大型权威性科技网站。旨在加快全国科技成果进入市场的步伐，促进科技成果的应用与转化，避免低水平的重复研究，提高科学研究的起点和技术创新能力。所拥有的全国科技成果数据库，内容丰富、权威性高，已收录全国各地区、各行业经省（市）、部（委）认定的科技成果约 10 万项，库容量以每年 3 万～5 万项的数量增加，充分保证了成果的时效性。同时提供方便、快捷的免费上网查询，还可进行全国科研单位、科技网站查询，发布科技成果供求信息等。

三、国外科技报告检索

目前，国外许多国家都出版了自己的科技报告，如著名的美国政府四大报告、英国航空委员会的 ARC 报告、欧洲空间组织的 ESRO 报告、法国国家航空研究报告 RNEAR、法国原子能委员会的 CEA 报告等。其中，以美国的科技报告数量最大，约占 80%，质量也比较高。下面简单介绍美国的四大报告。

世人最为瞩目的科技报告就是美国四大报告，即"PB 报告"、"AD 报告"、"NASA 报告"和"DOE 报告"。四大报告是美国科技文献中的一个重要组成部分，历史较久、报道量较大，占全美科技报告的 80% 以上。四大报告是由美国政府机构收集、整理、编辑出版的其所属科研单位和与之订有合同的工业、企业以及高等院校所发表的科研报告组成的。

内容涉及数学与计算机科学、物理与化学、天文与地球科学、生物与医学、工业技术、交通运输、宇航、环境、军工、能源及有关社会科学等各个领域。

1．PB 报告

该报告由美国商务部国家技术信息服务处负责收集和整理。早期报告来源于第二次世界大战中战败国的秘密科技资料，在收集整理时依次编号，并在前面冠以 PB 代号，故称这类报告为 PB 报告。1950 年以后主要是美国国内各科研机构的科技报告。其内容包括科研理论、工业技术、环境、生物、医学等。PB 报告的编号原来采用 PB 代码加上流水号，1979 年底，PB 报告号编到 PB-301431，从 1980 年开始使用新的编号系统，即 PB+年代+顺序号，其中年代用公元年代后的末 2 位数字表示，如 PB95-232070GAR 18-00797。

PB 报告的内容侧重于民用工程方面，如土木建筑、城市规划、环境污染、生物医学、航空、电子、原子能利用等。每年的发行量约 1 万件。PB 报告收录的文献类型比较全面，不仅有专题研究报告，也有论文、会议文献、美国政府专利、手册、专题文献目录等。

2．AD 报告

该报告由美国武装部技术情报局出版发行，主要来源于美国陆、海、空三军科研机构、院校和企业研究机构及国外科研机构，报道主要内容为军事、航空航天、地球、物理、材料和工程技术等领域。报告号为 AD-A（B 或 C）+流水号，如 AD-C285519。凡美国国防部所属研究机构及其合同户提出的技术报告，都统一编入 AD 报告。

3．NASA 报告

美国国家航空航天局（National Aeronautics and Space Administration，NASA）的报告，报告来源于本部门各研究所、实验室、合同机构及国外一些航空航天科研机构。报道内容包括航空航天、物理化学、机械仪表、电子和材料等领域。报告号构成为 NASA+报告类型代码+流水号，如 NASA-O-25786。NASA 报告内容侧重于航空和空间科学领域，同时也涉及许多基础学科和技术学科，如航空航天、物理、化学、电子、材料等。

4．DOE 报告

即美国能源部（Department of Energy）的报告。1946 年由美国原子能委员会出版的 AEC 报告，1976 年改由能源研究与发展署出版，称为 ERDA 报告，1977 年以后改由能源部出版，称为现在的 DOE 报告。报告主要来源于直属机构及合同户，内容主要为原子能及其应用、能源以及各相关学科。DOE 报告不同于 AD、PB、NASA 报告，它不用 DOE 代码，而是用下属机构代码+数字号构成，如 ORNJ-TM-5500。

5．美国科技报告的原文获取

科技报告的发行量少，范围小，因此获取原文比较困难。目前获取科技报告主要有两条途径：一个是向 NTIS 直接订购报告的复印件、缩微胶片，另一个是索取国内现有的收藏，NTIS 订购号是获得科技报告原文的主要依据。

中国科技信息研究所是我国引进科技报告的最主要单位，上海科技信息研究所也有四大报告的原文馆藏，中国国防科技信息中心收藏有大量的 AD 报告和 NASA 报告，中国科学院文献信息中心收藏报告较齐全，核工业主管部门收藏有较多的报告。

第五节　学位论文检索

一、学位论文概述

1. 学位论文的概念

学位论文是指高等院校和研究机构的毕业生为取得相应学位所撰写的学术论文。

学位论文在英国习惯称为 Thesis，在美国则称为 Dissertation。学位论文内容丰富，观点新颖，一般侧重于理论，而且文后附有大量的参考文献，借此可以了解有关专题的发展过程和方向，是一种很好的文献源。

2. 学位论文的特点

学位论文是通过大量的思维劳动而提出的学术性见解或结论，在收集资料和进行研究的过程中都是在具有该课题专长的导师指导下进行的，论文的研究主题大多数是某学科的新课题，具有一定的独创性，学术性强，对问题的探讨比较专深，论文叙述也比较系统详尽。有的论点在学科或专业领域有新意或独到见解，起着重要作用。但学位论文的质量参差不齐。

由于学位论文是为获取学位而撰写的，所以通常不正式出版，而是保存在授予学位的单位图书馆里，可供复印，又因其份数有限，馆藏分散，传播范围很窄，因此检索较困难。学位论文检索通常需要借助于检索工具来查找，但不少综合性检索工具中较少涉及学位论文，因此在纸品时代搜集学位论文是比较困难的。但随着高密度存储技术和网络技术的发展与应用，光盘版和网络版的学位论文及其检索工具的出现，大大方便了学位论文的检索和获取。尤其是网络条件下，为世界各国学位论文资源的查询、直接浏览、下载复制提供了极大的便利。现在按照中国高等教育文献保障系统（CALIS）的要求，各高校的学位论文要建成数据库并上网，这就为国内学位论文的检索带来了方便。

3. 学位论文的分类

从级别上看，学位论文可分为博士论文、硕士论文和学士论文。其中博士论文有较高的参考价值。

从内容上看，学位论文可分为研究性论文和综述性论文。前者是根据前人已提出的论点和结论，经过大量试验研究，进一步提出自己的观点和结论，属于理论研究或探讨性的论文。后者是作者根据自己的研究，借鉴他人的大量文献和数据，并进行科学的分析和研究后，提出本人的独特见解或观点的论文。前者注重深度和精度，后者则注重广度和全面。

二、国内学位论文的获取和检索

学位论文的原文获取通常是直接向授予学位的单位索取原件复印，或去国内的收藏单位阅读或复制，在国内索取国外学位论文的原文很困难。我国学位论文的主要收藏单位是国家图书馆和中国科技信息研究所，它们收藏有一些国内和国外的学位论文。国家图书馆是我国唯一的全面负责收藏、整理国内外自然科学、人文科学和社会科学等方面论文的机构，它还收集我国在国外的留学生毕业论文。中国科技信息研究所的国内文献馆集中收藏了《中图法》中 F（经济类）至 X（环境科学类）的学位论文。此外，中国社会科学院文献情报中心收藏有社会科学类学位论文，北京文献服务处收藏部分人工智能及计算机方面的学位论文，清华大学图书馆也收藏有学位论文。国外学位论文可以通过馆际互借或直接向 UMI 订购。

目前，很多公司、高校和科研单位都在开发学位论文数据资源，在此主要介绍以下几种具有代表性的学位论文数据库。

1．中国学位论文全文数据库

（1）概述。

该数据库由万方数据股份有限公司制作，其数据来自各高等院校、研究生院及研究所向中国科技信息研究所送交的我国自然科学领域的硕士、博士和博士后的论文。共收录了自 1980 年以来我国自然科学领域学位论文全文 60 余万篇，每年稳定新增 15 余万篇。

（2）检索方法。

① 个性化检索：个性化检索针对数据库的特点，提供给用户直观方便的组配检索框，用户只需通过下拉菜单的选择，输入很少的检索词就可以组配出比较复杂的检索表达式。

② 分类检索：中国学位论文全文数据库分类检索数据库将所收藏的学位论文按学科、专业目录分为哲学、经济学、法学、教育学、文学、历史学、理学、工学、农学等 9 个大类，每个大类下又分若干个二级类目。在检索时直接单击所需检索学科的二级类目，即可获得相应检索结果的题录信息。

③ 二次检索：在个性化检索与分类检索的检索结果上方都提供了二次检索，其检索方法同万方其他子系统的二次检索相同，可逐步缩小检索范围，优化检索结果。

2．中国博士学位论文全文数据库、中国优秀硕士论文全文数据库

（1）概述。

中国博士学位论文全文数据库、中国优秀硕士论文全文数据库是由中国学术期刊电子杂志社和清华同方光盘股份有限公司出版，是 CNKI 中国知网系列产品之一，分别收录了全国 420 家博士培养单位和 652 家硕士培养单位的博士、优秀硕士学位论文。所有学位论文均分为十大专辑：理工 A、理工 B、理工 C、农业、医药卫生、文史哲、政治军事与法律、教育与社会科学综合、电子技术与信息科学、经济与管理。十大专辑下又分为 168 个专题文献数据库。

（2）检索方法。

数据库的检索分为单库检索与跨库检索。

① 单库检索：直接单击"中国博士论文全文数据库"或"中国优秀硕士论文全文数据库"，进入对本库的学位论文检索。

② 跨库检索：同时选择这两个数据库进行检索。单库检索和跨库检索又分为简单检索、标准检索、高级检索和专业检索等形式的检索，在选择了数据库之后分别单击相应的按钮进入其检索页面。

3. CALIS 高校学位论文数据库

CALIS 高校学位论文数据库是由 CALIS 全国工程文献中心（清华大学图书馆）牵头组织全国近 100 所高校合作建设的数据库，是在"九五"期间建设的博士、硕士学位论文文摘数据库基础上，建立的一个集中检索、分布式全文获取服务的 CALIS 高校博士、硕士学位论文文摘与全文数据库。内容涵盖自然科学、社会科学、医学等各个学科领域。凡是数据库的参建高校均可通过"IP 登录"的方式免费检索。该数据库提供有简单检索和高级检索两种检索方式，可以分别从题名、论文作者、导师、作者专业、作者单位、摘要、分类号、主题和全字段等不同角度进行检索。在输入检索词时可以使用通配符"*"和"？"，同时还可使用逻辑"与"、"或"、"非"等确定多条件间的逻辑组配关系进行检索。

4. 中国国家图书馆的学位论文数据库

中国国家图书馆（http://www.nlc.gov.cn/）是教育部指定收藏全国博士论文、博士后研究报告和海外留学生学位论文的机构，作为全国学位学术论文收藏中心，迄今已收藏自 1981 年实施学位制以来的博士论文（包括所有博士授予单位及其专业）8 万余种，收藏率达 98%；还收藏了近年来硕士论文和博士后研究报告万余种。此外，自 1992 年至今，已向海外征集到中国留学生的博士论文千余种。

三、国外学位论文检索

国外学位论文在我国收藏较少，国家图书馆有少部分收藏，并编有《国外博士学位论文目录 1982—1992 年》，收录了 1982—1992 年北京图书馆所收藏的国外博士学位论文的书目信息。国外学位论文的印刷型检索工具主要为《国际学位论文摘要》，网上资源主要有 PQDT 网络数据库等。在此以 PQDT 为例简要介绍国外学位论文检索。

1. ProQuest 学位论文全文数据库

（1）数据库概述。

ProQuest 学位论文全文数据库是 ProQuest Disserfaions and Theses（PQDT）库中的部分国外学位论文全文。PQDT 由 ProQuest 公司制作，收录了全世界 1 000 多所北美地区及部分欧、亚、大洋洲地区著名大学的人文社会科学和理工科博士、硕士学位论文全文，学科覆盖了人文、哲学、社会科学、文学、艺术、数学、物理、化学、农业、生物、商业、经济、工程和计算机科学等领域，是目前世界上最大和使用最广泛的国际性学位论文数据库。目前共收录了 240 万篇学位论文记录，每周更新。

直接访问 PQDT 的费用是十分昂贵的，为了满足我国国内对博士、硕士论文全文的广泛需求，中科公司协助国内学术研究单位、高等院校和公共图书馆进行集中采购，以优惠的价格，便捷的手段提供 ProQuest 学位论文 PDF 全文数据库网络共享，组织建立 ProQuest 博士、硕士论文中国集团联盟站点，以期达到为加入联盟的成员馆提供更好的共享数字资源和增值服务的目的。此联盟的加盟模式是：凡参加联盟的成员馆可共享成员馆订购的资源；中科公司负责查重工作，尽可能做到各成员馆所订购的资源不重复；一馆订购，全国受益；随着时间的推移，加盟馆的增多，共享资源数量也会不断增加。目前 ProQuest 学位论文数据库主要收录的是 2001 年以后授予学位的博士论文，每年新增的论文超过 10 000 篇。该库通过设在上海交通大学镜像站点、CALIS 中心的镜像站点、中国科学技术信息研究所镜像站等提供服务，可以下载博士论文的 PDF 全文。

（2）检索方法。

① 检索方式：分为基本检索、高级检索和分类浏览检索三种检索方式。

a. 基本检索：可以进行字段检索，同时运用布尔逻辑、截词符、位置算符、嵌套检索等检索技术。

b. 高级检索：在基本检索功能的基础上，增加了组配检索，将每个检索结果给出一个批号（set#），然后再将批号组配检索，如"#3 and ab（coldwar）"。

c. 分类浏览检索：按学位论文所属学科进行逐级缩小范围查询所需的论文文献。

② 检索技术：主要有 5 种。

a. 布尔逻辑算符（boolean）：and，or，not。

b. 截词检索（truncation）：只有右截断，截词符为"？"，如"econom？"。

c. 位置算符（proximity）：与第三章第六节相同。

d. 嵌套检索（nesting）：即用多层括号表示检索的先后顺序，如 ti（（information retrieval）and（information technology）），表示先检索"informationretrieval"，再将结果与"information technology"组配检索。

e. 二次检索（refine search）：允许在上一次检索的结果里，进一步修改策略和检索。

③ 浏览功能：有两种浏览方式：一是在检索界面上单击"浏览"按钮，然后按学科浏览。二是在"高级检索"下有两个按钮，一个是"主题树"（subject tree），浏览方式同上述主题浏览；另一个是使用"school index"，按学校校名浏览论文。

（3）检索结果处理。

检索结果先显示目录，目录可按用户需求按字母或获得学位的时间倒排或正排，然后单击图标进行标记或直接单击题名查看全部记录。大部分论文以 HTML 文件格式给出题名、作者、文摘、导师、获得的学位及日期、奖励情况、卷期、国际统一标准书号（ISBN）、出版物号码、学校、主题等内容，1997 年以后的博士论文则大多可以看到前 24 页全文。

全文输出：记录内容和前 24 页的全文可以存盘或打印，如果要看全部全文，则有三种方式：一是下载 PDF 文件，但这只限于美国本土有信用卡号码的用户；二是单击图标在网上订购印刷本全文，但对用户的要求与第一种方式相同；三是对于国外的用户来说，只能先开一个预付款的账号，然后用电子邮件方式订购印刷本全文。

2．国外学位论文其他网上资源

（1）DIALOG 国际联机检索系统第 35 号文档 Dissertation Abstracts Online。

（2）OCLC 中的 Dissertation Abstracts Online。

（3）国际博、硕士论文数字图书馆（NDLTD：ETD Digital Library Networked Digital Library of Theses and Dissertations），网址为 http://www.theses.org/，是一个整合国际论文资源的电子图书馆。有 152 个会员，包括 132 所大学和 20 个学会。通过 Federated Search 可以检索到 24 个单位的论文。

（4）大英图书馆文献供应中心（The British Library Document Supply Centre，BLDSC），网址为 http://blpc.bl.uk/，提供美国、加拿大、英国（1970 年起）的博士论文。

思考题

1．专利的 3 个技术特征是什么？

2．中国专利的检索网络主要有哪些？

3．标准文献有哪些特征？

4．哪种标准文献可检索到我国国家标准的全文？

5．美国 4 大技术报告是指哪几个科技报告？

6．学位论文的特点是什么？

7．用网络检索方式检索与本专业有关的一项发明专利。

8．用网络检索方式检索一项外观设计专利。

9．检索与本专业有关的我国国家标准。

10．检索 1～2 个与本专业领域有关的学术会议，写出会议名称、会议地点、会议时间。

11．检索一篇本专业的学位论文，写出论文名称、作者、专业、导师、学位授予单位、学位授予时间。

第八章

信息的收集与整理

第一节　信息视野的开拓

　　图书馆、信息研究所是人们获取信息的重要场所，但并非全部场所；图书、期刊、照片、胶片、磁带、磁盘、光盘是人们读取信息的重要载体，但并非全部载体；计算机网络是人们快速获得信息的重要途径，但并非全部途径（那些尚未数字化或尚未进入计算机网络的信息，无法通过计算机网络获得）。因此，进一步开拓信息视野，进一步开拓信息渠道，对于广泛及时地获取信息是非常必要的。

　　本节旨在帮助读者进一步培养信息意识和开拓信息视野。

一、捕捉转瞬即逝的信息

1．培养对信息的敏感性

　　一个人对信息的敏感性，是以其平时培养的信息意识为基础的。在现实生活中常有这样的情况：在无线电广播节目或电视节目中，许多有用信息的播出时间只有几秒钟，转瞬即逝；有许多著名专家、学者参加的学术会议，会期只有两三天，众多专家要再次聚到一起，只有等到下一届会议召开时；在本地区的某个新技术展览会中有许多国际上著名的公司参展，展期仅为几天，而下一届同类展览会就要改在国外举办了。遇到这些情况，如果对信息的敏感性不足，就会失去许多本可以获得重要信息的机会。因此，如果平时总在头脑中装着自己关心的课题，总惦记着要为所关心的课题采集信息，那么，一旦看到了、听到了有用的信息（或者关于能获得有用信息机会的信息），就会感到眼前为之一亮，设法将信息捕捉住。

2．做捕捉信息的准备

　　要做捕捉信息的思想准备，否则总会与有用的信息"擦肩而过"。那些能够捕捉到有价值信息的机会，总是留给有捕捉信息准备的人的。

　　随身带着笔和本（或纸），是捕捉信息的最基本的物质准备。一旦听到、看到（或读到）

有用的信息，就要马上用笔记录下来，以防止事后遗忘。

根据工作的需要和条件的许可，必要时可以随身携带照相机（或摄像机）、录音机，以便即时生动形象地记录下有关事件的场景、有关事实的过程、有关产品的外观形状、有关设备的运行动作和有关讲解发言等有用的信息。

此外，使用能对广播电台节目定时、定台录音的录音机和能对电视节目定时、定台录像的录像机，可以自动记录有关的节目内容。

3．延长转瞬即逝信息的寿命

一旦将转瞬即逝的信息记录下来，那么这些信息的内容或者它们的某些特征便很难消逝。例如，美国的"9.11"事件是发生在顷刻之间的事情，但目击者所拍的照片和录像资料却能长期保存。此后围绕着这一事件展开的各种调查、讨论，又进一步挖掘和捕捉了更多的相关信息。在此基础上，那些以"9.11"为题的书籍接连出版，进而被收入世界各地图书馆的馆藏之中。于是，关于"9.11"事件的信息的寿命被延长了。

延长转瞬即逝信息寿命的关键在于及时地将其捕捉住。那些在流动过程中的"活"信息，如果是作为一种新闻性的消息出现，则是"一次性"的，是短命的；而如果能透过其新闻性觉察出其内在的政治价值、经济价值或学术价值，则可以在将其捕捉之后，做进一步的挖掘、开发，将之与相关信息组合，生产出新的信息产品。这里所说的信息寿命的延长，就是指通过信息的捕捉、挖掘和组合，为易逝的信息注入新的生命力。

二、沉寂信息的激活

1．发现"过时"文献中的"新鲜"内容

随着社会的发展，随着社会关注热点的转移，总有许多曾是关注热点的信息会逐渐被人们淡忘。那些记载着被人们淡忘的信息的文献，也被作为过期期刊、下架图书、尘封档案而被闲置在文献库僻静的角落里。有些信息产品从产生的那一时刻起，就未曾引起过人们的关注，未曾得到广泛的传播便随着记载它们的文献而被打入"冷宫"。有些信息（如被严格保守的秘密或未经批露的史实），会随着记载它们的文献直接进入档案保管机构，长期处于沉寂状态。然而，"新鲜"与"过时"都是相对的。只要能从"过时"文献中发掘出鲜为人知的内容，那么这些内容对于从未接触过该信息的接受对象而言，就是"新鲜"的。因此，在开发信息资源的时候，不但要开发那些成为人们关注热点的信息，还要根据需要和可能开发那些沉寂的信息，通过发掘"过时"文献中的"新鲜"内容，激活沉寂的信息。

例如，天津大学档案馆研究人员从历史档案中发掘出清代有关创办"北洋学堂"的 5份奏折和光绪皇帝所做批复的史料，并围绕这些史料进行天津高等教育史的研究，成功地从"过时"文献中发掘出"新鲜"内容。

2．用"新技术"处理"旧信息"

无论是记载于陶器、甲骨、竹简、帛、碑、钟、鼎、石壁等载体上的信息，还是记载于古籍图书、"废旧"报刊、下架图书等载体上的信息，都面临着随其载体损毁而消逝的危险。人们需要及时地复制这些信息，将之存储于新的载体之上。为此，必须借助于新技术。计算机图像处理技术、文字识别技术都可用于对"过时"文献的处理，用于对"过时"文献中信息的数字化。将"过时"文献中的信息数字化，有利于对其检索、传输、汇集和分析研究，有利于发掘出有助于当今技术创新的有用知识，发掘出有助于发展先进文化的历史宝藏。用当代的计算机信息处理技术发掘埋藏于陈旧载体上的鲜为人知的信息，其工作的意义远远胜过利用计算机信息处理技术从网上复制、粘贴、拼合人所皆知的信息。

3. 用"新技术"开发"旧信息"

提出"发现'过时'文献中的'新鲜'内容"这一命题，并不是倡导人们脱离时代和现实生活到故纸堆里讨生活。历史是在不断发展、不断前进的。人们应在借鉴前人成果的基础上创造出新的成果，而不能走复古倒退的路。例如，有人从古书上发现了某种化妆品的配方。这一发现的意义，不是提供了一种用来照抄照搬的产品原料配比方案，而是提供了一种产品配方的思路。在当代科学技术条件下，需要用先进的技术手段分析这种配方的有效成分；分析这种配方会产生的化学反应；分析这种配方生成物能产生化妆效果的机理；分析其毒副作用，并根据同类产品的国际（国内）标准进行急性和亚急性中毒实验（要经过从动物到人体的实验过程）；研究配方所涉及的原材料有无更好、更廉价、更有利于资源保护和环境保护的代用品或来源渠道；研究先进的生产工艺技术；研究易于用户接受的产品形态（粉状、膏状、雾状、液态）。人们可以尝试将先进的化学合成技术、生物医学工程技术、纳米技术等各种现代的技术为古老、传统配方注入新的活力。

总之，"旧信息"不是越古越老就越值钱的古董、古玩。只有在人们将其发掘出来，使其从潜在状态转化为显在状态，并借助于当代新技术将其加以开发，生产出人类所需要的新的物质产品或文化产品的时候，才能说这些沉寂的信息转化成了现实的财富。

第二节　信息渠道的开拓

人们在工作和生活中逐渐会形成各自相对稳定的信息渠道。各自的信息渠道是人们在长期工作和生活中经过开辟和筛选而形成的。有相对稳定的信息渠道，可以减少信息来源的随意性。然而，随着时代的发展，人们的信息渠道不能一成不变。人们需要掌握信息渠道开拓的方法，以便在原有信息来源的基础上不断扩大自己的信息来源。

一、网络信息渠道

开拓网络信息渠道，需要在收藏网址、收藏电子信箱地址和公布网络联系途径等方面下工夫。

1. 收藏网址

各种网络信息服务机构会定期或不定期地出售"网址指南"、"网址手册"等出版物，许多有关计算机网络应用的杂志也会刊登出部分站点的网址。要注意收藏这些记载网址信息的纸本文献，将之作为身边的网址查询工具。

可以利用计算机的网址收藏夹收藏重要的网址。用计算机收藏网址，优于用笔在记录本上记录网址。使用计算机的网址收藏夹可以节省输入网址的时间，提高上网效率，应积累有关使用最少的键盘敲击次数和最少的鼠标单击次数打开所需网页的经验。

为了提高从收藏夹中选取所需网址的速度，有必要将同类性质（或同种用途）的网址编排在一起，并定期将不常用的网址从收藏夹中删除。

2．收藏电子信箱地址

收发电子邮件是网络信息传递的重要渠道。科学地收藏电子信箱地址对于拓宽电子邮件传递渠道是非常重要的。对于认为有必要继续保持联系的来信人（或单位），要在首次打开其邮件时将其电子信箱地址导入"地址簿"。为了高效率地查找所需地址以及便于使用邮件的"群发"功能，应将同类人员（或单位）的地址放在以其共同特征命名的文件夹中。为了提高发信效率，可以将同一个人（或单位）的地址分别存入几个都与之有关的地址文件夹中。

3．公布网络联系途径

如果在网络上或报刊上公布自己希望在网络上交流信息的主题，以及能够与对方交流信息的网址、电子邮箱地址，那么总会有对这一主题感兴趣的人通过计算机网络进行信息交流。需要注意的是，采用这种办法交流信息必须有足够的信息储存空间，否则，将难以招架无孔不入的"垃圾邮件"带来的麻烦。

二、纸本文献信息渠道

人们熟知的获得纸本文献的做法是借阅或购买纸本文献。其实，索取和交换纸本文献的做法也是可行的，况且，有些文献是借不到也买不到的，只能通过索取或交换的办法获得。以下分别介绍拓宽这些信息来源渠道的方法。

1．拓宽借阅渠道

仅靠本单位的图书馆，对于借阅纸本文献而言，往往是不够用的。要设法利用本地区兄弟单位的图书馆、本地区的公共图书馆或专业图书馆。在建立馆际互借制度的多个图书馆中，可以充分利用馆际互借制度所带来的便利，使自己成为文献资源共享机制的受益者。在无法成为某个图书馆的长期读者的情况下，可以争取办理临时借阅证，做该图书馆的短期读者。

2．拓宽购买渠道

随着市场经济的发展，各种出售图书的商家不断涌现，采购图书的途径已变得多种多样。要充分利用各个书商发布的供书信息和出版社发布的新书出版信息。不仅要留心定期出版的《科技新书目》和《社科新书目》一类的报刊，还要留心各种书商不定期邮寄的单页宣传品。不仅要留心以纸为载体的供书信息，还要留心"网上书店"在互联网上发布的网上售书信息。

不同的期刊，其购买渠道也各不相同。有的期刊可以通过邮局订购，有的期刊需要直接向编辑部订购，有一些期刊还可以通过书商订购。

3．开辟、拓宽索取渠道

由于种种原因，有些文献的印制和发放没有纳入正式出版发行的轨道。要想获得这类文献，需要向其编印者或保管者索取。如有些机关、企业、研究所为本单位工作人员印制的工作指南、工作手册、参考数据手册、技术报告，有些学术团体为召开学术会议印制的非正式出版的论文集，有些学校在校内试用的讲义、补充教材等文献资料，都是无法通过正式的出版发行渠道购买得到的。因此，必须将寻找文献资料的视野扩大，主动向有关单位询问，了解这些单位近期印制了什么内部资料，其中有哪些资料能向外单位赠送。

主动向有关单位询问是开辟索取文献资料渠道的最基本的做法。只有向对方表达了对相关文献的需求意向，对方才会考虑给来访者（或来函者）是否提供赠阅文献的问题。在索取文献时，须向该文献的拥有者说明需求文献的原因，做出有关版权的承诺，并让文献拥有者相信，此举不会对其利益造成损害。

4．开辟、拓宽交换渠道

信息的生产、传播都是有成本的。尽管信息在生产出来之后是可以反复复制的，然而承载所复制出信息的载体和复制工作本身还是有成本的。因此，在市场经济环境中，一味指望通过索取的渠道无偿获得各种有用的文献资料是不现实的。

为了能更多地从非正式出版发行渠道获得有用信息，使用交换信息的方法是很有必要的。用本单位（或本部门）印制的文献资料赠送给曾向其索取过文献资料的单位（或部门），与之建立文献资料的长期交换关系，将单向地向对方索取文献资料改变为与之双向互赠文献资料，有助于使原有的信息来源渠道继续保持通畅。其实，将自印文献资料向外赠寄不应仅局限于曾向其索取过文献资料的单位。应主动开辟信息交换渠道，主动与有可能建立信息交换关系的单位（或部门）联系，主动向其赠寄自印文献资料。在具体操作时，应注意以下几点：（1）因为自行印制的资料是用于内部参考交流的，不是用于正式出版发行的，所以，必须在封面（或封底）印上"内部资料，仅供参考"或"工作手册，内部使用"的字样，以防止出现非正式出版物流入市场发行渠道的麻烦；（2）在准备寄出资料的封面、封底要盖上"赠阅资料，欢迎交换"字样的醒目印章，以提醒对方时常想着互寄资料的事情；（3）在寄出的资料中，夹着印有本单位（或本部门）邮政编码、通信地址和收信人姓名的若干纸条，为对方邮寄反馈文献资料提供方便；（4）若印制信息交流范围比较广的资料，则需要向当地出版管理部门申请"准印证"，否则会因印制非法出版物而受到追究。

三、社会交流信息渠道

纸本文献和计算机网络及其存储设备所承载的信息，仅仅是信息资源中的一部分。许多重要信息是在纸本文献和计算机网络上根本检索不到的。为了更广、更快、更准地获得有用的信息，必须将信息视野扩大，开辟和拓宽在社会交流方面的信息渠道。

1. 专家咨询

向专家咨询是有用信息来源的一个重要渠道。以往记载于纸本文献上的信息或在计算机网络上登载的信息，不可能恰好完全解决当今遇到的某一具体新问题。许多有用的信息尚储存于专家的头脑之中，而在专家思考具体问题时，许多新的有用的信息又不断地从专家的头脑中生发出来。向专家咨询就是请专家开口、动笔，让专家通过语言或文字，将其针对咨询课题的见解表达出来。专家提供的咨询报告是经由专家头脑生产出来的新的信息产品。如果这些新的信息产品的知识产权拥有者事后同意将之为社会公知公用，那么它们便会被披露于纸本文献或电子文献中供他人检索、利用。

向专家咨询有多种方式。可以委托资质好的咨询公司提供咨询报告，也可以直接约请专家开咨询会议，还可以通过邮寄信函的方式向专家咨询。

在向专家咨询时需要注意的是，必须向专家提供足够的真实的背景资料；必须向专家说明对所需提交的咨询报告在深度和广度上的要求；必须给专家足够的熟悉背景资料和阅读需要评审的资料的时间。

2. 学术会议

参加学术会议可以在短时间内获得相关专业领域中最新和最密集的信息。

绝大多数的学术会议都拒绝接纳已被期刊公开发表过的论文参加会议交流。因此，在学术会议上得到的论文集和听到的专家报告，几乎都是尚未公开发表的最新信息。在学术会议上同行专家汇聚一堂，其报告、发言在时间上都被安排得很紧凑，在会场上听专家报告、发言能在短时间内获得大量信息。如果会议安排了在每位专家发言后由听众提问的程序，那么听讲人可以就所听内容而产生的疑问与专家面对面地进行交流。

从一个学术会议能得到的信息，不仅仅是在这个学术会议上所听到的报告信息和发言信息，会后能带回来的也不仅仅是论文集、记录本、会议录音和照片；还可以从这一届学术会议上得到关于召开下一届学术会议以及召开相关会议的信息，可以得到官方关于某技术领域发展政策的信息，可以得到有关科研立项的信息、合作意向的信息，以及与会者通信录等重要信息。

为了充分利用同行专家汇聚一堂的难得机会，能够利用会议的休息时间与有关专家交谈，需要及时向会务组询问有关专家的房间号码和电话号码，提前约定交谈时间。

为了能通过参加学术会议获得有用信息，需要事先获得关于召开学术会议的预告信息（会议征文通知、开会通知等）。在许多作为学会会刊的期刊上和许多学会的网页上都能查到有关学术会议的预告信息。通过向本专业领域的专家询问也能获得关于召开学术会议的信息。

通过参加学术会议固然能够在短时间内获得最新最密集的信息，但从参加会议的渠道获得信息的成本比较高（要支出会议注册费或会务费、资料费、交通费和住宿费等），况且，即使有参加会议的经费也不一定有参加的时间和精力，所以，还需要开辟即使本人未曾亲临会场也能获得在学术会议上交流的重要信息的渠道。为此，可以采取如下弥补办法：向参会代表借阅会议论文集，了解会议情况；向会议主办单位的会务工作人员发函求购剩余的论文集；通过会议主办学会（或协会）的网页查阅电子版的专家报告稿，观看专家报告的幻灯片；阅读与会专家会后在刊物上公开发表的学术论文。

3．学术团体

不论学术团体的名称为"学会"、"研究会"还是"协会"，只要参加学术团体并参加其中的活动就可以获得许多有用信息。

与学术会议那种开几天会就散会的情况不同，学术团体是常设组织，是在社团管理机构注册的社团法人。在学术团体中，同行专家荟萃，参加学术团体组织的各种学术活动可以直接听到专家的报告，得到专家的指导，并在同行之间开展研讨、交流。

参加学术团体时，给团体的办公机构留下准确可靠的通信地址是一件很重要的事情。准确可靠的通信地址能保证学术团体及时寄达学术活动的年度安排或季度安排、报告会通知、展览会通知、学术会议征文通知以及参观考察通知等。

可以根据工作需要、时间和精力的情况决定加入的学术团体的种类和数目。随着业务方向的转移，要及时对所参加的学术团体做出取舍。

4．参观展览

展览会这一发布信息的形式，在经济交流和文化交流中发挥着重要的作用。参观展览可以获得从文献上得不到的更直观的信息，可以得到对所关心事物的直接体验。例如，可以直接看到某设备的外观，看到它的运作演示过程，可以当面向展览会的工作人员即兴提问，甚至可以得到由该设备生产加工出的样品，将其带回去进行研究。又如，可以感受设备运行的噪声，可以闻到生产过程中所产生的气味，可以体验生产成品的手感等。这种体验，不可能从报道展览会展品情况的文字材料中获得，也不可能从其他观展者的语言表达中获得。

参观那些内容属于自己本专业的展览会，可以获得本专业成果和发展动态的最新信息；参观其他专业的展览会，可以扩大知识面，并能受到其他专业成果的启发：发现本专业成果的新的应用领域，发现可应用于本专业的新技术、新方法和新材料。

为了充分利用观展的有限时间，确保在参观时不漏掉重要展位，需要及时获得整个会场的展位布局图。观展时，要向有关展位的工作人员索取详细的文字材料（或电子版资料）。在允许拍照的展览会上，可以使用照相、摄像器材记录下供日后参考的静止画面或动态画面。各展位工作人员发放的名片，为参观者提供了参展单位的通信地址、电话号码和电子信箱地址。为了日后有的放矢、高效率地从这些名片中选取有用的联系地址，观展时需要在有关名片背后及时记下对该单位最感兴趣的产品或技术的名称。

为了不错过或少错过参观展览的机会，可以向本地区主要展览馆了解展出计划，并随时留心报刊上的展览会预告。

5. 实地考察

参观展览只是获得切身体验的直观信息的途径之一，且只有在有关展览会的举办期间才能赴展览会参观，因此，为了及时获得关于某些专题的切身体验的直观信息，需要主动到有关地区（或单位）实地考察。

赴外地实地考察要比参观展览有更大的经费支出，但通过实地考察获得的信息更丰富、得到的感受更真切。例如，有时在展览会上只能看到设备（或产品）模型，但在实地考察现场就可以看到设备（或产品）实物；有时在展览会上看到的是关于某单位环境的经过修饰的照片，但在参观访问现场就可以看到该单位的"庐山真面目"，而且对该单位人文环境的切身感受也是在展览会上无法获得的。

为了提高实地考察的效率，需要事先围绕采集信息的任务目标拟好实地考察的提纲，并将实地考察的意向通知被考察方，以便能得到对方的接待和配合。

6. 问卷调查

问卷调查也是一种征集信息的方法。由于在社会上这种方法被使用得过于频繁，以致于让接到问卷的人生厌，认为受到了打扰，不肯为答卷而花费时间和精力。因而，许多发放调查问卷的单位（或个人）收不回答卷，无法有效地通过问卷调查获得必要的信息。有鉴于此，为了能有效地通过问卷调查这条征集信息的渠道获取有用信息，必须掌握提高问卷调查效率的方法。

为了提高问卷调查的效率和便于事后统计，必须精心设计问卷：（1）问卷中各道问题的表述要准确、简明；（2）尽量少出让答卷人通过书写文字回答的问题，即尽量让答卷人从"是"与"否"或"A"、"B"、"C"、"D"等事先印好的答案中选择；（3）事先准备的供答卷人选择的"A"、"B"、"C"、"D"等答案之间，在概念上必须是彼此独立的，不能出现覆盖；（4）当问卷设计者无法用"A"、"B"、"C"、"D"等答案囊括一切可能出现的答案时，要在已列出答案的后面再安排一个"其他情况"，供答卷人选择，并且在卷面上为答卷人预留出用文字注释"其他情况"含义的空间。

调动答卷人反馈答卷信息的积极性，有利于提高问卷调查的效率。为此，在问卷的醒目位置上，要用简明生动的语言说明此次调查会关系到答卷人的什么切身利益，让答卷人肯为此事花费时间。如果调查经费许可，让交回答卷的人得到某种回报（如奖品、纪念品等），也能提高答卷的回收率。

为了减少给答卷人造成时间负担和经济负担，可以在寄出问卷的信封中装入用于寄回答卷的信封，事先在这个信封上写好回收答卷的地址，并且贴足邮票。此外，派专人手持问卷，在征求答卷人意见时代答卷人在卷面上选项、填写，也是减轻答卷人负担、提高答卷回收率的办法。

7. 通信联系

随着计算机网络技术应用的推广和普及，有些原本通过邮政系统传递的信件已被电子邮件所替代。无论是纸质信件还是电子邮件，在传递信息方面都具有不可替代的作用。除了面向某一群体的"公开信"之外，通常的信件是用于发信人向指定的收信人传送信息的。通过信件在发信人和收信人之间传递的信息内容具有更强的针对性和更强的保密性。

在信息社会中，一个人信息渠道的开辟、拓展情况，在一定程度上可以通过其发放名片的数量、收到名片的数量、通信录中记录地址的数量等情况，以及其电子邮箱和邮政信箱中收到的信件情况反映出来。

为了具有广泛、通畅的通信联系渠道，需要集中收藏好各个不同学习阶段的《校友通讯录》、不同学术会议的《会议通信录》；需要分类收藏好在历次社会交往场合中收到的名片。如果用计算机或电子记事本储存通信地址，则可以利用计算机或电子记事本的检索功能高效率地进行地址查找。

8. 联谊活动

各种联谊活动为跨行业、跨部门的信息交流提供了条件。与本行业、本部门以外的人接触，可以开扩视野，可以借鉴"他山之石"。人们可以通过联谊活动获得有用信息，并可以通过一次短暂的联谊活动建立日后长期的信息联系。为了能表达希望日后建立信息联系的意愿并能切实建立起这种联系，要适时地与对方交换名片。

9. 旅游采风

到外地旅游可以见到许多新鲜事物，体察各地的自然环境、人文环境，了解各地的生活方式和生活水平。通过旅游获得的信息，有可能成为引发创作激情、引发创造灵感的触媒。

通过旅游能见到什么新鲜事物，能获得什么有用信息，很难事先预料，但如果有信息意识，做好了捕捉信息的准备，那么外出旅游肯定会得到信息上的收获。例如，一位地质工作者在一次从北京乘火车赴贵阳的旅途中一直观察沿途的地质状况，在笔记本上用图形符号记录沿途山体断面的岩层情况。当火车到达终点站时，这位地质工作者已经完成了一本沿途有关地质信息的记录。再如，有的服装设计师随身携带照相机，利用旅游的机会，拍摄各地民族服装的式样，从民族服装汲取"营养"，增强自己的创作活力。

此外，通过旅游还可以发现本地和外地在商品供应和生活方式方面的差异。发现了差异就是发现了商机；发现了需求就是发现了产品创新、市场创新的机遇。只有带着信息的眼光观看异地的风土人情，才会在旅游时得到额外的信息收获。

10. 接待咨询

接待咨询的专家（或机构）在接到需要提供咨询服务的课题时，首先得到了咨询服务需求方的有关信息。例如，一个房屋中介机构，在接待一个房屋求购者时，首先获得了房屋求购者对房屋需求条件的信息，甚至获得他所具备的购买能力的信息，而这些信息对于该机构再为房屋出售者提供咨询服务是有用的。

如果能根据"在给信息需求方提供信息的同时也可以获得关于信息需求方的信息"的道理及时捕捉有用的信息，那么就能建立起与信息需求方之间的双向信息通道，在给对方提供有偿信息服务时，还获得了对方无偿提供的有用信息。许多心理咨询专家在其关于心理咨询或心理健康的著作中所举的心理疾患案例，其中有许多就是他们接待的求助者提供的。许多法律专家在其著作中所举的民事纠纷案例，其中有一部分也是其当事人提供的。

第三节　个人资料管理工具

一、资料管理的必要性

在研究过程中，我们会花相当多的时间收集资料。故当一项研究活动结束时，我们手头会有一大堆有价值的资料，将它们保存起来供日后使用是一件很有意义的事。而且人们天生就是收藏家，喜欢将自己感兴趣或有价值的资料加以收藏。但如果只收藏不整理，天长日久，杂乱无章的"资料堆"将无法利用。最令人沮丧的经历是：置身于"堆堆有用的资料中，却无法找到自己想要的那份资料，我们被资料所湮没。因此，要使资料发挥作用，资料管理是一项与资料收集的同步工作。

短期保存几篇文章并不难。但是，如每年需要保存约20厘米厚的文章，数年后，我们的资料存储系统肯定会出现一些小小的麻烦。我们可以用一个多层文件柜来保存所收集的资料，但困难在于如何将它们以便于取用的形式加以管理。简单的方法是把资料按作者姓名字顺排放在书架上。这个方法的最大问题不在于如何存储，而在于检索时的困难，如果忘了作者的名字，这个系统就会变得毫无用处。更糟的是，当你想要查找关于某一主题的文章时，这个排列有序的系统与杂乱无章的文献堆没什么两样，要想从中找出全部相关文献简直是一场噩梦。为此，有些人将资料标题和摘要记在摘记本里，再编个索引便于自己查找。然而更多的人可能会编制资料卡片来管理资料。这与从前图书馆用卡片目录管理图书资料相似。我们可以编制出多种索引，如作者索引、资料发表时间索引和主题索引。这样一来，查找某作者或某主题的文章时都会很方便。

二、个人资料管理工具概述

数字信息的出现，使信息的保存与管理方式发生了变化，传统的资料管理方式已逐步向计算机化发展。由于数字信息不占物理空间、便于复制与编辑，在保存和使用上都有极大的优点，这使得人们对数字信息更是情有独钟。随着数字资源日益丰富和需求不断提升，用户迫切需要一个既能方便使用和管理，又可满足多种功能要求的管理工具来统筹管理各种文件和资料。能够实现这些功能并能起到事半功倍效果的软件，我们称为个人资料管理工具。

1. 个人资料管理软件应具备的功能

个人资料管理软件是管理个人资料库的工具，其基本功能包括建立及管理资料的书目数据，浏览及检索，数据输出。个人资料管理软件的选择应遵循以下三个原则：（1）经济实用。个人资料库的建立及管理不需要太多的投入。（2）简单易用。（3）安全可靠。软件的稳定性好、大小适中，可管理的数据库容量能够满足一般用户的需要，并能方便地进行数据导出与备份等。

2．个人资料管理软件的类型

现有的个人资料管理软件可以分为单机版和网络版。前者直接安装在个人电脑上，后者则安装在系统服务器上，使用时需要上网。目前较为流行的单机版软件有美国 Thomson Scientific 公司的 Endnote、Reference Manager、ProCite，北京爱琴海软件公司的 NoteExpress。而典型的网络版软件则有美国 ProQuest Information and Learning 公司的 Refworks，清华同方的个人数字图书馆系统。单机版和网络版软件各有优缺点。用户通过购买可获得单机版软件，它只在个人电脑上使用，不需要网络支持，故无网络故障与网络病毒的困扰，但软件升级需要个人完成。而网络版可在任何一台联网计算机上使用，这使得个人资料库如同一个可以随时移动的"资料柜"，软件升级与维护均由软件提供商完成。不足之处是，首先，它对网络的绝对依赖。一旦网络出了问题，个人资料库将无法使用，甚至导致资料库中的数据丢失。其次，与单机版软件不同，网络版用户"购买"的只是软件的使用权，因此软件的长期有效是一个问题。一旦不再续订或数据库经营商出了问题，都有可能导致用户在该平台上建立的个人资料库无法使用。最后，网络的开放性与个人资料管理的私密性显得不太和谐。

三、NoteExpress（NE）的使用方法

下面对国产的单机版软件 NoteExpress（NE）做简单介绍。

首先在个人计算机上安装 NE 软件。NE 的主要功能如下：（1）书目数据输入；（2）书目数据管理，采用文件夹的方式管理书目记录，包括书目记录的编辑、添加、移动及删除；（3）浏览及检索；（4）资料引用，写作时可引用个人资料库中的资料，并直接生成参考文献列表；（5）与资料全文的链接；（6）数据输出与备份。

1．建立书目数据库

建立书目数据库是资料管理的前提。在 NE 中建立书目数据库包括建库和输入书目数据两步。建库操作为：在"文件"下拉菜单中，单击"新建数据库"，进入建库页面，为新建的数据库取名并设定存放位置，单击"确认"即可。为保证资料库的安全，不要将个人资料库建在系统盘上。接下来，为资料编制书目记录。这一过程与编制资料卡片相似，书目记录以字段的形式将资料的各种特征记录下来，这是实现资料检索的基础。书目数据的建立有三种方式：手工录入、检索结果导入、联机检索导入。

（1）手工录入。

即手工逐条建立书目记录。操作如下：单击 NE 主菜单中"题录"→"新建题录"，进入手工录入数据页面。系统提供了多个字段，如资料题名、作者、时间、出处以及主题词等。在各个字段中分别输入资料的具体信息，然后单击"文件"→"保存"，完成一条书

目记录的编制。当需要录入多条书目记录时，可在保存记录时选择"保存并新建"，继续下一条书目记录的手工录入。

（2）检索结果导入。

各个数据库中的检索结果实际上就是现成的书目记录。故利用 NE 的导入功能可将检索结果作为书目数据导入到资料库中。需要说明的是，由于每个数据库的数据格式不同，故导入数据时，要使用过滤器将其变为统一的数据格式。过滤器选择的基本原则是检索结果来自哪个库则选择哪个库的过滤器。以下分别介绍几个常用数据库的检索结果的导入方法。

① CNKI "期刊库"。

检索结果导入的步骤：a. 在 CNKI "期刊库"中检索完毕后，标记要输出的记录，单击"存盘"，选择输出格式为"NoteExpress"；b. 在弹出的对话框中选择"打开"，NE 将显示数据导入页面，在该页面上单击"开始导入"执行导入。导入的数据存放在资料库当前的文件夹中。完成导入后，系统会给出成功导入的信息。

② 维普 "期刊库"。

a. 执行检索后，标记要输出的记录，单击"下载"，进入输出格式选择页面，选择全记录格式，将标记的记录保存成为文本文件；b. 在 NE 主菜单中，单击"文件"→"导入题录"，在弹出的对话框中选择刚才保存的文件，选择过滤器为"VIP"，单击"开始导入"完成数据导入。

③ SCI。

a. 执行检索后，标记所有要输出的记录，单击"添加到标记结果列表"；b. 单击"标记结果列表"，进入输出方式设置页面，选择全部字段输出，单击"保存到 EndNote, Refman, ProCite"，在弹出的页面中，单击"导出"将标记的记录保存在本机上；c. 在 NE 主菜单中，单击"文件"→"导入题录"，在弹出对话框中选择刚才保存的文件，选择过滤器为"Web of science"，单击"开始导入"完成数据导入。

（3）联机检索导入。

即利用 NE 的联机检索功能获得书目记录。NE 通过统一的界面检索，提供 amazon、CNKI、万方、维普、Willy、Pubmed 等多个数据库的联机检索。在 NE 主菜单中单击"检索"→"在线检索"→"选择数据库"，选择需要检索的数据库，系统将弹出检索页面，输入检索式，单击"检索"。完成检索后，在检索结果页面上，标记要输出的记录，单击"保存题录"→"选样文件夹"，系统将所选中的记录导入到 NE 库中。

2. 书目数据管理

（1）用文件夹管理资料。

与 Windows 中的资源管理器相似，用户采用文件夹对资料进行分类管理，"树"形目录结构使文件夹之间的等级关系一目了然。用户可根据需要新建、更名、删除和移动文件夹。单击某个文件夹，可浏览其中的书目记录。NE 提供了多种排序方式，单击表头中的某个字段，记录将按该字段升序或降序排列。

① 查重。

直接由各个数据库导入的书目记录不可避免地会出现重复。利用 NE 的查重功能可以方便地剔除这些重复记录。查重步骤为：通过 NE 主菜单"工具" → "查找重复题录"，进入查重页面。a．设定查重范围，即选择"待查重文件夹"。b．设定查重标准，即选择查重字段。如果这些字段中的内容完全一致，则认为是重复记录。c．删除重复记录。查重后，重复记录会高亮显示。单击鼠标右键调出操作命令菜单，从中选择"从所有文件夹中删除"，单击"确定"即可删除重复记录。此时重复记录移至"回收站"中，单击"清空回收站"，将做彻底删除。

② 对重要条目做标记。

对某一书目记录可以做标记以显示其重要性。选中需要标记的书目记录，然后单击鼠标右键，调出操作命令菜单，选择"标记"，设定标记符号即可。要清除标记时，选中需要删除标记的条目，然后单击鼠标右键，调出操作命令菜单，选择"清除"即可。

（2）检索功能。

利用检索功能可以快速定位所需要的条目。单击"检索 "→ "在数据库中检索"，进入检索页面，输入检索式，系统将查找相关记录。NE 提供了多个检索字段，包括标题、关键词、主题词、作者、出版者、出版年代等。可以在整个资料库或限定在某个文件夹中检索。系统不区分大小写，检索单元用高亮显示。

（3）全文链接及附件管理。

NE 采用附件方式实现书目记录与资料全文的链接。因此，它可以对各种类型的资料进行统一管理，包括文章、图书、期刊、网络资源、工作表、通信录、日记、音乐、图片、视频等。此外，通过附件的方式还可以实现书目记录与原文、笔记、文件夹等的关联。

书目记录与原文链接的批处理的操作过程是：首先将数据库中的检索结果导入资料库中，然后下载原文，最后通过自动关联功能将原文和对应的书目地址关联起来，从而实现书目记录与资料原文的链接。操作如下：单击 NE 主菜单中"工具" → "批量链接附件"，在弹出窗口中指定要关联的题录及全文文件，单击"开始"，系统显示相应的全文文件，然后单击"应用"完成关联。关联时还可以选择将关联的文件保存在系统的 Attachments 文件夹中。

（4）笔记功能。

对 NE 库中的资料添加笔记的方法如下：在 NE 库中，选中一篇资料，然后按 F4 键，调出笔记窗口做笔记。在笔记中可插入图像、表格等。此外，NE 支持从网页中选择文本、图片、表格等作为一条笔记添加到库中。NE 提供笔记搜索功能。删除的笔记放在 NE 里的回收站里。在 Word 中可通过单击插入"笔记按钮"插入从 NE 库中选定的笔记。

3．引用资料

NE 安装成功后，在 Word 文档中会显示 NE 的快捷图标，写作时利用这些图标可方便地引用 NE 库中的资料，并按照所选定的格式生成参考文献列表。

（1）插入引文。

插入引文并生成参考文献列表的步骤：在 Word 文档中，将鼠标置于要插入参考文献的地方，然后单击"转到 NoteExpress"图标切换到 NE 中，选择要引用的条目，单击"插入引文"图标，系统将选中的参考文献条目插入到 Word 文档中，并按当前设定的输出格式生成参考文献列表。重复该操作，直至插入所有的参考文献为止。

（2）引文编辑及删除。

在 Word 文档中编辑引文时，将鼠标置于要编辑的引文处，单击"编辑引文"图标，进入引文编辑页面，可对参考文献条目进行编辑。删除引文时，选中要删除的引文，用 Delete 键删除。

（3）参考文献格式选择与调整。

不同的期刊有不同的参考文献格式，投稿时论文中的参考文献格式必须满足期刊的要求。为此，NE 提供了多种期刊的参考文献格式，利用它们可以快速地生成各种格式的参考文献列表。

4．数据备份

个人资料库存在硬盘损坏、病毒入侵、误操作导致书目数据丢失等风险，因此必须进行数据备份，以应不测。NE 的数据备份很简单，只需要将后缀为.nel 的文件复制保存即可。

思考题

1．为什么要培养对信息的敏感性？

2．为了及时地捕捉有用的信息，需要做哪些准备？

3．延长转瞬即逝信息寿命的关键是什么？

4．沉寂信息有哪些来源？

5．开拓网络信息渠道需要做哪几方面的事情？

6．获得纸本文献中信息的渠道有几大类？

7．通过哪些社会交流活动可以获得有用信息？（试列举出 6 种以上）

8．向专家咨询需要注意的事情是什么？

9．利用 NoteExprsss 文献管理工具导入 CNKI、维普数据库的题录信息。

10．在写作时引用个人资料库中的资料，并使用 NoteExprsss 的参考文献生成功能，生成文后参考文献列表，提供相应的操作步骤。

11．简述建立个人资料库的步骤。

第九章

学术论文的写作

学术论文是通用于科学领域内的一种学术文体，既反映社会的科学研究成果，也体现科研工作者的学术水平。因此，撰写学术论文是各行各业专业技术人员的基本功，成为考察评聘他们的主要条件，自然也是大学生必须学习、掌握的重要本领。

第一节　学术论文的性质与特点

一、学术论文的性质

学术论文是用来表述科学研究成果和阐述学术观点的论说性文章，是对自然科学、社会科学和工程技术领域中某一课题研究成果的书面反映和描述。没有论文的撰写和发表，科研成果无法为社会所知，科研的社会价值便无从实现。尽管科研成果的反映形式是多样的，但论文是记录研究成果、传播学术信息的最为简便、实用的工具。

撰写论文既是科研活动的结果，也是科研活动的一种有效手段，它本身就是科研工作的组成部分。尤其是文科论文的写作，从选题、构思到表达，论文写作的过程也就是科研的过程，脱离写作活动，课题的研究就难以展开。

二、学术论文的特点

1. 学术性

学术性是学术论文的根本特征，也是它与一般议论文的根本区别。学术论文是学术成果的载体，以学术问题为论题，把学术成果作为描述对象，以学术见解为内容核心，具有系统性和鲜明的专业色彩。一般议论文发己思、抒己想、表己意，有较强的思想性、政治性；科学研究的本质则要求学术论文突出其学术意义，不能以思想性代替其学术性，不能简单、机械地混淆学术问题和政治问题的界限。一般议论文是有感而发的，不求系统性和专门性；学术论文则属于某个专业学科领域，是在系统的学术研究的基础上写作的，着重探讨事物的内在联系和客观规律，反映出作者对所研究课题的了解、把握程度及专业上的素养、功力，具有一定的深度。

2．科学性

学术论文的科学性特点由它的文体性质决定，与科学研究的特点相联系。学术论文的任务与科学研究的任务是一致的，要正确地反映自然和社会现象及其客观规律，帮助人们认识世界、改造世界，不具备科学性，论文就不能承担这一任务。学术论文的科学性主要是指作者用实事求是的工作态度，以科学的思想方法进行论述，得出科学的结论。在文章中表现为立论客观、合理，建立在对科研命题系统、深入、细致研究的基础上，切忌主观臆断或轻率盲从；论据真实、可靠，力戒不加核实、信手拈来或有意夸饰渲染；论证严谨、周密、逻辑性强，令人信服，不能含混矛盾、任意发挥，要持之有据，言之成理。

3．理论性

学术论文的理论色彩并非外加的装饰，而是出于论文的内在需求。科学研究离不开理论思维，理论思维的成果反映到论文里，就构成了内在的理论性。学术论文反映的不是一般的现象、事实，不是浅显的经验描述，而是对事物本质和规律的深刻认识，具有理论价值。理论的高度是人类认识发展的标志，论文所能达到的理论高度，是衡量其水平和价值的重要标志之一。这就要求我们在写作中，不能停留在罗列现象、就事论事上，而是要运用科学的方法，分析材料，寻找规律，把自己的发现和认识提升到理论的高度。不仅社会科学论文和理论性的自然科学论文要有理论性，实验性论文也要显示出理论的深度。

4．创造性

文章写作都追求推陈出新，作为科研成果载体的论文写作尤其如此。科学研究的意义就在于不断发现新现象、探索新问题、提出新见解、取得新进展，创造性是科学研究也是学术论文的生命。有创造性的论文表现为选择的课题新、提供的资料新、研究的方法新、阐发的见解新。新见解是独创性的核心，它或是发前人之所未发，或是深化前人之所已发。如著名经济学家于光远的《于氏简明社会主义所有制结构辞典初稿》（发表于 1997 年 9 月），对社会主义所有制的问题提出了全新的解释。晓亮的《理论的突破与改革的突破》（《财经问题研究》，1997），认为不进行所有制改革，社会主义市场经济体制是建立不起来的，提出了所有制理论上需要重新认识的 10 个问题。他们的论述突破了所有制理论的禁区，推进了我国第三次思想解放浪潮。独创性意味着不能人云亦云，单纯重复前人的发现，但并非说不能吸取、继承前人的研究成果，实质上，任何知识都有承继性。全新课题固然令人耳目一新，老课题出新意亦是创见，即使观点非独创，能用新的材料或新的论证方法展开进一步的说明和阐述，也是独创性的体现。

第二节 学术论文的分类

从写作目的的角度看，除了在学术刊物上发表、在学术会议上交流的一般性论文，还有毕业论文和学位论文。毕业论文指的是高等学校毕业生所写的学术论文，是大学阶段全部学习成果的总结，是对学生掌握本专业基础理论、专门知识的深广度和运用所学理论、知识分析解决问题能力的检验。学位论文是申请者为了取得一定的学位而提交的学术论文，分为学士论文、硕士论文、博士论文。学士论文等同于高等学校本科毕业生撰写的毕业论文，体现学生写作论文的初步能力。硕士和博士学位的申请者，无论是研究生还是同等学力人员，已进入专业研究阶段，对其论文的学术性和创造性有着不同标准的相应要求。

从内容性质的角度，我们把学术论文分为文科论文和理（工）科论文两大类。

一、文科论文及其类型

文科论文习惯上被称为社会科学论文，其实"文科"的范畴要大于"社会科学"，包括哲学科学和社会科学，可分为哲学、逻辑学、伦理学、经济学、政治学、社会学、法学、史学、文艺学、语言学、科学学、教育学、民族学、宗教学、军事学、人文地理学等学科，以人类社会为对象，研究人类社会发展规律。与理（工）科论文相比，文科论文有着突出的社会性特点。它的研究范围十分宽广，研究对象涉及众多学科、领域；它的读者更为广泛，除社会科学工作者以外，有文化的社会成员都会接触文科论文。它对社会的作用也是更为多样的，直接或间接地影响国家的政治、经济生活和人们的价值观念。文科论文带有较强的主体意识倾向，具有较强的思想性，并常常表现出一定的阶级性和政治倾向性。根据研究角度、研究方式和论文写作方法上的差异，文科论文可分为论证型、考证型、诠释型、调研型等多种类型。

1. 论证型论文

论证型论文是对社会科学领域的基本理论问题或某些社会现象和问题进行探讨、分析、论证，揭示其本质和规律，表达自己的观点、主张、见解的论说性论文。在文科各专业里，论证型论文是运用最多、最广的一种类型。它的内容可以是对社会科学领域里有关哲学、经济学、美学等重大理论问题进行研究，以求新的认识、突破、发展，如《实践是检验真理的唯一标准》；可以是对某一学科、专业中的基本理论、学术观点进行探讨，或拓展原有结论，或匡正某些谬误，或发表崭新见解，以促进学术发展繁荣，如《加入 WTO 后我国利用外资战略研究》、《再论混合税制》；可以是对社会实践活动中某一现象、问题有针对性地进行分析、探讨，导出科学、有实践指导意义的结论，如《21 世纪初期中国经济发展亟待处理好七大关系》、《产权改革：谨防非效率资本支配的陷阱》。有理有据，以理服人，是论证型论文最重要的特征。

2. 考证型论文

考证型论文，即针对文科某一专业的某一问题，运用考证的方法，研究、判断事物的真伪，考定事实的异同。课题包括对重大历史事件、历史人物的结论和评价，对某一著作、文章及作者、年代的考辨；对事件细节、文中典故、一字一词的深考细证，如《唐五代敦煌的营田与营田使考》、《元代"社"的职能考辨》。论证型论文以"论"为主，考证型论文以"证"为主，考而有证，证必有据。

3．诠释型论文

诠释型论文就是针对某学科、专业的概念、理论、原理、定律或事物的属性、特征、形态、功用以及史实、事实、事件的面貌及发生、发展等做解释、说明的论文形式。对论文中的概念、术语做解释和界定，是所有论文必须的，但诠释型论文更要对本文内容做阐释和解说，概括客观事物或事理的本质特征、内在联系和因果关系，揭示其规律性。解释和说明是全面的而不是片面的，是本质的而不是表面的，是客观的而不是主观臆想的，是科学的而不是形而上学的。诠释型论文的选题范围很广泛，如《如何正确理解科学技术是第一生产力》、《投机和赌博概念辨析》。解说性是诠释型论文的突出特点。

4．调研型论文

调研型论文即作者在对现实生活现象、问题进行调查研究后，介绍分析事实、揭示事物本质、提出对策和建议的论文形式，是调查研究结果的书面表达形式。与一般性调查报告相比，调研型论文更突出专业性、学术性。在经济、法律、历史、教育、文秘、新闻、档案等专业，调研型论文运用得相当广泛，如《当前资金运行状况与近期走势》、《对发展我国物流产业的调查与思考》，这类论文要求叙议结合，事理相融。

二、理（工）科论文及其类型

理（工）科论文也称自然科学论文，在科技领域又被称为科技型论文。如同"文科"的概念不等同于"社会科学"，"理（工）科"的范畴也要大于"自然科学"，包括许多新兴交叉学科、新的科学群、新兴技术群体。如果说文科论文更突出社会性、思想性，理（工）科论文则更重科学性和实用性。

根据研究方法的差异，理（工）科论文可分为理论型、实验型、观测型等类型。

1．理论型论文

理论型论文就是作者在论文中，通过严密的理论推导和理论分析，对研究成果进行理论概括，提出自己的观点和见解。内容上的概括性和说理性是它们最本质的特点。

2．实验型论文

实验型论文就是有计划、有目的地进行科学实验，对获得的事实或现象进行观察、分析、综合、判断，得出科学的结论，再将实验过程和创造性成果归纳总结而成的论文。尽管都是科学实验成果的书面表达，实验型论文却与科技实验报告有着明显区别，其中最根本的区别就是实验型论文必须具有创见性，表达的是作者通过实验研究所获得的有学术价值的创新性成果。

3．观测型论文

观测型论文就是将自然界各种现象、事物观察和测量的结果进行准确、具体的描述，因此也被称为描述型论文。观测型论文有突出的直观性，一般不做大量的逻辑论证和推理。

以上谈到的论文所用的研究方法互不相同、各有侧重，在实际写作中，往往采取多种研究方法和表达形式。文、理科论文类型有各自明显的学科特点、写作规律，但也并非完全隔绝的，如文科的论证型论文与理（工）科的理论型论文在性质、特点和功用上有许多相似之处。还有一些具有综合性和边缘性的论文类型，如评述性论文或称情报研究论文，作为情报研究成果的表现形式，对某一事物、问题、专题的发展动态、研究成果进行综合叙述，并在综述基础上做分析评论，为科研决策或政策决策服务，既具有理（工）科论文的准确和质朴，又具有文科论文的雄辩和精辟。

第三节　学术论文的基本格式与写作要求

一、基本格式

国家标准 GB7713—87 规定的科学技术报告、学术论文的编写格式，指明报告与论文由以下两大部分构成。

1．前置部分（如图 9-1 所示）

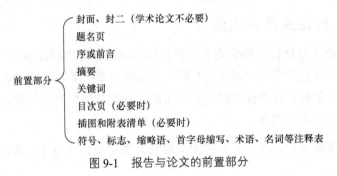

图 9-1　报告与论文的前置部分

2．主体部分（如图 9-2 所示）

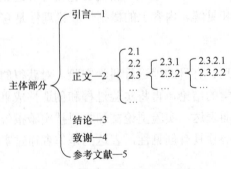

图 9-2　报告与论文的主体部分

对于学术论文来说，实际上只包含 8 个必要的组成部分：题名、作者姓名和单位、摘要、关键词、引言、正文、结论、参考文献。

按照原构成说明，在"结构"与"参考文献"之间应有"致谢"一项，但实际上只有在必要时才附上一句或几句致谢方面的言辞，无须强求加入。

二、学术论文各部分的写作要求与写作方法

1．题名（Title　Topic）

题名又称题目或标题。题名是以最恰当、最简明的词语反映论文中最重要的特定内容的逻辑组合。

论文题目是一篇论文给出的涉及论文范围与水平的第一个重要信息，也是必须考虑到有助于选定关键词和编制题录、索引等二次文献可以提供检索的特定实用信息。

对论文题目的要求是：准确得体，简短精练，外延和内涵恰如其分，醒目。具体分述如下。

（1）准确得体。

要求论文题目能准确表达论文内容，恰当反映所研究的范围和深度。

论文题目既不要过于笼统，题不扣文，也不要含糊不清，使人看了之后如坠云雾之中。题目必须紧扣论文内容，做到题要扣文，文要扣题，这是撰写论文的基本准则。

（2）简短精练。

字数要少，用词要精选，力求达到"多一字嫌多，少一字嫌少"的境界。对于论文题目来说，究竟多少字算是合乎要求，并无统一的"硬性"规定，一般希望一篇论文题目不要超出 20 个字。如《CERNET 环境下的高校图书馆》。

若简短题名不足以显示论文内容或反映出属于系列研究的性质，则可利用正、副标题的方法解决，以加副标题来补充说明，使标题既充实准确又不流于笼统和一般化。如《有源位错群动力学特征——用电子计算机模拟有源位错群的"滑移特性"》。

（3）外延和内涵恰如其分。

所谓外延，是指一个概念反映的每一个对象。而内涵则是指对每一个概念对象所特有属性的反映。"外延"和"内涵"属于形式逻辑中的概念。命题时，作者不考虑逻辑上有关外延和内涵的恰当运用，则有可能出现谬误，至少是不当。

（4）醒目。

论文题目虽然居于首先映入读者眼帘的醒目位置，但仍存在是否醒目的问题。因为题目所用字句及所表现的内容是否醒目，直接影响到读者的阅读兴趣。

2．作者姓名和单位（Author and Department）

论文署名大体分为两种情况，即单个作者和多个作者。按照一般惯例，作者名下应注明工作单位、单位所在地、邮政编码。例如：

姜旭明

（浙江工业大学之江学院　杭州 310024）

多个作者的署名，应按其对研究工作与论文撰写贡献的大小排序。贡献最大者列为第一作者，贡献次之者列为第二作者，余者类推。多个作者若为同一个单位，则不须分别注明工作单位、单位所在地、邮政编码。若不在同一单位，应分别予以注明。例如：

李丽　　　　　　　　　　李之杰

（浙江科技学院　杭州 310012）（浙江工业大学之江学院　杭州 310024）

3．摘要（Abstract）

论文一般应有摘要，为了国际交流，还应有外文（多用英文）摘要。摘要是论文内容不加注释和评论的简短陈述，具有独立性和自含性。摘要能使读者不用阅读全文，就能获得必要的信息。

论文的中文摘要一般为 200～300 字，外文摘要不宜超过 250 个实词。摘要一般应包含以下内容。

（1）研究目的和重要性。

（2）研究的主要内容，完成了哪些工作。

（3）获得的基本结论和研究成果，突出论文的新见解。

（4）结论或结果的意义。

4．关键词（Key Word）

关键词是为了文献标引工作从论文中选取出来以表示全文主题内容信息款目的单词或术语。

每篇论文可选取 3～8 个词做关键词。关键词以显著的字符起一行，排在摘要的左下方。关键词的选取标准有二个：一是所选定的词，必须是论文中（包括标题、摘要）具有实际意义的词或术语；二是能表达文献的关键主题内容。

关键词的选择方法是：作者在完成论文写作后，纵观全文，选出能表示论文主要内容的信息和词汇，这些信息或词汇，可以从论文标题中去找和选，也可以从论文内容中去找和选。

5．引言（Introduction）

引言又称前言，属于整篇论文的引论部分。其写作内容包括：研究的理由、目的、背景、前人的工作和现在的知识空白，理论依据和实践基础，预期的结果及其在相关领域里的地位、作用和意义等，引言应言简意赅，不要与摘要雷同，不要成为摘要的注释。一般正文中有的知识，在引言中不必赘述。引言的篇幅应视论文篇幅的大小及论文内容的需要来确定，长的可达 700～800 字或 1 000 字左右，短的可不到 100 字。

6．正文（Main body）

正文是一篇论文的本论，属于论文的主体，它占论文的主要篇幅，约为全文的 2/3。

　　正文部分表述的主要内容是作者详细地阐述个人的研究成果，特别是详细地阐述作者提出的新的、独创性的东西。对于文科性质的学术论文，在正文中作者必须根据课题的性质，或正面立论，或批驳不同的看法，或解决别人的疑难问题，来周详地论证论文中的全部思想和新的见解。对于理科性质的论文，在正文中写作内容可以包括：调查对象、实验和观测方法、仪器设备、材料原料、实验和观测结果、计算方法和编程原理、数据资料、经过加工整理的图表、形成的论点和导出的结论。由于研究工作涉及的学科、选题、研究方法、工作进程、结果表达方式等有很大的差异，对正文内容不能做统一安排，但正文的结构安排却有一定的形式。

　　学术论文的结构可以概括为 4 类：纵贯式、并列式、递进式、综合式。

　　（1）纵贯式。

　　纵贯式是以时间的先后为顺序，或以事物发展变化的前后为程序，或以人们认识事物的发展规律为顺序来安排结构。凡是记叙人物活动时间推移、事物的发展变化或者论述某个问题的内部规律性，大都采用这种结构形式。

　　（2）并列式。

　　并列式就是根据表现主题的需要，或按物体所在空间的方位，或按事物的本质属性、特征，以及材料类别来安排结构。其特点是，遵循论题，以不同事例的不同侧面论证中心意图。凡直接剖析事物或者比较事物的类别、差异的，一般采用并列结构形式。

　　（3）递进式。

　　递进式就是根据材料的不同意义和作用，把材料分别归类，但类与类之间，或以层层递进的关系，或以因果关系来安排结构。递进式是一种"步步深入"的关系，并且多层次之间是不可颠倒的。凡是要逐步深入地表现事理之间的分析综合的逻辑关系，要逐层深入、环环相扣以展示观点的，往往采用这种结构形式。

　　（4）综合式。

　　综合式就是以综合需要为顺序，把纵贯式、并列式、递进式结合运用。凡是内容庞杂、材料翔实、篇幅较长的文章，多采用综合的形式。

　　常言说，文章"大体则有，定体则无"。实际应用中决不止这几种，文章的结构形式可以千变万化，具体选择哪种形式，一定要视情况需要而定。

　　7. 结论（Conclusion）

　　论文的结论部分是最终的、总体的结论，不是正文中各段小结之简单重复。结论应该准确、完整、明确、精练。如果不可能导出应有的结论，也可以没有结论而进行必要的讨论。

　　结论部分的写作内容一般应包括以下几个方面。

　　（1）本文研究结果说明了什么问题，得出了什么规律，解决什么理论或实际的问题。

　　（2）对前人有关的看法做了哪些修正、补充、发展及证实或否定。

（3）本文研究的不足之处或遗留未予解决的问题，以及解决这些问题的可能关键点和方向。

结论部分的写作要求是：措辞严谨、逻辑严密、文字具体，像法律条文。对尚不能完全肯定的内容注意留有余地。

8．致谢（Acknowledgment）

必要时可在文末以简短的语言给研究工作或论文写作给予了资助、帮助等的组织或个人致以谢意。

9．参考文献（Reference）

学术论文文后列出参考文献的目的如下。

（1）尊重别人的学术成果。

（2）反映真实的科学依据，文责自负。

（3）指明引用资料的出处，便于检索利用。

中华人民共和国国家标准 GB7714—2005《文后参考文献著录规则》对参考文献的标注方法和参考文献的著录项目与著录格式做出了规定。

（1）参考文献的标注方法。

根据国家标准 GB7714—87 的规定，参考文献的标注方法有两种：

① 顺序编码。

例如：

关于主题法的起源众说不一。国内有人认为"主题法检索体系的形成和发展开始于1856年英国克雷斯塔多罗（Crestadoro）的《图书馆编制目录技术》一书"，"国外最早采用主题法来组织目录索引的杜威十进分类法的相关主题索引……"（刘湘生，1980）。也有人认为"美国的贝加逊·富兰克林出借图书馆第一个使用了主题法"（杨沛霆，1963）。

② 著者—出版年。

参考文献

1 刘湘生．关于我国主题法和分类法检索体系标准化的浅见．北图通讯，1980（2）：1923.

2 杨沛霆，赵连城．建立检索系统的几个问题.北京：中国科学技术情报研究所，1963.

（2）参考文献的著录项目和著录格式。

学术论文正文所引用文献的主要来源有：专著或书；连续出版物或期刊杂志；会议文献或会议记录、资料汇编；报告；专利等。根据国家标准 GB7714—87 的规定，其著录项目与著录格式如下。

① 专著。

著录项目：主要责任者；书名；文献类型标识（供选择）；其他责任者（供选择）；版本；出版项（出版地，出版者，出版年）；文献数量（供选择）；丛编项（供选择）；附注项（供选择）；文献标准编号（供选择）。

著录格式：主要责任者. 书名［文献类型标识］. 其他责任者. 版本. 出版地：出版者，出版年. 文献数量. 丛编项. 附注项. 文献标准编号。

例 1：刘少奇. 论共产党员的修养. 修订 2 版. 北京：人民出版社，1962：76.

例 2：Morton L. T. ，ed. Use of Medical Literature. 2nd ed. London：Butter-Worths，1977.462p.Information Sources for Research and Development.ISBN 0-408-70916-2.

② 连续出版物。

著录项目：题名；主要责任者；版本；卷、期、年、月或其他标识（年、月、卷（期）～年、月、卷（期）.）（供选择）；出版项（出版地，出版者，出版年）；丛编项（供选择）；附注项（供选择）；文献标准编号（供选择）。

著录格式：题名. 主要责任者. 版本. 年. 月，卷（期）～年. 月，卷（期）. 出版地：出版者，出版年. 丛编项. 附注项. 文献标准编号。

例 1：中国地质学会.地质论评. 1936，1（1）-.北京：地质出版社，1936-.

例 2：Communications Equipment Manufacturing and PrimaryIndustries Division.Statistics Canada. Preliminary ed. 1970～.Ottawa:Statistics Canada Annual census of manufacturers. Text in English and French ISSN 0700～0758.

③ 专利文献。

著录项目：专利申请者；专利题名；其他责任者（供选择）；附注项（供选择）；文献标识符；专利国别；专利文献种类；专利号；出版日期。

著录格式：专利申请者. 专利题名. 其他责任者. 附注项. 专利国别，专利文献种类，专利号. 出版日期。

例如：Carl Zeiss Jena，VBD. Anordnung zur Lichtele-creischen Erfassung da-Mitte einesuchdeIdes-EdhdehW Feist，C Widmezt，E Feistaller-ht. KE •E •C1：G02 B27/14. Schweiz，patentschrift，608 626．1979．1．15.

④ 专著中析出的文献。

著录项目：析出责任者；析出题名；析出其他责任者（供选择）；原文献责任者；原文献题名；版本；出版项（出版地，出版者，出版年）；在原文献中的位置。

著录格式：析出责任者. 析出题名. 析出其他责任者. 原文献责任者. 原文献题名. 版本. 出版地：出版者，出版年.在原文献中的位置。

例如：Weinstein L，Swartz M N. Pathogenic properties of invading nicroor-ganisma.In:Sodeman W A，ed. Pathologic physiology: mechanisms of disease Philadephia；Saunder，1974.457～472.

⑤ 连续出版物中析出的文献。

著录项目：析出责任者；析出题名；析出其他责任者（供选择）；原文献题名；版本；在原文献中的位置。

著录格式：析出责任者．析出题名．析出其他责任者．原文献题名，版本．在原文献中的位置。

例 1：李四光．地壳构造与地壳运动．中国科学，1973（4）:400-429.

例 2：华罗庚，王元．论一致分布与近似分析：数论方法（I）．中国科学，1973（4）:339-357.

在学术论文的写作过程中，大量的参考文献是连续出版物中析出的文献和专著中析出的文献。

⑥ 学位论文。

例 1：张筑生．微分半动力系统的不变集：（学位论文）．北京：北京大学数学系数学研究所，1983.

例 2：Cairns R B.Infrared spectroscopic studies on sclid oxygen:[dissertaion].Univ.of California，1965.

⑦ 会议文献。

例如：Rosenthall E M，ed.Proceedings of the fifth Canadian Mathmatical Congress，Univ.of Montreal，1961．Toronto；of Toronto Pr.，1963.

第四节　学术论文的写作程序

一、选择研究课题

课题是科学研究的主攻方向，也是论文作者要解决的首要问题。选题既包括对科研特定问题的选择和确定，也包括对论文的题目的选定。一个研究课题可以写成一篇或多篇论文，也可能不足以成文。一篇论文反映的不一定是课题研究的全部成果，但一定在课题的内涵和外延之中。有了课题，才会有课题的研究，才会有研究成果的书面表达形式——论文。选题是科研和写作的开端，决定着论文的价值和成败。

1．选题的类型

科研课题大致有以下类型。

（1）开创性课题。

在社会生活和人类认识发展中，新问题不断产生，在每个学科领域里，还有一些老问题被人忽视或未能解决，这都有待我们去进行开创性的研究。课题新是论文具有创造性的关键之一。开创性研究的课题有大有小，大到开辟新领域、创立新学科，小到揭示、解决具体、细小的问题，事无巨细，只要有意义，就可以成为科研的课题。作者通过努力发现、提出新问题，显示其创造才能，也标志着学科的发展具有活力，符合社会进步的要求。如 1997 年春开始的围绕我国经济所有制的探讨就是开创性研究，厉有为的论文《关于所有制若干问题的思考》（1997），从深圳改革开放的实践出发，对现有的所有制模式提出质疑，引出轩然大波。于光远、王廷、刘国光、吴敬瑶等学者纷纷以自己的研究成果冲破所有制理论禁区，提出新见解。这一论题关系到我国社会主义改革发展方向，影响巨大而深远，尤需开创性研究。

（2）发展性课题。

选择新课题创新固然重要，研究旧课题也能有所创造，因为论文创造性的关键在于提出新的见解。随着社会前进、条件变化，有必要对已有人做过探讨的课题做继续研究，这样的研究可称做发展性研究。

发展性研究首先是深化、补充已有的观点，丰富发展原有的研究成果。如人们在研究中国现代化进程的支撑力时，多着眼于自然资源和经济基础，吴忠民在《社会支撑力与中国的现代化》（《海江学刊》，1995（5））一文中探讨了现代化进程支撑力的又一重要构成方面，指出："健全的、高强度的社会支撑力对于中国现代化进程的顺利推进具有着不可替代的作用。"作者分析、阐述了社会支撑力的性质、构成，以及对中国现代化进程意义的具体体现及发掘、使用原则，令人信服地证明了重视社会支撑力这一因素的必要性。学术观点、理论就是在前后反复的研究探讨中得以不断深化、发展、成熟的。

由于主客观条件的差异，对同一课题，不同的研究者会有不尽相同或完全不同，甚至截然相反的认识，论文作者常对别人的学术观点质疑发问、批驳争论、匡谬修正，这也是发展性研究。如《五四运动中资产阶级革命民主派若干问题再探讨》（《近代史研究》，1995（5））一文，作者就民主派同"五四"运动准备阶段的关系，民主派在"五四"运动中的组织领导作用等问题，对相关的现有学术认识一一加以评析，提出自己不同的看法。

在同一课题研究中，同时出现不同的认识成果，就产生了学术争论。如 20 世纪 50 年代末到 60 年代初，围绕《胡笳十八拍》的作者问题，郭沫若、刘大杰、萧涤非等人纷纷撰文，形成学术论争。

有些当时被人们普遍认可、接受的"通论"、"定说"，随着社会发展、各方面条件的变化，会暴露出其局限、片面，甚至谬误之处。打破常规、提出异见，需要积极大胆、实事求是的科学探索精神，也需要相当的才识和较高的创造性思维能力。如《实践是检验真理的惟一标准》一文，运用马克思主义基本原理进行科学论证，从理论上和思想路线上击破了"两个凡是"的种种似是而非的论据，使困在"两个凡是"罗网中的广大干部群众在思想上获得了挣脱枷锁般的解放感。此文发表的半年多内，中央及省级报刊发表的真理标准讨论的文章有 650 篇之多，全国性的大讨论从学术观点的看法扩展到对重大政治原则问题的表态，形成了当代中国一次最大的思想解放运动。

2. 选题的原则

无论是选择开创性课题还是发展性课题，都要遵循一定的原则。

选择课题不可避免地受主客观条件的影响、限制，客观上有意义，主观上有见解，符合价值原则和可行原则是论文选题的基本原则。

（1）价值原则。

选题要有意义。课题的客观意义包括社会意义和学术意义。要讲求科研的社会效益，选择社会现实需要的课题。无论解决重大的理论问题还是解决某一方面的具体问题，都要直接或间接地服务于国家发展和建设的总目标。在改革开放的社会现实中，有层出不穷的新课题等待我们去研究探索。如关于我国向社会主义市场经济体制转轨变型、"一国两制"战略决策等重大课题，都是关系到我国基本国策和发展走向的根本性问题。选取这种有现实针对性、亟待解决的重大问题作为研究课题，具有突出的认识、参考价值，能最大限度地发挥社会科学研究的实际效用。

强调课题应用的同时，不能忽视学科自身的特点和规律，要考虑课题在学科体系中的地位、对学科发展的作用，选择具有学术意义的课题。如《五言诗是汉诗发展的主流》(《山西师大学报》，1995（4）)，根据《先秦汉魏晋南北朝诗》"汉诗" 12 卷统计得出五言诗而非四言诗是汉诗发展主流的结论。这类课题表面看来现实意义不大，但对文学史研究却极有意义，能对其他有关课题如诗的变化轨迹、汉代文学面貌等研究产生一定的学术影响。课题具有学术性是论文具有学术性的基础。要勇于选择居于学科前沿、填补空白的课题，使研究成果具有重大的科学进步意义。

（2）可行原则。

选题既要考虑价值原则，满足社会现实和学术研究的需要，也要考虑可行原则，即研究者的主客观条件。既重视课题研究的必要性，又考虑完成研究工作的可能性，这样才能保证课题研究的顺利进行和论文的圆满成功。

在课题研究中，研究者自身的内在因素和各种外在条件起着决定性的作用。研究者的主体状况包括智力的和非智力的多种因素，选题时主要考虑的是能力和兴趣。科研需要实事求是、量力而行的科学态度，研究者要根据自己的研究能力的高低，选择难易程度相当的研究课题。科学领域里分支学科众多，每个学科又有各种类型的问题。大多数研究者都有自己相对固定的研究领域，文学研究者会涉猎哲学、历史等领域，但成为文、史、哲通才的终是凤毛麟角。就是在文学史研究中，有的擅长中国文学研究，有的擅长外国文学研究；同样研究中国文学，有的致力古代文学研究，有的致力现代文学研究；对同一国别、断代文学的研究，有的擅长训诂考证，有的擅长理论论证，有的擅长人物分析。跨专业、学科的研究不但存在而且必要，但选择的课题应让研究者扬长避短，这样才能得心应手、事半功倍。兴趣是完成科学研究、取得学术成果的巨大推动力，它来自于对课题的客观价值的认识，也具有与自身能力特点密切相关的自发性，是选题时不可忽视的因素。

科学研究受多种外部条件的制约，选题时首先要考虑科学发展的程度，看是否已为解决新课题提供了必要的基础，再考虑获取资料的条件。有的课题必须有充分的感性的原始资料，有的资料要通过实验获得，如果由于资金、设备等条件的限制，无法亲身获取或进行实验，选择的课题再好，恐怕都得忍痛割爱。此外，还要考虑时间、期限条件。比如毕业论文必须在 3～6 个月完成，选题时要据此确定课题大小和难易程度，一般来说，宜选花费时间较少的小题目，进行细致的研究，开掘深刻的主题，保证论文的质量。毕业论文的撰写者有指导教师的指点，要充分利用这一条件，尽量在老师擅长的专业范围里选题，以得到全面、具体的指导，包括教授研究方法、提供资料来源、提出修改意见等。

根据选题原则选择了课题后，就要对课题进行研究，边搜集材料边思考问题，在对材料的加工、处理中形成认识成果，这个研究过程是写出高质量论文的关键。

二、搜集整理材料

材料是一切科学研究的基础，也是构成学术论文的要素。一切有价值的学术观点都是对材料认真分析、研究的结果，只能靠材料去支持。论文写作一刻也离不开材料，论点的确立依赖材料，大小论据来自材料，论证的雄辩力量也产生于材料。

1. 搜集、占有材料

在学术论文写作中，作者所搜集、占有的一切与课题相关的事实、理论、数据都是材料，也叫资料。从不同角度可把这些材料分为不同的类型。根据材料的自身性质及其与研究对象的关系来看，材料可分为原始材料和研究材料。原始材料指的是只反映研究对象自身的实际状况而不反映人们对研究对象认识的材料，如研究文学作家和文学现象，文学作品是最重要的原始材料；研究材料则包含着人们的研究认识，如他人的论著、论文。根据材料的来源和形态的不同，材料可分为直接材料和间接材料。直接材料是研究者从社会生活和科研实践中获取的第一手资料；间接材料是通过各种传递渠道得到的情报资料，主要是文献资料。

搜集材料就是通过多种途径，尽可能广泛地获取与选题有关的材料。观察是获取直接材料的重要手段，如著名心理学家弗洛伊德的精神分析理论就是建立在他对大量精神病例进行观察的基础上的。进行实验和开展调查也是研究者获取资料的基本途径。

通过图书馆、档案馆等渠道，利用图书目录、索引、文摘、专集、年鉴、百科全书等检索手段查找有关的文献资料，更是课题研究中不可缺少的重要工作。

2. 阅读、整理材料

在搜集材料的过程中，应根据课题研究和论文写作的需要，阅读、整理文献资料和调查、观察、实验中所搜集的直接材料。

阅读要明确读什么、读多少、怎样读。首先要把握好阅读范围，选读与课题紧密相关的、真实新颖的、多方面和多角度的材料。阅读材料的量是否得当，以"必要"和"充分"

为根据。一般认为，阅读篇幅是论文篇幅的 30 倍上下，其中关系密切的材料应在 10 倍左右。当然选材水平才是决定阅读量的关键。阅读时要采用恰当的阅读方式，通过浏览、速读筛选材料，研读最重要、最有价值的部分；随读随记，把认定有用的材料和收获、感受记录下来，帮助记忆，引发新见。记录的内容包括有启发性的论点、看法，新颖、有力的论据材料，阅读中引发的心得感受及篇章提要、佳句妙语等。记录的类型有摘录、摘要、提纲、索引、心得等。记录可以是卡片式、活页式、笔记本式，也可以剪贴、复印。

整理材料就是按照选题的要求和材料的性质，通过归纳分类、调整取舍，将搜集来的复杂零乱的材料系统化、条理化。做笔记本身就是一种整理工作。保留下来的资料要按一定的类目存放，便于随时取用。

三、构思完成文稿

这个阶段就是行文阶段。行文的任务是以合适的写作形式，准确地表达出科研成果。行文可促进思维、整理思想，本身也是科研的继续和深入。

论文写作虽没有固定格式，但仍有基本程序和原则可循。

1. 写作准备

在开始起草论文之前，必须做好以下准备工作。

（1）确立论点。

论点是论文的统帅，论文写作的意义基本上取决于学术观点的价值和意义。论文的论点是在课题研究的过程中逐步形成的，在写作前，要进行反复推敲、调整，使得被确定的论点正确、鲜明、新颖、深刻。论文论点的要求高于一般议论文，必须同时符合以上几点要求，具有科学性。偏执一端、模棱两可、人云亦云、泛泛而谈都是论文的大忌。

学术论文内容较为复杂，中心论点下有若干分论点，内容层次越多，所包含的分论点也越多，但都必须归属于中心论点。有的论文在论述一个基本问题外，还兼及其他相关问题。如《从<民法通则>看立法缺口——兼论司法解释》，前为基本论点，后为分支论点，着眼点始终在前者；《关于诗学中的九个问题》之类的论文，几个基本论点并列，但严格限制在同一范畴内。

（2）选定论据。

学术论文的论据比一般议论文要求更高。论据与论点有内在的一致性，论据一有偏离，论点便难于确立。科学来不得半点虚假，对作为论据的材料无论是理论还是事实，都要分析、比较，鉴别真伪，确保从来源到内容都真实可靠。论据要适用、典型，论点才能得到有力的证明和充分的表达。论据还要新颖，新材料是论文独创性的表现之一，而且新论点的提出往往有赖于新材料的使用。如马忠文在上海图书馆所编《汪康年师友书札》中的两通函札里发现一些鲜为人知的内幕材料，由此对史学界关于戊戌保国会解散原因的通说提出了质疑，写成《戊戌保国会解散原因新探》（《东北师大学报》，1995（6））。

（3）安排结构。

在确立论点、选定论据，解决了"写什么"这一内容问题后，还要解决"怎么写"即写作形式的处理问题。在动笔前，安排好结构，设置一个能够把观点和材料包括进去的逻辑框架，写作才能有条不紊地进行，写出来的论文才可能有条有理。

在长期的写作实践过程中，学术论文逐渐形成了一些惯用的格式，成为相对定型化的结构程序，被称为论文的"写作基本型"。从文体类型上，论文是议论文的一种，序论、本论、结论的"三段论式"的议论文结构特点也适用于论文写作。

① 序论——论文的开头部分。主要为：说明选题的背景、缘由、意义及研究目的；课题的性质、范围和研究方向；立论的根据和论证方法；研究设想、方法和实验手段；阐释基本概念；对前人研究成果的评述；提出自己的基本看法和研究结论等。作者根据需要，可选择其中的一项或若干项。提出问题是所有论文序论所必备的内容，其他内容往往是围绕着问题的提出而被表述的。随着问题的提出，会对某些背景材料加以介绍，指明在本项课题研究中已取得的成果、尚待解决的问题、本文所做工作等。这部分要开门见山、落笔见题、简洁精当，不要混同于正文，雷同于摘要，大谈个人感受或尽说客套话。

② 本论——论文的主体部分。本论是全篇论文的核心所在。作者在此充分开展论题，详细表述研究的论题和获得的研究成果，进行理论分析和论证，阐明自己的思想、观点和见解。一篇学术论文的质量优劣、水平高低、价值大小，主要取决于本论部分。

安排本论部分结构主要解决论点的排列和各层次、段落的衔接连贯问题。按照层次或段落之间的关系及观点排列方式的不同，可以把论文本论部分的结构形式分为并列式、递进式和综合式三种类型。并列式结构也称横式结构，指各分论点相提并论，各层次平行排列，从不同方面对中心论点展开论证，使本论部分呈现齐头并进的格局。递进式结构又称纵式结构，在中心论点的统帅下，层层递进、逐步深入地安排内容。综合式结构将以上两种结构方式结合起来，通常以一种结构为主来安排大的层次，而用另一种结构来安排小的层次。表现为并列中的递进、递进中的并列，或是并列、递进交错使用。为求眉目清楚，常使用序码词、小标题等外在标志区分论文层次。

③ 结论——论文的收束部分。结论是围绕本论所做的结语，作者在此对所研究课题提出结论性看法或指明进一步研究的方向。对所论证的论题及论证的内容做归纳，提出自己对论题的总体性看法和总结性见解，这是结论的基本内容。论文的结论不同于一般议论文，应从理论的高度将内容再度升华，体现论文的学术价值。

序论、本论、结论三者相续，紧密衔接，构成论文常见的结构程序。但也有不少论文在序论中就概括全文的内容要点，把结论贯彻在本论的分析论证中，不再单设一个结论部分。我们可以根据实际需要，选用规范的结构程序或其变体。

（4）编写提纲。

用简洁明了的语言安排出论文的篇章结构，把文章的逻辑关系视觉化，就是编写提纲。

学术论文结构比较复杂，篇幅较长，编写提纲可以有效地帮助作者理清思路，把握论文的逻辑构成情况，将观点和材料组织成先后有序、连贯周密的论文轮廓，为写作活动提供一张"设计图"。

编写提纲要考虑的主要有：以何种方式、什么角度提出什么论点；大小论点的逻辑关系；拟选哪些论据材料；设置各部分的安排；如何开头、结尾及上下衔接、前后呼应等。提纲一般包括以下项目：标题、中心论点、分论点及次序、各级论点所属的论据、阐述和论证的方法。写法可用标题式，即以标题形式概括该部分的主要内容；可用句子式，提供各段落层次的主题句；也可用一段话把该部分的内容概括起来。提纲的拟定，为起草论文提供了基本依据，标志着由论文起草前的准备阶段进入了论文初稿的撰写阶段。

2．撰写初稿

按照写作提纲，执笔写出论文初稿的过程，是整个写作过程的核心环节，起草前的各项准备工作都是为这一阶段服务的。起草论文是进行再创造的复杂思维过程，表达方式的选择与使用，段落的组织和衔接以及语言形式的运用，都是这阶段要妥善处理的问题。

学术论文作为议论文的一种，以议论为主要的表达方式。在论文里，研究课题是论题，是作者要解决和集中证明的问题；作者对课题的观点、看法为论点；论据即支持论点的事实和理论根据，包括作者所选取的材料和中心论点下的分论点。论文不仅要有新颖独到的论点，可靠翔实的材料，还要有严密的论证。论证的关键是保证论证过程的逻辑性，正确运用归纳推理、演绎推理、类比推理等各种推理形式。学术问题一般比较复杂，对一个学术观点的证明具有一定的复杂性，论文作者需要真正掌握并灵活运用举例法、反证法、对比法、因果法、引用法、归谬法等具体的论证方法。可以说，议论的作用和特征在学术论文中体现得最为充分、典型。下定义、诠释、举例、分类等说明方法也是经常被用到的，表达要求科学、明晰，叙述和描写作为辅助性的表达方式，运用时要有节制。

段是文章基本的构成单位，段落划分、安排和表达恰当，论文质量就有了一定保证。在构段上，要有明确的段意，善于使用段旨句；每段表义统一完整，反映其逻辑上的严密性；段的长度要适中；要注意段的衔接，可以采用一些过渡形式，但主要是依靠必要的意义联系。

不同学科的论文存在不同的语言特点，但论文作为科学文献，突出地反映了科学语体的特征，精确、简明、平实、庄重是论文语言的基本要求。除了文字语言，论文常使用图表、符号、公式、照片等人工语言。

四、修改定稿

论文之所以要修改，是因为人的认识不是一次完成的，很难一次就达到完善的程度。那种"文不加点，一挥而就"的说法是不符合认识规律的。一篇未经修改的论文，总有不成熟、不完善的地方，需要进行修改。修改不仅是写作的一个必要环节，也是对读者的负责，是作者在一个新的水平上的写作活动。

1．论文修改的范围

学术论文需要修改的地方很多，修改的范围也很广泛，大到主题思想，小到一个标点符号，发现什么问题，就修改什么问题，什么地方发现，就在什么地方修改。具体地说，可从以下几个方面考虑对论文进行修改。

（1）修改主题。

主题是写作之前就确立了的。论文写完后，作者应进一步审视主题是否正确，是否有特色，是否已把必须表达的思想表达无遗。若主题存在问题，就要对其进行必要的修改。修改主题是全面修改文章的基础，是带根本性的修改。

（2）修改结构。

论文结构的修改包括：层次和段落的安排是否条理分明，论文的分段是否恰当，论文结构是否紧凑、和谐。

（3）修改材料。

文章的主题与材料密切相关，修改材料的目的是力求使观点能统帅材料，材料能够说明观点，实现材料和观点的统一，充分表现主题。修改材料是根据中心论点和各分论点的要求，对材料进行增、删、调：对缺少材料和材料单薄的部分予以补充；对材料芜杂或材料重复的部分予以删减；对材料平淡、陈旧的部分予以调换。

（4）修改语言。

语言的修改主要是对字、词、句及标点符号的修改。对词不达意、似是而非、含混不清的词语，要予以修改，以保证论文的准确性。要剪去闲文，使语言精练；修改病句，使文字通顺；删削冗笔，使文章严谨，保证论文的通顺流畅和可读性。

（5）修改标题。

标题的修改包括节段标题和总标题的修改。节段标题要检查层次、数目是否清楚，有无混乱，格式是否一致。一般情况下标题的层次、字数不宜过多，同一层次的标题，其语法需要一致。

总标题一般在写作前已经拟好，但论文写完后，根据内容的需要进行重新调整的情况也是常有的。总标题要有高度的概括性，并且简短、易读、易懂、易记。修改总标题必须反复推敲，仔细琢磨。

2．论文修改的方法

论文修改的方法有热改法、冷改法、求助法和诵改法等多种方法。

（1）热改法。

热改法是指初稿完成后立即进行修改的方法。作者在撰写初稿时，为了不中断自己的主要思路，往往寻求一气呵成，对行文中发现的问题常常采取暂时搁置的办法。行文中发现的问题，在初稿完成的时候立即着手进行修改比较方便，因为作者此时对行文当中发现的问题还有着深刻的印象。热改法适合对论文进行补充修改。

（2）冷改法。

冷改法是指初稿完成后，放上一段时间再修改的方法。这种方法的一个最大的优点就是作者写作的兴奋期已过，再看稿时能够平心静气，更趋理性，这样容易发现初稿中不完善、不妥当之处，并进行必要的修改。

（3）求助法。

求助法是指初稿完成后，请他人帮助修改的方法。求助法中求助的对象一般应是本学科领域科研能力、写作能力较强者。求助法的最大优点是由于修改者不是作者本人，能对论文的基本观点、结构、语言等，提出更为客观的修改意见，可使论文更全面、更客观。

（4）诵改法。

诵改法是指初稿完成后，反复诵读，发现问题及时修改的方法。通过诵读，那些读不顺口、听不顺耳的地方就会暴露出来，而这些地方往往就是有问题的地方，这样修改起来就容易了。

上述 4 种修改方法，在实际的论文修改过程中，常常综合使用。

3．论文的誊清定稿

学术论文经过认真的修改后，就可以誊清定稿了。一般地，誊稿使用 300 格或 400 格的稿纸，论文格式按国家标准 GB7713—87 的规定。打印稿可不用 300 格或 400 格的稿纸，但论文的格式必须遵守国家标准 GB7713—87 的规定。

五、投稿

学术论文大多数是通过学术期刊发表的，也有的是通过学术会议的论文集或专业报纸发表的，前者是学术论文发表的主要形式。投稿，一般是指作者向学术期刊投寄学术论文。投稿要讲究方法，如果投稿不当会影响论文的发表率。为了提高论文的发表率，投稿时应注意以下几个问题。

1．要了解学术期刊的办刊方针

学术期刊一般都有明确的办刊方针。办刊方针规定了学术期刊的性质、任务、报道范围、读者对象、刊期、版面以及发行方式。投稿时尤其要注意它的报道范围和刊期。若投寄的稿件不在其报道范围之内，自然不会予以发表。刊期短者，发文的速度快且用稿量相对较大；刊期长者，发文的速度慢且用稿量相对较小。

2．要了解学术期刊的档次

目前期刊分为公开发行、国内发行和内部发行三类。一般来说，此三类刊物的档次是依次递减的（保密性学术刊物除外）。根据刊物的主办单位也可以分为国家级、省级、地市级等。主办单位级别越高，其刊物的档次也越高，对稿件的要求也相对高一些。公开发行的刊物国内外均可订阅，一般同时具有 ISSN 号和 CN 号，前者是国际统一刊号，后者是国内统一刊号；限国内发行的刊物主要是满足国内读者的需要，发行量一般较大，学术水平不是最高；内部发行刊物，一般作为行业和系统内部交流使用，对稿件要求一般较低。

目前国家还组织有关机构和专家定期对学术期刊进行评审，评选出各学科的核心期刊。核心期刊是指各学科中刊载专业学术论文量（率）、引用量（率）及文摘量（率）大，利用率高，代表各学科发展方向和水平的少数期刊。

3. 根据论文质量选择相应的投稿期刊

即根据有关征稿要求及论文的具体情况，有针对性地选定具体的投稿对象。要了解和熟悉所选所投期刊的办刊方针和特点，注意阅读期刊的"征稿启事"，具体了解该刊对稿件的基本要求，包括期刊的性质、任务、发表论文学科范围、读者对象、版面、发行方式等，做到心中有数，提高投稿的针对性。同时还要注意期刊的出版周期，一般分为周刊、旬刊、半月刊、月刊、双月刊、季刊等。刊期越短则发文越快，且用稿量相对较大，刊期越长则反之。

除了以上外在的形式外，论文的质量更是选择投稿期刊的最重要因素，要根据论文的质量水平有针对性地选定具体的投稿对象。高质量的学术论文一定要投向高质量的学术期刊，如 SCI、EI 收录期刊、核心期刊。当然高质量的学术期刊，其编辑工作严谨，对稿件的要求也高。作者一定要注意把握自己文章的水平高低，既不要"低稿高投"，也不要"高稿低投"，选择与稿件专业相符、性质相当、学术水平相近的期刊，录用的机会就大。

4. 投稿应注意的问题

要判断所投期刊是否为正式出版物。所谓正式出版的期刊，是指同时具有 ISSN 代码与 CN 代码的期刊。

要遵循学术道德，切忌一稿多投。作者的同一论文同时投寄给多家报刊，可能造成稿件同时或先后被刊载，造成"一稿多投"。这既有损于作者和报刊社的声誉，也损害了刊物读者的利益，会受到他人的谴责和编辑部的处理。

作者所投稿件要符合国家法律规定，有的稿件有可能涉及保密性审查或授权发表等问题。

第五节　毕业论文的答辩

一、毕业论文答辩的意义

论文写作完成以后，并不意味着大功告成。有些论文（如毕业论文、晋升专业技术职称的论文）还面临着一个答辩问题。答辩的成功与否，直接关系到论文的价值和成绩的最后评定，尤其对于毕业论文来说，更是决定学生是否能够顺利毕业的重要环节。它既是对学生的素质和能力的综合检验，也是确保论文的真实性和实际效果的重要机制，对提高毕业生质量和扩大社会影响有举足轻重的作用。

1. 答辩是审查论文的必要补充

何为答辩？简言之，就是有"问"有"答"，也可以"辩"。毕业论文的答辩是指在答辩场上，教师和学生面对面，由教师提出问题，学生当面回答问题的一种教学活动。晋升专业技术职称的论文答辩，则是由专家组提出问题，论文撰写者当面回答这些问题的一种考查活动。无论是哪种情况，答辩都是审查论文的一种辅助形式。因为一篇论文写成以后，难免有阐述不清楚、不详细、不完备、不确切的地方，答辩会上，由教师或专家提问，让作者略作准备以后做出回答，可以进一步考察作者的基础理论，还可以考查作者对所论述的问题是否有深广的知识基础，是否有创造性的见解和充分扎实的理论修养。

例如：有一篇题为《试论陶渊明的隐逸》的论文，文中的主要观点是：陶渊明的隐逸是一种积极的人生选择。论据有三个方面：第一有书读；第二有地耕；第三有朋友交往。答辩教师对于这一论文提出问题：选择该论题的意义和价值何在？论点和论据之间是否有必然的联系？当代中国知识分子积极的人生选择的标准是什么？与古代中国知识分子人生选择的标谁有何不同？在教师的启发下，学生明白了论文存在如下问题：第一，论据不充足，当然结论也就没有说服力了。事实上，陶渊明的隐逸只是在当时黑暗政治制度下的一种无奈的人生选择。大丈夫 10 年寒窗苦读，其理想还是希望能够匡世济苍生的，是英雄而无用武之地，只能交友清谈，在这样的情况下"采菊东篱下"，未必有"悠然见南山"的旷达和愉悦。第二，这样的观点有何现实意义也是应该深刻思考的。我们应该鼓励知识分子积极投身社会变革，积极将自己的智慧和能力变成推动社会进步的力量。知识分子的健康人文品质，只有在积极参与和实践当中得到锻炼和完善，才能找到有所作为的出路，除此之外别无选择。通过答辩，学生完善和修正了自己的观点，弥补了原文的不足，对有些宽泛的议论做了相应的限定，获得了极好的锻炼机会。

2. 答辩是检查论文真实性的必要手段

近年来，各种成人教育如电大、函大、夜大、自学考试都加强了毕业论文答辩这一实践环节，这是由办学特点所决定的。电大、函大、夜大、自学考试是没有围墙的开放性大学，面广、量大、人多、组织松散，而毕业论文又要求独立完成，如果没有答辩这一环节，将难以抵制捉刀代笔、抄袭剽窃等不良学风。因此，规定答辩可检查作业的真实性，保证毕业论文的质量。有个学生写了题目为《试论禅宗与王维》的论文，论题很好，但在答辩中对教师提出的问题，一问三不知，就连"禅"和"禅宗"这样一些基本概念都没有搞清楚，更无法讲出两个概念的区别。在老师的追问下，该生不得不承认该文是抄的，理由是没有时间写，当然这不能成为理由。受社会上弄虚作假不正之风的影响，学术研究活动中抄袭剽窃等不良行为屡禁不止，端正学术态度，纯洁学术道德，要靠答辩分清良莠、辨别真伪，答辩的意义非同一般。

3. 答辩是锻炼作者能力的重要途径

对于作者来说，答辩这种形式本身也是一个再学习和培养能力的重要途径。通过答辩，不仅可以使作者的口头表达能力、演讲能力、思维能力、应变能力得到提高，而且可以帮助作者从答辩当中总结出说服他人的技巧和方法，培养从容面对的自信，一定程度上是对自我的挑战，也是对自己怯懦心理的一种超越。所以，答辩可以为将来参与社会竞争提供经验，奠定基础。因为未来社会竞争需要人才具有的能力是多方面的，表达技巧、思维能力、应变能力无疑是重要的能力，而任何一方面能力的欠缺都会影响自己的发展。

除此之外，通过论文答辩，作者可以明确自己在独立进行科学研究的能力和方法上所获得的进步和存在的问题，供今后研究其他问题时参考借鉴，还可以从答辩教师对论文所提的问题出发，做进一步深层的研究，求得纵深的发展，取得更大的成绩。

二、毕业论文答辩的程序

1. 答辩准备

论文完成后，学生应做好答辩前的准备。准备的内容包括：

第一，了解、摸清答辩教师拟题的一般规律和原则，以保证答辩场上临阵不乱、沉着应对。答辩教师一般从以下几个方面提出答辩题目：围绕论文的真实性；围绕论文本身的薄弱环节，如属于作者应该具备的基础知识，但又是论文中没有说周全、没有论述清楚的，或者是论文限于篇幅结构，不便详细展开细说的问题；围绕和论文主要内容相关的、探测学生水平高低，知识深度、广度的所谓"拔高题"。

同时，答辩教师拟题时会注意以下几个原则。

（1）提问因人而异，深浅适中。答辩者程度参差不齐，写出的论文水平高低不一。针对这些情况，提问时答辩教师会因人设题。对基础较好、水平较高者，会适当提些较深的问题；对基础较差、水平较低者，会注意深浅适中，难易搭配，不至于将其难倒。针对不同对象的不同提问，使答辩者均可在原有的基础上有所提高。

（2）基础题和应用题相结合。答辩时，对每位答辩者，一般提出3～5个问题，这些问题会有基础知识、基础理论的基础题，也会有理论联系实际及考查答辩者分析问题和解决问题能力的应用题。

（3）形式多样，大小配合，点面结合，深广度互相联系。

第二，在掌握答辩教师拟题的一般规律和原则的基础上，必须对自己文章的所有部分，特别是主体部分和结论部分反复推敲，要把自己放在教师一边，仔细审查自己的论文，补其所缺，校其谬误，述其未深，并做好充分的准备，写出5～10分钟的论文自述报告。也就是说，写作时要考虑"八面受敌"，答辩时则要注意处处设防，滴水不漏，堵死一切可能被人利用的漏洞。

自述报告的内容包括以下几方面：（1）自己为什么选择了这个课题，研究这个题目有何科学价值和理论意义。（2）对这个课题曾有何人做过哪些研究，他们的主要研究成果及观点是什么，各有哪些代表性的著作或文章，自己有何新发展，提出和解决了什么问题。（3）论文的基本观点及其发展的过程和立论的主要依据是什么。（4）熟悉重要的引文、版本、出处。（5）论文还有哪些应该涉及或解决但又因力所不及未能接触的问题。（6）还有哪些问题在论文中未涉及或涉及得很少，而在研究过程中确已接触到了，并有一定见解，只是觉得与论文表述的中心关联不大而没有写入，等等。

第三，为克服怯场和侥幸取胜两种倾向，同学之间可以搞各种形式的模拟答辩。

总之，要做好充分的准备。论文写得再好，如果答辩不好，也不会取得好成绩。所以，只有准备充分，答辩才有可能立于不败之地，取得优异成绩。

2．答辩

论文的答辩，是把准备付诸实践，从而取得良好答辩成绩的关键一环。答辩得好，即使文章逊色一点，也可以弥补欠缺，照样取得理想的成绩。

（1）答辩过程。

答辩学生先做 10 分钟左右的论文概要报告，要求简明扼要，重点突出。接着，主答辩教师将准备好的 3～5 个问题当众宣读后交给学生，学生略作思考（5 分钟左右）后当堂回答，全部答辩时间大约 20 分钟。

（2）答辩注意事项。

第一，要认真、明确地回答答辩教师提出的全部问题和意见，可进行辩论，但态度要诚恳，阐述要简明。

第二，当未听清发问者提出的问题时，可以请发问者重复所提出的问题。

第三，答辩期间不得询问答辩成绩。

第四，若对所宣布的成绩有意见，可向上级提交书面意见。

3．成绩评定

答辩结束后，答辩小组进行合议，根据论文质量和答辩水平评定成绩，写出评语（包括对论文文字部分和答辩情况进行评价，指出存在的主要问题）。

论文成绩由文字部分成绩和现场答辩成绩组成。答辩不及格者，则成绩不及格。文字部分成绩是在答辩前集体研究确定的，要求合理恰当，不会以答辩的优劣去决定文字部分成绩。可见，论文答辩和写作都十分重要，不可偏废。

下面是论文及答辩成绩评定标推。

（1）优（相当于百分制 90 分以上）。

① 论题具有一定的现实意义或学术价值。

② 对所分析的问题占有丰富的材料，论点鲜明，论证充分，能综合运用所学知识和技能比较全面、深入地进行分析，有一定的独到见解。

③ 观点正确，中心突出，层次分明，结构严谨，文字流畅。

④ 答辩中能准确回答问题，思路清晰，具有一定的应变能力。

（2）良（相当于百分制 80～89 分）。

① 对所分析的问题掌握了比较充分的材料，能运用所学知识和技能进行分析，有较强的解决问题的能力。

② 观点正确，中心突出，条理清楚，逻辑性较强，文字流畅。

③ 答辩中能较好地回答问题，思维比较清楚。

（3）中（相当于百分制 70～79 分）。

① 对所分析的问题掌握了一定的材料，基本上能结合所学知识进行分析，中心明确，主要论据基本可靠。

② 观点正确，条理清楚，文字流畅。

③ 答辩中回答问题基本清楚。

（4）及格（相当于百分制 60～69 分）。

① 能掌握一些材料，基本上说清楚了所写的问题。

② 观点基本正确，条理清楚，文字通顺。

③ 答辩中经过提示能正确回答问题。

（5）不及格（相当于百分制 59 分以下）。

① 政治观点有明显错误。

② 掌握的材料很少，或对所搜集的材料缺乏分析、归纳，不能说明所写的问题，或未经自己思考，仅将几篇文章裁剪拼凑而成。

③ 文字不通，条理不清，词不达意，字数大大少于规定。

④ 抄袭或由他人代笔。

⑤ 答辩中经过提示仍不能正确回答问题。

三、毕业论文答辩中存在的问题及对策

论文答辩的锻炼机会对于作者来说不是很多，答辩经验不足在所难免，所以答辩过程中或多或少会出现这样或那样的问题，主要如下。

1．缺少锻炼，自信不足

答辩场合对于答辩者来说是经历不多的，甚至是从来没有经历过的，严肃的考场，威严的答辩委员，更加重了答辩者自我表现的心理负担。有许多答辩者在答辩场上脸红心跳、口齿不清，不能做到声音洪亮、从容镇定，许多记忆中的信息都遗忘了，大脑一片空白。在回答答辩委员问题时也总是顾虑重重，"我这样回答合适不合适？"、"说出去的话可如泼

出去的水，一定要慎重"，种种顾虑实际上已成了强大的难以逾越的心理障碍。这种不良心理产生的消极影响是肯定的，甚至是致命的。

实际上，在这个问题上，答辩者要有自信心。退而求其次，"答辩是一次锻炼的机会，对于自己是一次新的尝试，要尝试就允许有失败"，带着这份信念，就会克服自己的紧张心理，在可能的情况下，取得最好的效果。也可以这样想："别人的心理素质未必比我好多少，这样的场面大家都是初次经历，这是一个挑战，我一定能战胜自己的怯懦，很好地表达清楚自己的观点。"

未来社会，我们要经历的竞争和挑战是多方面的，自信、从容的心理素质是获胜的基础，"自我包装，自我设计，自我推销"越来越成为未来社会发展的选择主流。到公司应聘需要面试答辩，竞争上岗需要答辩，这种考核在将来的生存竞争中会经常经历，所以要学会从容面对。为此，答辩时还应注意：第一，在走上答辩席前可做些深呼吸练习，缓解心理紧张情绪；第二，进行积极的心理暗示，告诉自己一定能行；第三，答辩前不必再翻阅资料，甚至有意识地控制自己不去多思考与论文答辩有关的问题，尽可能地放松。

2．准备不足，仓促上阵

答辩以前的准备包括熟悉论文、预测答辩论题，还有必要的心理准备，在这三个环节中，熟悉论文、预测答辩论题是基础。

不熟悉论文的内容，不对论文涉及的基本概念、原理、大意、结构、提要做深入的了解和分析，抱着投机和侥幸的心理，再加之平时基础不扎实，势必造成被动的局面。如果答辩教师的问题有些难度，必然会有提问而无回应，一问三不知。

俗话说得好，"知己知彼，百战不殆"。

知己就是了解自己，在论文答辩中，就是熟悉了解自己论文的各个环节，包括立意、定义、概念、要点、逻辑关系、结构，以及哪些是自己的观点，哪些是引用、借鉴别人的观点，自己的论文在当前学术研究中的定位是什么。在此基础上对论文中的问题做一些深入的思考，即必要的延伸。

例如：有一个学生的毕业论文为《试论干部的素质》，教师提了这样的问题：什么是干部？这个概念和公务员相比有什么区别？在不同的历史发展阶段，对于这个概念的理解有何变化？学生答道：干部就是吃"皇粮"的人。显然，这样的回答是不完满的。再如：有一个学员写了《<杜十娘怒沉百宝箱>评析》，答辩教师提出的问题是：杜十娘的悲剧留给现代人的启示是什么？她必须死吗？今天的人们应该如何评价她的死？如果学生只用杜十娘的死是捍卫了自己的贞节的观点来回答，显然是不行的，也是不充分的。所以，通过延伸可以丰富自己的思考，扩充论文的内容，增强论文的厚度，为预测答辩论题奠定良好基础。

知彼，就是要了解答辩教师，分析可能提哪些问题。这个问题我们在前面已有过专门论述，请参阅提示的角度予以准备。

答辩是一次具有综合调试性质的"练兵"，无准备之战是难打赢的。

3. 顾此失彼，漏洞百出

顾此失彼，漏洞百出的原因有：一是知识积累的局限，只知其一，不知其二；只知其然，不知其所以然，经不起答辩教师的追问。二是不能融会贯通，为我所用，许多知识虽然学过，但是不能运用自如。三是知识之间的衔接和转化能力差，只要涉及比较分析就不知所措。例如：一个同学的毕业论文题目为《荷花淀——战争小说纯美风格》。答辩教师的问题是：你对于以诗化、美化的形式来反映战争题材的态度如何？为什么？学生不知从什么地方下手来分析这个问题。实际上，这个问题也就是她论文观点的延伸，论文对于这种态度无疑是肯定的。教师又问：同反映第二次世界大战的大片如《辛德勒的名单》相比，这种诗化和美化的局限是什么？学生只能从教科书出发，从课堂上那极其有限的知识和观点出发，而不能全面、辩证地说明自己的观点，最终顾此失彼，被动挨打。

4. 生拉硬扯，捉襟见肘

采用联系的方法分析问题，需要有前提，需要有一定的条件。前面我们分析的情况是一种极端，生拉硬扯则是另一个极端。

一个学生写了《论张爱玲的小说》，教师问了她这样一个问题：如何对张爱玲的小说进行评价？学生回答说：她是继鲁迅之后的一个伟大的寻求者，她寻求的是女奴时代谢幕后，女性角色的归宿所在。实际上，在回答问题时针对教师的提问展开即可，不必谈作家本人的贡献，教师是要求对作品进行分析。还有一同学的论文是《论〈雷雨〉的人物形象》，教师问他：如何看待周家老爷的虚伪性？学生答：他戴着金丝眼镜，喝着普洱茶，所以他具有资产阶级的情调，具有资产阶级情调的人就具有虚伪性。教师问：戴着金丝眼镜、喝着普洱茶的人就一定具有资产阶级情调吗？有资产阶级情调和虚伪有什么必然联系？这个学生难以回答。生拉硬扯难免要闹出笑话。

针对以上问题，答辩中应采取如下对策：调整心理，做好心理准备；熟悉论文及相关资料，做好应答难备；预测论题，做好答辩准备。在答辩场上则要：析事明理，针对性强；谦虚谨慎，态度平和；冷静思考，不忙不乱；灵活机动，变被动为主动。掌握了这些方法和对策，将有助于获得最佳答辩效果。

第六节 讲究学术规范 合理使用文献

一、学术规范

学术规范是人们在长期的学术实践活动中逐步形成的被学术界公认的一些行为规则。学术规范的内涵是指学术活动过程中，尊重知识产权和学术伦理，严禁抄袭剽窃，充分理解、尊重前人及今人已有的相关学术成果，并通过引证、注释等形式加以明确说明，从而在有序的学术对话、学术积累中加以学术创新。

学术实践活动大体包括学术研究、学术写作、学术评价（含学术批评）、学术管理等形式，学术规范体现在学术实践活动的全过程中，并集中表现为学术道德规范、学术法律规范、写作技术规范、学术评价规范几个基本组成部分。

1. 学术道德规范

学术道德规范是对学术工作者从思想修养和职业道德方面提出的应该达到的要求，它是学术规范的核心部分。学术道德规范的具体内容如下。

（1）学术研究应以知识创新和技术创新作为科学研究的直接目标和动力，遵守学术研究的基本规范，在学术研究工作中坚持严肃认真、严谨细致、一丝不苟的科学态度。不得虚报教学和科研成果，反对投机取巧、粗制滥造、盲目追求数量不顾质量的浮躁作风和行为，反对急功近利，贪图捷径，甚至不劳而获，在他人成果上轻易署名，换得个人名利的做法。

（2）学术评价应遵循客观、公正、准确的原则，如实反映成果水平。在充分掌握国内外材料、数据基础上，做出全面分析、评价和论证。不可滥用"国际领先"、"国内首创"、"填补空白"等词语。应坚决反对在学术评价中掺杂个人情感因素甚至弄虚作假的行为。

（3）学术论著的写作，应坚持继承与创新的有机统一。树立法制观念，保护知识产权，充分尊重前人劳动成果，在论著中明确交代本著作（或论文）中哪些是借鉴引用前人成就的，哪些是自己的发明创见。应按国内外学术界通行的规矩，在学术成果中附加必要的注释并列出足量的参考文献，以标明本成果对前人理论、观点、材料、方法等的参考与借鉴。

2. 学术法律规范

学术法律规范是指学术活动中必须遵循的国家法律法规的要求。根据《中华人民共和国宪法》（以下简称《宪法》）、《中华人民共和国著作权法》以下简称《著作权法》及《中华人民共和国保守国家秘密法》（以下简称《保密法》）等有关法律法规的条款，在学术活动中应严格遵守的法律规范的主要内容如下。

（1）必须遵守《宪法》和其他法律。应坚决贯彻执行党的路线、方针和政策，坚持以马列主义、毛泽东思想和邓小平理论为指导，坚持四项基本原则，坚持学术研究为社会主义现代化建设服务的方向。

（2）必须遵守《著作权法》。按照《著作权法》等有关法律文件的规定，应特别注意做到以下几点。

① 合作创作的作品，其版权由合作作者共同享有。合作作者中的每一个人都无权单独行使合作作品的版权。合作作品的署名应按照对科学研究成果所做贡献大小的顺序署名，但另有学科署名惯例或作者另有约定的除外。

② 未参加创作，不可在他人作品上署名。艺术作品和学术成果的创作是艰苦的智力活动，需要创作者付出创造性劳动。如果没有参加创作，或只是参加了一些创作活动的准备、组织及咨询服务性工作，不能认为是参加了作品的创作，因而不能在作品上署名。

③ 不允许剽窃、抄袭他人作品。应坚决杜绝以稍微改变形式或内容，将他人作品的部分或全部据为己有，并以新作品的形式加以发表的剽窃行为，以及直接将他人作品的大部

分或部分内容，以相同的形式窃为己有的抄袭行为。

④ 禁止在法定期限内一稿多投。我国《著作权法》明确规定，自作者稿件发出之日起15 日内未收到报社通知决定刊登的，或者自作者稿件发出之日起 30 日内未收到杂志社通知决定刊登的，作者可将同一作品投向其他报刊社。同时又明确规定，双方另有约定的除外。目前，我国学术性期刊一般都把通知作者的时间规定为 3 个月，应在此规定的时间内避免同一稿件多投，以保证报刊社在采用稿件时享有先于其他报刊登载的权利。

⑤ 合理使用他人作品的有关内容。学术研究、学术写作离不开对他人成果的借鉴和利用，大都程度不同地存在引用他人已发表（出版）作品文字的现象，即对他人作品著作权的合理使用。合理使用他人作品的有关内容必须符合以下条件：a.引用的目的仅限于介绍评论某一作品或说明某一问题；b.所引用的部分不能构成引用人作品的主要部分或者实质部分；c.不得损害被引用作品著作权人的利益。符合这三个条件，可不经过著作权人同意，不向其支付报酬，但必须在自己作品中指明被引用作品的作者姓名、作品名称及版权事项。

（3）必须保守党和国家秘密，维护国家和社会利益，遵守《中华人民共和国保密法》，对学术成果中涉及国家机密等不宜公开的重大事项，均应严格执行送审批准后才可公开出版（发表）的制度。

（4）应遵守其他适用法律法规。按《中华人民共和国民法通则》规定，不得借学术研究以侮辱、诽谤方式损害公民法人的名誉。按《中华人民共和国统计法》规定，必须对属于国家机密的统计资料保密；在学术研究及学术作品中使用标准、目录、图表、公式、注释、参考文献、数字、计量单位等应遵守《国家标准化法》、《计量法》等法律法规的规定。

3. 写作技术规范

写作技术规范是指在以学术论文、著作为主要形式的学术写作中必须遵守的有关形式规格的要求。根据国家和国际有关文献编写与出版的标准、法规文件的规定，写作技术规范的主要内容如下。

（1）选题应新颖、独特，或开拓新领域，或提出新观点，或发掘新资料，或运用新方法，具有一定理论深度和较大学术价值。按照国际惯例，应在论著的引言或绪论中对本成果所涉领域研究的历史与现状有全面、系统的了解并做出准确的概括与评价。

（2）应观点明确，资料充分，论证严密。观点必须反映客观事物的本质或规律，必须科学、准确且有创新性。资料（包括历史事实）必须真实、可靠、翔实，最好选用第一手资料和最新资料（如不同版本的最新版本）。论证必须概念清晰一致，判断准确无误，推理逻辑严密，达到材料与观点、历史与逻辑的有机统一。

（3）学术论文的内容应与形式完美统一，达到观点鲜明，结构谨严，条理分明，文字通畅，形式要素齐全、完整。其项目应包括题名、作者署名及工作单位、作者简介、摘要、关键词、中图分类号、正文、注释、参考文献以及英文题名、英文摘要和英文关键词。基金资助产出的论文亦应对有关项目加以注明。

4. 学术评价规范

学术评价涉及课题项目的立项、学术成果的鉴定或评价、各级各类优秀成果的评奖、职称评定中对科研成果的考核认定以及教学、科研人员工作考核考评等诸多方面。要提高学术评价的科学水平，必须建立科学的评价指标体系，制定科学的评价办法，实现评价工作规范化。

（1）学术评价要坚持正确的指导思想。

学术评价的目的是根据一定的评价原则和指标体系，对某一学术成果做出准确的价值判断。学术评价必须坚持正确的指导思想，具体如下。

① 通过评价，倡导形成优良的学术风气。学术评价要通过肯定经过艰苦劳动而取得的有价值的成果，否定急功近利或投机取巧甚至抄袭、剽窃他人成果的行为，引导学术界形成诚实、刻苦、严谨、扎实的学风和文风。要坚决摒弃学术评价中的庸俗吹捧之风。

② 通过评价，进一步调动科研工作者学术研究的积极性和主动性，激发其科研活动的创造力。

（2）学术评价应坚持科学的评价原则。

实施学术评价，应制定出科学合理的评价方案，尤其要设计出一个符合导向性、科学性、可行性原则的评价指标体系。

① 要坚持导向性原则。应在标准的确定、指标体系的设计、得分的分配、结果的处理方面，引导学术研究活动重视研究学科前沿问题，解决当代经济社会发展中提出的重大理论与实际问题，推动科学的繁荣和社会主义经济建设。

② 要坚持科学性原则。要尽可能客观、准确、严格地按科学规律运作，抓住学术成果的实质，体现学术发展的基本要求和趋势。确定各项指标体系必须实事求是，客观、公正、全面、科学，实现客观评价与主观评价、量化打分与定性分析、学术水平与社会影响等的有机统一。

③ 要坚持可行性原则。要在分析各学科专业客观差异的基础上，提炼出能够反映共同特征或共同追求的可比性指标；要尽量加大权威期刊摘转、引用等客观量化评价，减少主观判断；各项目指标应一目了然，易于操作，简便可行，节省人力。

（3）制定学术评价指标体系应实现学术性评价与管理性评价的结合。

① 学术性评价由专家权威按照成果的意义与研究难度，科学性与系统性，学术、理论创新性与先进程度，对学科的影响、社会效益与经济效益等4项指标评判打分。

② 管理性评价由科研管理部门按成果来源，成果出版、发表、应用的级别，社会反响，被公开评价、引用、应用情况4项指标评判打分。成果来源分国家级（重点、一般）、省部级（重点、一般）、厅局级、横向、非立项5种情况打分。成果出版、发表、应用的级别分别按论文发表的期刊、著作出版的出版社的级别打分。期刊分权威期刊、核心期刊、重要期刊、一般期刊4个层次，出版社分国家级、省级、地方级、高校出版社4级。社会反响按成果被转载（分一、二、三、四级期刊）、摘录（分《新华文摘》及《高校文科学报文摘》、

其他期刊）、索引（分《新华文摘》及《高校文科学报文摘》、其他期刊）的篇次打分。成果被公开评价、引用、应用按论文、著作与应用成果两大类分别打分：论文、著作分别按一级、二级、三级、四级期刊公开评价（分很好、好、一般）、公开引用次数打分；应用成果按应用单位的级别（分国家级、省部级、厅局级、其他单位）分全部采纳（单位个数）、部分采纳（单位个数）两个层次打分。

学术性评价由学科专家个人操作，受个人知识结构、学术兴趣、思想品德、人际关系以至工作责任心等影响，其结论可能出现或难免有主观片面性；而管理性评价的结论又难免受到成果出版或发表单位，评价、引用、应用等机构有关责任人知识结构、学术兴趣、思想品德、人际关系以至工作责任心等的影响，也可能出现评价不准的情况。因此，坚持学术性评价与管理性评价有机结合，既可发挥各自的优势，又可弥补各自的不足，达到成果评价的公正性、客观性。

二、合理使用

"合理使用"是知识产权方面的一个概念，它是指允许人们无须征求版权所有者的同意，就可以自由使用受版权保护的部分内容。"合理使用"概念的提出是在美国 Folsom Vs.Marsh 一案中，在美国 1976 年著作权法中被法典化。现在"合理使用"这个概念在许多国家的著作权法中都存在。建立合理使用制度的初衷是为了解决后续的作者创作新作品如何利用先前作者作品的问题。

著作权法一方面以维护作者的权益为核心，另一方面又以信息的广泛传播、最大限度地实现社会文化、科学事业的进步和繁荣为最终目标。两者看似相互冲突，但这种潜在的冲突可以通过一定的制度设计加以解决。著作权法中的合理使用制度正是实现保护著作权人利益与促进信息的广泛传播双重目标的机制。其基本的思想是，在著作权作品中，划出有限的范围，供非著作权人无偿使用，满足公众使用作品的需要。即通过适当限制著作权人对作品的垄断性，既维护了著作权人的利益，又确保了公众对智力作品的利用。它为著作权人利益与公共利益提供了一个利益平衡的手段。合理使用制度的价值在于，在此构架下，每个成员乃至整个社会的欲望都得到最大的满足。可以说，合理使用是个人利益与公共利益的调节器。

1. 国际条约和各国著作权法中的合理使用

（1）《保护文学艺术作品伯尔尼公约》。

在国际范围内，第一次就合理使用制度做出规定的是《保护文学艺术作品伯尔尼公约》（以下简称《伯尔尼公约》）。该公约第 9 条第 2 款指出："本联盟成员国法律有权允许在某些特殊情况下复制上述作品，只要这种复制不致损害作品的正常使用也不致无故危害作者的合法利益。"该款规定了合理使用的三步检验法，对于著作权人的权利的任何限制或者例外，一是必须限于某些特殊情况；二是不得与受保护的作品的正常利用相抵触；三是无论如何不得损害著作权人的合法利益。这三个要件缺一不可，否则就不能称为合理使用。《伯尔尼公约》在此原则性规定的基础上又通过第 10 条第 1 款、第 2 款、第 3 款，即以列举的形式规定了三种具体的合理使用行为：适当引用、为教学目的的合理使用以及时事新闻的合理使用。

（2）美国著作权法中的合理使用。

美国现行著作权法中有关合理使用的规定为：对一受著作权保护作品的合理使用，无论是通过复制、录音或其他任何上述规定中所提到的手段以用作批评、评论、新闻报道、教学（包括在课堂上分发多份拷贝）、学术交流或研究之目的，不属于侵权。在确定任何一特定案例是否属于合理使用时，必须考虑到下列因素。

① 使用的目的和性质，包括这种使用是具有商业性质或者是为了非营利的教育目的；

② 有版权作品的性质；

③ 同整个有版权作品相比所使用的部分的数量和内容的实质性；

④ 这种使用对有版权作品的潜在市场或价值所产生的影响。

（3）我国著作权法中的合理使用。

我国著作权法将"合理使用"纳入"权利的限制"中，但要求合理使用者必须遵守三个一般性义务：①使用的必须是他人已发表的作品；②使用时必须指明作品出处；③不得侵犯著作权人的其他合法权益。

知识链接：

《中华人民共和国著作权法》第二十二条规定：

在下列情况下使用作品，可以不经著作权人许可，不向其支付报酬，但应当指明作者姓名、作品名称，并且不得侵犯著作权人依照本法享有的其他权利：

① 为个人学习、研究或者欣赏，使用他人已经发表的作品；

② 为介绍、评论某一作品或者说明某一问题，在作品中适当引用他人已经发表的作品；

③ 为报道时事新闻，在报纸、期刊、广播电台、电视台等媒体中不可避免地再现或者引用已经发表的作品；

④ 报纸、期刊、广播电台、电视台等媒体刊登或者播放其他报纸、期刊、广播电台、电视台等媒体已经发表的关于政治、经济、宗教问题的时事性文章，但作者声明不许刊登、播放的除外；

⑤ 报纸、期刊、广播电台、电视台等媒体刊登或者播放在公众集会上发表的讲话，但作者声明不许刊登、播放的除外；

⑥ 为学校课堂教学或者科学研究，翻译或者少量复制已经发表的作品，供教学或者科研人员使用，但不得出版发行；

⑦ 国家机关为执行公务在合理范围内使用已经发表的作品；

⑧ 图书馆、档案馆、纪念馆、博物馆、美术馆等为陈列或者保存版本的需要，复制本馆收藏的作品；

⑨ 免费表演已经发表的作品，该表演未向公众收取费用，也未向表演者支付报酬；

⑩ 对设置或者陈列在室外公共场所的艺术作品进行临摹、绘画、摄影、录像；

⑪ 将中国公民、法人或者其他组织已经发表的以汉语言文字创作的作品翻译成少数民族语言文字作品在国内出版发行;

⑫ 将已经发表的作品改成盲文出版。

前款规定适用于对出版者、表演者、录音录像制作者、广播电台、电视台的权利的限制。

关于引用他人作品的程度,多少属于"适当"、"少量",文化部《图书、期刊版权保护试行条例实施细则》规定,引用他人作品,应不超过被引用作品的 1/10,引用诗词类作品不超过 2 500 字。多次引用同一部非诗词类的长篇作品,总字数应不超过 1 万;诗词类的,不超过 40 行,或不超过全诗的 1/4(古诗词除外)。除专题评论文章和古典诗词研究成果,在自己论著中引用他人作品的总量,不得超过本人作品篇幅的 1/10。

2. 现代网络环境下的文献合理使用

在网络环境中智力作品的物质表达与传播状况导致更深层次的问题。在网络环境中,作品被以数字化形式传输、下载,复制作品变得非常容易,并且成本变得更加低廉。在网络空间,作者和社会公众(网络用户)之间的关系似乎处于一种对抗状态:作者需要将其作品的著作权延伸到网络空间,以使自己的作品权益在信息社会新的传媒方式下得到保障,社会公众有权利享受信息技术带来的利用人类知识和信息的方便,也需要在网络空间利用作品。网络环境中,既需要保护作者和其他著作权人的权益,也需要保障社会公众能够广泛地接近网络世界中的作品,解决这种对抗状态的制度设计仍然主要是建立网络空间的合理使用原则。关于网络空间合理使用制度的构建,各国都在积极地探索。

从世界范围来看,发达国家对在网络环境下如何限制作者的权利的规定也各不相同。

(1)国际条约对网络环境下合理使用范围的规定。

世界知识产权组织的两个条约《世界知识产权组织著作权条约》(WCT)、《世界知识产权组织表演和录音制品条约》(WPPT)重复了《伯尔尼公约》对于权利的限制的三步检验法,声明成员可以将有关的限制和例外运用到数字化和网络环境中,这一规定确定了各国国内立法中保留合理使用的可能性,并且把这个问题交给各国国内立法处理,赋予了一定的灵活性。《著作权条约》第 10 条"限制与例外"的议定声明是这样表述的:"不言而喻,第 10 条的规定允许缔约方将其国内法中依《伯尔尼公约》被认为可接受的限制和例外继续适用并适当地延伸到数字环境中。同样,这些规定适当被理解为允许缔约方制订数字网络环境适宜的新的例外和限制。"同样,在《表演和录音制品条约》第 16 条也有类似的说明。

(2)欧盟、美国等国对网络环境下的合理使用的规定。

由于各个国家的文化传统和经济发展水平的差异,以及作品的著作权人和使用人的力量对比的不同,各个国家所规定的对于著作权的限制和例外也有很大不同。

① 《欧盟数据库指令》。

《欧盟数据库指令》缩小了合理使用的范围，将网络环境中个人为学习、研究、欣赏而使用作品的行为排除在合理使用范围之外，对个人合理使用的规定，只限于非电子数据库。欧盟之所以缩小合理使用的范围，摒弃网络环境中的个人合理使用行为，理论依据是作者为了创作而投入的智力劳动并未因此而有所减少，并不能认为数字化、先进技术导致创作成本不断降低。在权利和利益之间，法律首先保护的应是权利而不是利益，法律一般不能强迫人们放弃或转让自己的权利，也不能随意将著作权人的权利无偿给予权利人以外的人使用。

② 美国《数字千年著作权法》。

美国 1998 年制定的《数字千年著作权法》（DMCA）详细地规范了作品的传播和使用者在利用数字化作品方面的责任与责任豁免（限制），例如，该法为非营利性的图书馆、教育机构使用作品提供了有限的例外规则。因特网服务提供商（ISP）也被提供"安全港"保护：ISP 对于内容提供商提供的材料的传输被免于承担著作权侵权责任，只要它从用户的网页上剔除明显是侵权的材料。对于希望仅拷贝一份受著作权保护的材料用于自己的研究和学习的教师或者学生来说，可以利用合理使用的原则，不过也受一些条件的限制。该法还明确指出，未经著作权人的同意，以任何形式的电子下载或上载著作权材料是非法的。它在效果上不仅将著作权保护延伸到网络传输，而且把著作权保护的范围扩展到抵御电子盗版的规则。

（3）我国网络环境中合理使用判断标准。

对于传统著作权的限制方式是否同样适用于信息网络环境，我国《著作权法》未做明确规定。我国 2001 年修订的《著作权法》对于传统的著作权通过合理使用和法定许可设定了许多限制，但是没有明确规定这种对著作权人的权利予以限制的条款是否同样适用于对网络。网络环境下的合理使用在我国是一个新的课题。

一般认为，我国网络环境中合理使用判断标准，拟建立以下三个基本要素：①使用的目的及其性质。使用目的必须正当，不能借合理使用之名行剽窃之实。在网络领域，合理使用的目的须以善良之目的、公益之性质为判断标准，而不是以是否营利为基本判断标准。②作品的性质。由于与公共利益的关系密切程度不一样，对不同的作品合理使用可有不同的要求，如政府公共信息网上的公共事务信息可由读者自由下载，其合理使用的要求较低。③使用的程度。以下情形属侵权行为。a. 大量引用原作应视为侵权。一般来说，在作品中少量使用原作片断被视为合理使用。b. 不得照搬原作的精华部分。一般来说，作品的精华部分更能体现文章的独创性特点，对精华部分的保护应优先于其他部分。c. 对经济价值的影响。不管使用者是否取得了实质性的利益，只要给权利人造成了实质性的"市场损害"，就不属于合理使用。

（4）我国网络电子期刊、电子数据库合理使用的一般性规则。

在我国，大型网络产品如电子期刊、数据库合理使用通常规则如下（以中科院文献情报中心网络数据库使用规则为例）。

授权用户出于个人的研究和学习目的，可以对网络数据库进行以下合理使用。

① 对网络数据库进行检索；

② 阅读检索结果（文摘索引记录或全文文章，下同）；

③ 打印检索结果；

④ 下载检索结果存储在自己个人计算机上；

⑤ 将检索结果传送到自己的电子邮件信箱里；

⑥ 承担使用单位正常研究生教学任务的授权用户，可以将作为教学参考资料的少量检索结果下载并组织到供本单位教学使用的课程参考资料包（course pack）中，置于内部网络中的安全计算机上，供选修特定课程的研究生在该课程进行期间通过内部网络进行阅读。

以下行为超出了合理使用范围，是侵犯网络数据库商知识产权的行为，应严格禁止。

① 对文摘索引数据库中某一时间段、某一学科领域或某一类型的数据记录进行批量下载；

② 对全文数据库中某种期刊（或会议录）或它们中一期或者多期的全部文章进行下载；

③ 利用类似 Netants 的批量下载工具对网络数据库进行自动检索和下载；

④ 存储于个人计算机的用于个人研究或学习的资料以公共方式提供给非授权用户使用；

⑤ 把课程参考资料包中的用于特定课程教学的资料以公共方式提供给非授权用户使用；

⑥ 设置代理服务器为非授权用户提供服务；

⑦ 在使用用户名和口令的情况下，有意将自己的用户名和口令在相关人员中散发，或通过公共途径公布；

⑧ 直接利用网络数据库对非授权单位提供系统的服务；

⑨ 直接利用网络数据库进行商业服务或支持商业服务；

⑩ 直接利用网络数据库内容汇编生成二次产品，提供公共或商业服务。

思考题

1. 学术论文通用型撰写格式的基本项有哪些？

2. 简述学术论文的基本结构及每部分的写作特点。

3. 向学术会议、学术期刊投稿前后应注意哪些问题？

4. 什么是学术规范？学术规范应遵循的法律法规有哪些？

5. 我国《著作权法》中合理使用的范围有哪些？

参考文献

[1] 张树忠，黄继东. 信息检索与利用[M]. 南京：东南大学出版社，2012.

[2] 许家梁. 信息检索[M]. 2 版. 北京：国防工业出版社，2009.

[3] 戴维民. 信息组织[M]. 2 版. 北京：高等教育出版社，2009.

[4] 潘燕桃. 信息检索通用教程[M]. 北京：高等教育出版社，2009.

[5] 陈庄，刘加伶，成卫. 信息资源组织与管理[M]. 2 版. 北京：清华大学出版社，2011.

[6] 刘霞，李漠. 网络信息检索[M]. 北京：清华大学出版社，2010.

[7] 秦殿启. 文献检索与信息素养教育[M]. 南京：南京大学出版社，2008.

[8] 赵静. 现代信息查询与利用[M]. 2 版. 北京：科学出版社，2008.

[9] 刘二稳，阎维兰. 信息检索[M]. 2 版. 北京：北京邮电大学出版社，2007.

[10] 夏立新，金燕，方志，等. 信息检索原理与技术[M]. 北京：科学出版社，2009.

[11] 李国辉，汤大权，武德峰. 信息组织与检索[M]. 北京：科学出版社，2003.

[12] 马文峰. 信息检索教程[M]. 北京：国家图书馆出版社，2009.

[13] 龚斌，宋茜. 信息检索[M]. 天津：天津大学出版社，2010.

[14] 沈固朝. 信息检索（多媒体）教程[M]. 北京：高等教育出版社，2003.

[15] 花芳. 文献检索与利用[M]. 北京：清华大学出版社，2009.

[16] 王立诚. 社会科学文献检索与利用[M]. 2 版. 南京：东南大学出版社，2007.

[17] 周毅华. 网络信息资源检索与利用[M]. 南京：南京大学出版社，2011.

[18] 谢德体，于淑惠，陈蔚杰，等. 信息检索与分析利用[M]. 2 版. 北京：清华大学出版社，2009.

[19] 赵乃瑄. 实用信息检索方法与利用[M]. 北京：化学工业出版社，2008.

[20] 沙振江，张晓阳. 人文社科信息检索与利用教程[M]. 镇江：江苏大学出版社，2008.

[21] 王胜利，袁锡宏. 经济信息检索与利用[M]. 北京：海洋出版社，2008.

[22] 孙振誉，等. 信息分析导论[M]. 北京：清华大学出版社，2007.

[23] 隋丽萍. 网络信息检索与利用[M]. 北京：清华大学出版社，2008.

[24] 赵玉东，等. 信息资源检索与利用[M]. 广州：中山大学出版社，2009.

[25] 刘英华，赵哨军，汪琼. 信息资源检索与利用[M]. 北京：化学工业出版社，2007.

[26] 刘阿多. 科技网络信息资源检索与利用[M]. 南京：东南大学出版社，2005.

[27] 孙建军，成颖，等. 信息检索技术[M]. 北京：科学出版社，2004.

[28] 柯平. 信息素养与信息检索概论[M]. 天津：南开大学出版社，2005.

[29] 严大香. 社会科学信息检索[M]. 南京：东南大学出版社，2006.

[30] 杜伟. 信息检索[M]. 北京：科学出版社，2009.

[31] 赵丹群. 现代信息检索原理、技术与方法[M]. 北京：北京大学出版社，2008.

[32] 周理盛. 信息资源检索实务[M]. 北京：化学工业出版社，2007.

[33] 刘廷元. 数字信息检索教程[M]. 上海：华东理工大学出版社，2006.

[34] 刘英华，赵哨军，汪琼. 信息资源检索与利用[M]. 北京：化学工业出版社，2009.

[35] 夏淑萍，邓珞华. 计算机文献检索[M]. 武汉：武汉大学出版社，2005.

[36] 何晓萍，罗时民. 实用文献信息检索[M]. 北京：机械工业出版社，2007.

[37] 徐庆宁. 信息检索与利用[M]. 上海：华东理工大学出版社，2004.

[38] 史红改，方芳. 实用网络文献信息资源检索与利用[M]. 北京：清华大学出版社，北方交通大学出版社，2009.

[39] 汤林芬，苏丽. 文献检索[M]. 长春：吉林大学出版社，2008.